博士论文
出版项目

经济绩效的体制分析

中国发展"双奇迹"的一个解释

System Analysis on Economic Performance
An Explanation of the "Dual-Miracles" of China's Development

熊雪锋 著

中国社会科学出版社

图书在版编目（CIP）数据

经济绩效的体制分析：中国发展"双奇迹"的一个解释/熊雪锋著. -- 北京：中国社会科学出版社，2024.5

ISBN 978-7-5227-3678-5

Ⅰ.①经… Ⅱ.①熊… Ⅲ.①中国经济－经济绩效－研究 Ⅳ.①F121.21

中国国家版本馆 CIP 数据核字（2024）第 107048 号

出 版 人	赵剑英	
责任编辑	黄　晗	
责任校对	周　昊	
责任印制	张雪娇	

出　　版	中国社会科学出版社	
社　　址	北京鼓楼西大街甲 158 号	
邮　　编	100720	
网　　址	http://www.csspw.cn	
发 行 部	010-84083685	
门 市 部	010-84029450	
经　　销	新华书店及其他书店	
印　　刷	北京君升印刷有限公司	
装　　订	廊坊市广阳区广增装订厂	
版　　次	2024 年 5 月第 1 版	
印　　次	2024 年 5 月第 1 次印刷	
开　　本	710×1000　1/16	
印　　张	19.5	
插　　页	2	
字　　数	270 千字	
定　　价	118.00 元	

凡购买中国社会科学出版社图书，如有质量问题请与本社营销中心联系调换
电话：010-84083683
版权所有　侵权必究

出 版 说 明

为进一步加大对哲学社会科学领域青年人才扶持力度，促进优秀青年学者更快更好成长，国家社科基金2019年起设立博士论文出版项目，重点资助学术基础扎实、具有创新意识和发展潜力的青年学者。每年评选一次。2023年经组织申报、专家评审、社会公示，评选出第五批博士论文项目。按照"统一标识、统一封面、统一版式、统一标准"的总体要求，现予出版，以飨读者。

全国哲学社会科学工作办公室
2024年

摘　　要

中国过去七十余年的发展既实现了经济快速发展的奇迹，也实现了社会长期稳定的奇迹。中国在实现发展"双奇迹"的过程中开创了一条不同于先发国家的中国特色发展道路，重新认识和解释中国发展"双奇迹"，具有重大理论和现实意义。

本书由四个部分构成。第一章为论文绪论部分。第二章至第三章是文献综述和理论框架部分。第二章为文献综述，对经济增长理论和经济波动理论以及传统增长理论范式、制度范式和新政治经济学范式对经济增长的解释进行评述，对从资本积累、中国政府独特性、比较优势和人口红利以及经济改革等方面研究中国奇迹的文献进行评述。第三章为理论框架。本书从纳入经济增长和经济收缩的经济绩效来认识长期经济变迁过程，通过绩效分解重新认识经济增长和经济收缩对于经济绩效改善的贡献，论述了经济绩效体制分析的理论基础和现实依据，构建了经济绩效体制分析的理论框架。

第四章至第七章是典型事实和理论解释部分。第四章为经济绩效的典型事实和国别经验，根据经济绩效及其分解的理论和模型，呈现了同一国家在长期经济变迁过程中的不同阶段、长期经济变迁过程中同一阶段不同国家的经济绩效、经济增长和经济收缩。第五章为中国发展"双奇迹"及其经济绩效分析。一方面，从全球视角和经济增长动态过程来阐释中国经济增长奇迹，从中国的政治稳定、经济稳定和社会稳定来阐释中国长期稳定的奇迹。另一方面，利用中国1953—2017年的人均GDP数据对中国发展"双奇迹"进行经济绩效分析，同时对改革开放前后的经济绩效差异及其来源进行分解。

第六章和第七章是中国发展"双奇迹"的理论解释部分，从理论角度阐释改革开放前后两种体制——封闭型体制和转型体制的体制特征、效率特征和秩序特征和经济绩效，对改革开放之后经济绩效改善的来源做出理论解释。第六章解释了改革开放前封闭型体制下高增长、高收缩的低经济绩效以及经济绩效下滑威胁下如何避免崩溃，第七章为改革开放后中国式转型体制下高增长、低收缩的高经济绩效的理论解释。

第八章是主要结论与政策含义。本书得出经济绩效维持和改善主要来源于经济增长维持一定水平前提下经济收缩的降低、中国发展奇迹是快速经济增长和长期社会稳定的"双奇迹"、中国发展"双奇迹"和较高经济绩效的实现得益于独特体制及其效率和秩序的良性互动等结论。在政策含义中，本书简要描述了中国经济进入新常态之后所面临的挑战，提出了中国在实现现代化强国建设目标过程中维持和改善经济绩效的若干思考。

关键词：经济收缩；经济绩效；体制；秩序；发展奇迹

Abstract

In the past 70 years, China has achieved the two miracles of rapid economic growth and enduring social stability. In the process of achieving the two miracles, China has created a development path with Chinese characteristics that is different from that of the developed countries. It is of great theoretical and practical significance to re-understand and explain the two miracles of China's development.

The research content of thisbook consists of four parts. The first chapter is the part of introduction. Chapter two to chapter three are the part of literature review and theoretical framework. The second chapter is literature review. This chapter reviews the theories of economic growth, and evaluates the paradigm of traditional growth theory, the paradigm of institutional and the paradigm of new political economy. Ignoring shrinking and its determinant, literature on China seeks the root of this sustained and rapid economic growth from the aspects of capital accumulation, uniqueness of Chinese government, comparative advantage, demographic dividend and economic reform. The third chapter is the theoretical framework. This book proposes that we should recognize the process of economic change in long-run from the perspective of economic performance including growing and shrinking, and re-recognize the contribution of growing and shrinking to the improvement of economic performance. This book discusses the theoretical basis and realistic basis of system analysis on economic performance, and then constructs the theoretical framework of system analysis on economic performance.

Chapter four to chapter seven are the part of typical facts and theoretical explanation. The fourth chapter is the typical facts and country experiences of economic performance. According to the theory and model of economic performance and its factorization, this chapter presents the economic performance, growing and shrinking of the same country in different stages of the process of economic change in long-run and different countries in the same stage of the process of economic change in long-run. The fifth chapter is the analysis on the "Dual-miracles" of China's development and its economic performance. On the one hand, this chapter explain the miracle of China's economic growth from the global perspective and the dynamic process, and explain the miracle of enduring social stability from political stability, economic stability and social stability. On the other hand, using China's per capita GDP data from 1953 to 2017, this chapter analyzes the economic performance of China's "Dual-miracles".

Chapter 6 and Chapter 7 are the theoretical explanation of the "Dual-miracles" of China's development. They explain the system characteristics, efficiency characteristics, order characteristics and economic performance of two systems before and after the reform and opening up, and make a theoretical explanation of the roots of improvement of economic performance after the reform and opening up. The sixth chapter explains the low-level economic performance with high-level growing and high-level shrinking under the closing system before the reform and opening up, and how to avoid collapse under the decline of economic performance. The seventh chapter explains the high-level economic performance with high-level growing and low-level shrinking under the Chinese-style transition system after the reform and opening up.

Chapter eight includes the conclusion and suggestions. In the conclusion part, this book holds that: China's development miracle is the "dual-miracles" of rapid economic growth and enduring social stability; The improvement of economic performance mainly comes from the reduction of shrinking under the premise of maintaining a certain level of growing; The realization of China's "Dual-miracles" and higher economic performance benefits from the efficiency, the order and benign interaction of them with Chinese uniqueness formed under the unique system. In the section of suggestion, this book briefly describes the challenges faced by China after entering the new era, and puts forward some thoughts on maintaining and improving China's economic performance in the process of realizing the goal of building a great modern socialist country.

Key words: shrinking; economic performance; system; order; miracles of development

目　　录

第一章　绪论 …………………………………………………（1）
　第一节　问题提出和研究意义 …………………………………（1）
　第二节　概念界定 ………………………………………………（10）
　第三节　研究思路、方法和内容 ………………………………（16）
　第四节　创新点和不足 …………………………………………（27）

第二章　忽视经济收缩的经济增长研究：一个文献综述 ……（31）
　第一节　如何认识长期经济变迁过程：忽视收缩的
　　　　　两种理论 ………………………………………………（32）
　第二节　如何解释经济增长（正增长）：忽视秩序的
　　　　　三种范式 ………………………………………………（41）
　第三节　沿袭经济增长（正增长）范式的"中国奇迹"
　　　　　解释 ……………………………………………………（45）
　第四节　现有研究评述 …………………………………………（52）

第三章　经济绩效理论框架：从制度分析到体制分析 ………（58）
　第一节　重新认识长期经济变迁过程：纳入经济收缩的
　　　　　经济绩效及其分解 ……………………………………（58）
　第二节　经济绩效的制度分析：制度—秩序—绩效 …………（65）
　第三节　从制度分析到体制分析批判性评述 …………………（74）

第四节　体制分析的理论前提和现实基础……………………（82）
　　第五节　经济绩效的体制分析：体制—秩序—绩效…………（96）
　　第六节　小结 ……………………………………………………（110）

第四章　经济绩效及其分解：典型事实和国别经验 ……………（112）
　　第一节　1950 年以来不同收入等级国家的经济绩效差异
　　　　　　及其来源 …………………………………………………（113）
　　第二节　1820 年以来欧洲先发国家的经济绩效及其
　　　　　　动态特征 …………………………………………………（122）
　　第三节　1820 年以来拉美追赶国家的经济绩效及其
　　　　　　动态特征 …………………………………………………（141）
　　第四节　小结 ……………………………………………………（156）

第五章　中国发展"双奇迹"及其经济绩效分析 ………………（158）
　　第一节　中国经济快速增长奇迹 ………………………………（159）
　　第二节　中国长期稳定的奇迹 …………………………………（165）
　　第三节　中国发展"双奇迹"的经济绩效分析 ………………（174）
　　第四节　小结 ……………………………………………………（181）

第六章　封闭型体制：高收缩、秩序调适与避免崩溃 …………（183）
　　第一节　中国式封闭型体制下的体制目标、经济体制
　　　　　　和治理体制 ………………………………………………（185）
　　第二节　封闭型体制下的"高增长、高收缩和低绩效"
　　　　　　特征 ………………………………………………………（202）
　　第三节　针对体制效率不稳的体制调适和秩序维持：
　　　　　　避免体制崩溃 ……………………………………………（204）
　　第四节　小结 ……………………………………………………（213）

第七章 转型体制：秩序维持、低收缩与高绩效 …………… (215)
 第一节 中国式转型体制的体制目标、经济体制与治理
     体制 ……………………………………………… (216)
 第二节 转型体制下的绩效提升、失序和收缩风险 ……… (241)
 第三节 体制转型中秩序维系：渐进变革、体制效率与
     秩序结构的互动 ………………………………… (245)
 第四节 小结 ……………………………………………… (251)

第八章 主要结论与政策含义 ……………………………………… (253)
 第一节 主要结论 ………………………………………… (253)
 第二节 政策含义 ………………………………………… (257)

参考文献 ………………………………………………………… (261)

索 引 …………………………………………………………… (284)

后 记 …………………………………………………………… (289)

Content

Chapter I Introduction ……………………………………… (1)
   Section 1   Questions and Research Significance ………………… (1)
   Section 2   Definition of Concepts ……………………………… (10)
   Section 3   Approach, Methods and Contents of this Study …… (16)
   Section 4   Innovations and Shortcomings ……………………… (27)

**Chapter II Paradigm of Economic Growth that Ignores
           Shrinking: Literature Review** …………………… (31)
   Section 1   How to Understand the Long-term Economic Change
              Process: Two Theories that Ignore Shrinking ……… (32)
   Section 2   How to Explain Economic Growth: Three Paradigms
              of Ignoring Order ………………………………… (41)
   Section 3   Explains the "China miracle" Following the Paradigm
              of Economic Growth ……………………………… (45)
   Section 4   Review of Existing Literature …………………… (52)

**Chapter III Theoretical framework of economic performance:
            From institutional analysis to System analysis** …… (58)
   Section 1   Re-understanding the process of long-term economic
              change: economic performance and its decomposition
              with shrinking ……………………………………… (58)

Section 2	Institutional Analysis of Economic Performance: Institution-Order-Performance	(65)
Section 3	From institutional analysis to system analysis: critical comments	(74)
Section 4	Theoretical Premise and Realistic Foundation of System Analysis	(82)
Section 5	System Analysis of Economic Performance: System-Order-Performance	(96)
Section 6	Summary	(110)

Chapter IV Economic Performance and Its Decomposition: Typical Facts and International Experiences (112)

Section 1	Differences and Their Origins in Economic Performance of Countries with Different Income Levels since 1950	(113)
Section 2	Economic Performance and Dynamic Characteristics of European First-Mover Countries since 1820	(122)
Section 3	Economic Performance and Dynamic Characteristics of Latin American Catching-up Countries since 1820	(141)
Section 4	Summary	(156)

Chapter V The "Dual-Miracle" of China's Development and Its Economic Performance (158)

Section 1	The Miracle of Rapid Economic Growth in China	(159)
Section 2	The Miracle of Enduring Social Stability in China	(165)
Section 3	Economic Performance and Its Decomposition of China's "Dual-Miracle"	(174)

Section 4 Summary ………………………………………… (181)

Chapter VI Traditional System: High-level Shrinking, Order Adjustment and Avoidance of Collapse ………………………………………… (183)

Section 1 System objectives, Economic System and Governance System under the Traditional System ……………… (185)

Section 2 The Characteristics of "High-Level Growth, High-Level Shrinking and Low-Level Performance" under The Traditional System ………………………………… (202)

Section 3 System Adjustment and Order Maintenance for Unstable System Efficiency: Avoiding System Collapse …… (204)

Section 4 Summary ………………………………………… (213)

Chapter VII Transitional System: Order Maintenance, Low-level Shrinking and High-level Economic Performance ……………………… (215)

Section 1 System Objectives, Economic System and Governance System of Chinese-style Transformation System …… (216)

Section 2 Performance Improvement, Disorder andShrinking Risk under The Transitional System …………………… (241)

Section 3 Maintenance of Order in System Transformation: System Efficiency and Interaction between Gradualism Reform and Order Structure ………………………………… (245)

Section 4 Summary ………………………………………… (251)

Chapter VIII Main conclusions and policy implications …… (253)

Section 1 Main conclusions …………………………………… (253)

Section 2 Policy implications ………………………………… (257)

References ……………………………………………………（261）

Index ……………………………………………………………（284）

Postscript ………………………………………………………（289）

第一章

绪　　论

第一节　问题提出和研究意义

一　问题提出

第二次世界大战之后，世界体系分裂为东西方两大阵营，政治上纷纷独立的新兴民族国家在谋求经济发展和国家富强的过程中走上了两条截然不同的发展道路。追随以美国为首的西方阵营的发展中国家普遍效仿美欧发达国家精英主导秩序的发展道路，他们在经济上遵循新古典增长理论，注重（物质）资本积累和工业化推动，在治理上进行西方政治制度和经济制度的简单移植，实施以自由竞争、经济自由化、贸易自由化和金融自由化为特征的"华盛顿共识"。追随以苏联为首的东方阵营的发展中国家普遍采取了一套基于"体制秩序"的发展模式，借鉴苏联经验，通过建构一套由政治架构、意识形态、财产关系、宏观经济监管、要素配置方式和微观激励机制等构成的封闭型体制来实现经济赶超和政治竞赛，通过体制变革和秩序维系来推动经济社会结构变革和现代化进程。

在经历了初期轰轰烈烈的理论发展和政策实践之后，两种模式都遭遇了困境。进入资本主义世界的发展中国家在初期出现短暂的经济快速增长之后，普遍面临大规模失业和经济停滞的重重苦难，拉丁美洲和东南亚国家纷纷爆发金融危机。截至 21 世纪前 20 年，只有十余个经济体实现了从中等收入水平向高收入水平的跨越，其中相当大比例还是小型开放经济体。进入东方阵营的国家初期在"大推动"（big-push）的战略下也取得了强劲增长，但大部分在 20 世纪 60 年代开始陆续出现增速下降。20 世纪 80 年代末 90 年代初，随着东欧剧变、苏联解体，没有一个国家成功进入高收入国家行列。

在主流增长理论看来，各国经济发展绩效的优劣体现在长期平均增长率方面存在的巨大差异上。Lucas（1988）指出，两国平均增长率的微小差异将在长期内累积巨大的收入鸿沟。[①] 主流增长理论运用增长核算方法，将经济增长的来源分解为要素积累、技术进步及其背后的制度变迁等，更高的要素积累、更快的技术进步导致更快的经济增长，制度变迁的贡献渠道局限于更好地促进前两个渠道发挥作用。新近一批经济史学家认为，长期平均增长率仅仅是经济学家的抽象，没有任何一个经济体是按照长期平均增长率平稳增长的，现实世界的经济增长是一个正增长与负增长交替出现的过程。他们的证据表明，各国长期平均增长率的差异主要取决于这些国家正增长的频率而不取决于正增长年份的增长幅度。[②] 据此，提高长期平均增长率的首要问题在于提高经济增长的可持续性，降低负增长出现的频率以及幅度，这些主要通过制度变迁来实现。

中国在 20 世纪 80 年代之后取得了令人瞩目的发展成就，被称为"中国奇迹"，人均收入从 1978 年的 1719.3 美元增长至 2017 年的 13042.6 美元，年均增长率达到 5.3%。同时，改革开放前后中国经济增长绩效也出现巨大差异，1953—1978 年和 1979—2017 年两个阶段正增长年份的平均增长率分别为 6.43% 和 6.55%，相差寥寥无

[①] Lucas, R. E. J., "On the Mechanics of Economic Development", *Journal of Monetary Economics*, Vol. 22, 1988.

[②] Broadberry, S. and J. Wallis, "Growing, Shrinking, and Long Run Economic Performance: Historical Perspectives on Economic Development", *NBER Working Paper*, No. 23343, 2017.

几。改革开放之后中国出现负增长的频率及负增长年份的增长率分别为10.26%和-1.48%，改革开放之前中国出现负增长的频率及负增长年份的增长率分别为34.62%和-5.63%，分别是改革开放后的3.37倍和3.8倍。后一组数据更体现了"中国奇迹"的真实图景，但现有研究都是基于平均增长率高的解释，忽略了正增长和负增长的差异。因此，如果同时考虑到正增长和负增长在改革开放前后两个时期的表现及其差异，我们就不能将"中国奇迹"简单地理解为高速经济增长的奇迹，因为改革开放前后正增长年份的平均增长率差别并不大。

本书这样理解"中国奇迹"——在保持较高正增长的基础上，实现负增长频率和负增长幅度的降低。而负增长频率和负增长幅度的降低实际上同秩序相关，秩序是实现正增长和围绕正增长的政策得以奏效的基础。经济社会发展的秩序稳定，则负增长频率和负增长幅度下降，反之则负增长增加，经济发展结果就不好。在此基础上，本书认为"中国奇迹"应当被更加清晰地理解为党的十九届四中全会和党的十九届六中全会所提出的中国发展"双奇迹"——"世所罕见的经济快速发展奇迹和社会长期稳定奇迹"，这两个奇迹不是独立存在的，而是相互依存、相互作用的。因此，只有从中国发展"双奇迹"的角度才能更加完整地认识和理解中国长期经济变迁和"中国奇迹"的全貌。

在过去的40多年间，中国保持了极高的经济增长率，从农业社会转变为工业化社会，创造了"经济奇迹"。中国的高增长和结构转变引发了全球的关注，成为国际主流所研究的重大问题。目前讨论国家发展的议题主要集中在增长和结构转变两个维度。但与此同时，在主流经济学理论中，经济长期的高速增长不可持续，因此一些西方的舆论和理论认为中国的经济奇迹是暂时的，经济增速最终将会下滑。一方面，以中国经济高速增长作为主要指标来看待中国经济现象的时候，有人认为这是一种"中国奇迹"；另一方面，也有人把中国持久的高速增长看作"中国困惑"，这种增长没有稳定性和可持续性。"中国奇迹"还是"中国困惑"的问题目前仍没有定论。与国际主流的经济理论相比，中国式增长的模式和特征具有独到之处。国际主流期刊中出现了关于中国式增长的文献，中国经济增长特征和模式的研究成为一个国际主流、重大的问题，因此有必要对中国式增长给出主流的解释。结构转变方面，中国正从传统的以农业为主的乡村社会发展为以工业为主的城市社会。作为一个人口超过十四亿人的国家，中国城市化的规模和速度正对整个人类经济社会产生巨大影响，所以中国的城市化也成为影响世界发展的国际议题。

既然讨论中国经济奇迹的起点是高增长，那么高增长的源头又是什么？对此主要有以下三种解释：第一，新古典逻辑认为中国的经济奇迹实际上与东亚模式类似，没有什么独特的地方。中国居民和企业的储蓄习惯导致了高储蓄率、高投资率、高资本积累率，中国通过高投资和高资本积累维持经济高增长。第二，寻求中国高增长奇迹独特性的解释，主要有两个重要方面。一方面，中国有庞大的农业剩余劳动力，因此中国从农村社会转向城市社会的过程中具有巨大的人口红利；另一方面，中国政府的独特性也是高增长的源头。在主流的经济学理论中，政府被期望减少对市场的干预，但是中国的县域竞争、地区竞争、官员的 GDP 导向在经济增长过程中发挥了重要作用。第三，中国高增长是因为经济效率的提高，而经济效率的提高得益于中国改革的推进。支持者认为中国建立了更清晰的产权制度、更完整的市场化改革、提倡企业家的作用，最终带来了高增长。总之，对中国奇迹的解释是在经济增长（正增长）的思路下旨在寻找高于常规增长的部分。

长期经济变迁过程中的正增长和负增长都可以用现有的围绕经济增长（正增长）的理论来解释吗？答案是否定的。既然"中国奇迹"是不可分割且相互作用的经济高速发展和社会长期稳定的"双奇迹"，那么中国发展"双奇迹"就不可能从经济增长（正增长）单方面得到准确理解和解释。上述发现需要向前进一步推进，需要研究究竟是什么原因造成了各国间负增长频率和幅度的差异？历史上发达国家又是如何成功摆脱"收缩陷阱"走上持续发展之路的？North et al.（2009）[①] 建立起精英秩序与经济收缩频率和幅度下降的关联，认为在"精英联盟"主导的秩序下，"权利限制秩序"向"权利开放秩序"的转型是这些国家成功提升增长稳定性的关键。但是，正如我们在本书开头就表明的，中国这类"体制秩序"与传统西方国家"精英联盟"主导的秩序显著不同，沿用精英秩序转型理论无法理解中国事实和找到背后原因。

本书的主要工作和创新之处在于摆脱新古典经济增长理论的桎梏，不仅从纳入经济收缩的经济绩效的角度重新认识"中国奇迹"是发展"双奇迹"，而且从具有中国特色的体制秩序及其变迁的角度对中国发展"双奇迹"进行再解释。本书发现，"体制秩序"下，秩序自身的特征及体制秩序下的政经互动方式是影响经济收缩进而影响经济绩效的主要因素。新中国成立以来，我国经济绩效不断提升并在改革开放后持续保持"高增长、低收缩和高绩效"的重要原因在于我国成功实现了从封闭型体制向转型体制的有序过渡和秩序维系，其关键是在不断提高资源配置和经济活动效率的同时也实现了转型过程中秩序的平稳。基于"体制秩序"及其变迁理论，本书还对新中国成立后不同时期经济绩效和体制变迁的基本事实进行了分析，还原了"中国奇迹"的全貌。

二 研究意义

本书的理论意义在于提出当前经济增长研究和制度研究中被忽视的经济收缩、秩序和体制等要素，根据中国发展"双奇迹"过程中的政治经济体制特征及其演变，提炼出适用于中国问题研究的经济绩效体制分析的理论框架。

[①] North, D., J. Wallis and B. Weingast, *Violence and Social Orders: A Conceptual Framework for Interpreting Recorded Human History*, Cambridge: Cambridge University Press, 2009.

第一，从忽略经济收缩的经济增长和经济波动到纳入经济收缩的经济绩效。经济增长理论和经济波动理论中的长期平均增长率指标掩盖了经济增长的真实过程，特别是在正增长与负增长交替出现的过程中，仅仅将"经济收缩"作为正增长的反面——负增长，而不是作为与增长同等重要而且具有作用于它的单独作用机制的经济现象。在长期平均增长率指标下，只有经济增长（正增长）的快慢和幅度受到重视，而长期经济变迁过程中经济增长与经济收缩的区别则被忽视。实际上，经济增长有其出现的原因，而经济收缩不完全是作为增长的反面（即负增长）而出现，经济收缩有其自身发生的机制，并不是完全致力于推动经济增长就能够避免经济收缩。问题的关键在于，一个国家从中等收入向高收入跨越时促进增长的效率和手段会变弱，这会导致所谓的"经济增速"下降，也就是增长无论如何都不能达成的时候，避免经济收缩就成为重中之重。

因此，以提升经济增长率为目标的各种政策只适用于同时具备完善的能够有效避免和控制经济收缩的国家，而大多数发展中国家仅仅简单地移植致力于经济增长（正增长）的政策难以摆脱频繁出现的"收缩陷阱"。本书基于被主流研究忽略的"经济收缩"现象[①]，借鉴和拓展了经济绩效理论，总结了高收入国家、中等收入国家和低收入国家在经济绩效上的差异，通过经济绩效的分解来剖析经济收缩在经济绩效差异中的重要作用。

第二，从效率问题研究转向秩序问题研究。经济增长中的效率问题已经为人所熟知，效率问题研究解决的是如何实现经济增长（正增长）的问题，而秩序研究则是如何降低收缩进而稳定甚至提升经济绩效的问题。效率问题和秩序问题的区分恰恰说明了增长和收

---

① 在现象和数量上"经济收缩"与"负增长"是一致的，但是在理论意义上"负增长"仅仅是作为"正增长"的反面而存在，在此前提下可以推论实现"正增长"就能避免和降低"负增长"。但是，本书需要强调的是"经济收缩"与"负增长"有着不同的理论含义，"经济收缩"作为一种与"经济增长（正增长）"同等重要的经济现象，有自己的内在属性和作用机制，并不完全决定于"正增长"。

缩是长期经济变迁过程中两种具有不同性质、由不同作用机制导致的经济现象，说明了收缩不仅仅是作为增长的反面——负增长而出现的，进而说明了为何仅仅致力于增长的政策难以作用于收缩。不仅如此，效率问题与秩序问题不是相互独立的，而是相互关联的。一种经济制度或是经济体制在理论上能够促进经济增长（正增长），但是这种经济制度或是经济体制的运行实际上需要一种秩序基础，这一套秩序基础解决如何维系社会经济稳定以及如何动员劳动、资本等要素和各类资源的问题。

后发国家移植为先发国家带来经济增长的经济政策、经济制度或是经济理论，往往忽视了这些政策、制度和理论所依赖的秩序基础。即使后发国家同时移植了构成和支撑先发国家秩序基础的政治制度，这一政治制度本身是否能够符合本国历史文化传统也存在问题。答案往往是否定的，因此简单移植而不是基于自身国情谋求经济发展的落后国家往往陷入"收缩陷阱"。中国社会经济发展的实践证明，好的经济绩效不仅依赖于体制效率提高带来的经济增长的增加，而且更依赖于良好秩序结构以及体制效率与秩序结构良性互动带来的经济收缩的下降。更为关键的是，在中等收入迈向高收入的过程中，"正增长"的下降是不可避免的趋势，只有通过良好的秩序结构以及体制效率与秩序结构良性互动带来的经济收缩下降，才能达成较高的经济绩效。

第三，从人类社会的单一秩序到两种秩序。长期以来，先发国家的发展成就让人产生唯此路可通罗马的错觉。事实上，人类社会存在两种秩序：一种秩序是以西方发达国家为代表通过历史演化形成的演化秩序；另一种是以在经济文化落后的基础上建设社会主义国家为代表的建构秩序[①]。落后国家发展的问题是发展理论中的重要

---

① 需要说明的是，演化秩序和建构秩序形成过程中都能体现国家或者政党的作用，前者强调国家或者政党在历史演化的基础上顺应趋势推动经演化而成的规则、规范和制度法律化、正式化，后者强调国家或者政党打破既有演化趋势进而自上而下建构一整套规则、规范和体制。

问题，也是被忽视较多的问题。当前对发展问题的讨论，无论是新古典经济学、发展经济学还是新制度经济学或是新政治经济学，都把发达国家的发展和落后国家的发展当作一个一般问题加以研究，而且缺乏马克思主义政治经济学的分析视角。但是，发展事实上存在两种秩序和两种体制分野，两种秩序是指演化秩序和建构秩序，两种体制则是指基于个人—人际关系—组织—国家的路径演化经由规范化和制度化而成的演化体制和从上至下地按照国家—组织—个人的顺序建构而形成的建构体制。

主流研究将两种秩序和两种体制下的发展问题一般化处理，会导致这些研究丢失体制特征和特殊性，难以对实际存在的不同发展路径进行分析。资本主义体制（演化体制）和社会主义体制（建构体制）除了所有制上的区别，在发展问题研究中的最重要的差别体现在推动发展的方式上——社会主义国家，如中国和苏联一般利用整套体制来推动发展，而资本主义国家则更多利用分散的自发的力量。本书通过经典理论、文献研究和历史研究阐释了落后国家建设社会主义的理论渊源、实践演进以及体制何以成为落后国家建设社会主义的关键，进而阐释对经济绩效进行制度分析和体制分析的差异，以及在通过社会主义体制建构和变革实现发展的落后国家的理论研究中采用体制分析的必要性。

第四，在区分制度和体制的基础上提出经济绩效体制分析的理论框架。本书在文献回顾和历史总结的基础上，阐明了建构秩序建立和发展的核心要件是体制，并且阐明了体制与演化秩序所依赖的制度的差别。进一步地，提出经济绩效的制度分析不适用于苏联、中国这类建构秩序的国家。在此基础上，结合中国发展实践提出了基于体制效率、秩序结构以及体制效率和秩序结构互动的"体制—秩序—经济绩效"理论框架。"体制"由体制目标、经济体制和治理体制三部分构成，根据这三部分的差异，我们将体制的具体形态区分为封闭型体制、转型体制和开放型体制。本书利用经济体制和治理体制、体制效率和秩序结构之间的互动关系，不仅阐明了经济文化落后的国家如何通过建构秩序实现国家发展，而且解释了计划经济时期在封闭型体制下经济绩效不佳的原因，以及改革开放后朝向开放的中国式转型体制中经济绩效改善的原因，进而为中国发展"双奇迹"提供了一个理论解释。

本书的实践意义如下。在过去 40 多年间，中国保持了年均近 10% 的高经济增长率，国民经济结构也从农业社会转型为工业社会，到 2020 年，中国已经有超过 8.46 亿人在城市工作和生活，常住人口城镇化率超过 60%。中国的高增长和快速结构变迁成为 20 世纪最重要的全球事件之一，伴随这一进程，"中国奇迹"论与"中国崩溃"论针锋相对。但是，迄今关于这一主题的研究都是基于"增长"本身的事实以及对增长来源作出的解释。当以高增长为主要指标而将中国经济看作是一种"奇迹"时，从主流增长理论来看这种高增长必然是不可持续的，因而将之视为一种"困惑"。中国式增长也成为国际主流经济研究的重大主题，具有不同知识背景的学者纷纷寻找中国经济高增长之源并试图给出是什么因素引致这种超常规增长的经济解释。

40 年高增长惯性更使我们陷入一种"高增长依赖综合征"。长期以来，我们在公共政策上以高增长作为解决经济社会问题的方式，通过高增长实现经济扩张、创造就业，甚至解决社会问题。但是，这种高增长解决问题法本身就成了问题，事实上并非所有问题都能够通过高增长来解决。自党的十八大以来，党中央明确中国经济已转向中高速增长阶段，并提出通过供给侧结构性改革实现高质量发展。但是，学术界和政策界对 2013 年以来经济下行的判断并未达成共识，在面对外生重大冲击时仍然习惯性使用应对短期下滑的刺激性投资政策，地方政府仍然依赖项目投资和"以地谋发展"模式来过日子和保增长。我们需要反思有关中国经济奇迹的一系列问题：高增长是否就是奇迹？正增长是否完全代表了经济绩效？经济绩效的来源是什么？如何告别高增长依赖？新常态新阶段的下降趋势下如何维持和改善经济绩效？

事实上，无论是人类历史演进还是当今发展事实，经济活动并非一个线性向上的过程，除了向上的经济增长，也有向下的经济收缩，一个经济真实的绩效表现是其向上部分和向下部分的综合反映。经济分析如果仅从其向上部分来给出解释，不仅会陷入"增长迷雾"，而且还会带来发展政策的偏误。对向下部分的关注和深入分析，有可能解析不同经济体经济绩效差异以及一个经济体经济绩效时好时坏的原因。基于此，本书将关注历史和当代政治经济互动下的秩序变迁，分析经济收缩与经济绩效的关系以及影响经济收缩的因素。通过构建一个关于"体制—秩序—绩效"的理论框架，本书从经济绩效而非经济增长的视角重新解释中国发展"双奇迹"，提出政经互动下的体制及其变迁带来的经济绩效是中国奇迹的来源，对中国 70 年间经济绩效的表现进行了分析，最后给出了中国告别高增长依赖、转向降低经济收缩，以更大的体制转型和开放建成现代化强国的发展路径。

第二节　概念界定

一　经济绩效、经济增长和经济收缩

经济绩效是指长期经济变迁过程中的长期平均增长率。本书采用人均 GDP 变化率来反映长期经济增长过程中经济表现的变化，在长期经济变迁过程中每一年的经济增长率已知的条件下，经济绩效可以具体化为长期增长过程中年度经济增长率的算数平均数，记为：

$$EP = \frac{\sum_{i=1}^{n} g_i}{n} \qquad (1-1)$$

其中 n 表示年份。

进一步地，将每一年的经济表现变化率（g）分为两种类型：

第一种类型，将长期经济增长过程内每一年的经济表现中的正

增长定义为经济增长①，其经济增长幅度用 g^+ 来表示、其经济增长频率用 f_+ 来表示。

第二种类型，将长期经济增长过程内每一年的经济表现中的负增长定义为经济收缩，其经济收缩幅度用 g^- 来表示，其经济收缩频率用 f_- 来表示。

二 中国奇迹和中国发展"双奇迹"

中国的长期经济变迁过程，尤其是改革开放以后中国所取得的发展成就，吸引了各个学科的研究和关注，其中经济学界对这一话题的研究文献汗牛充栋。现有研究中，中国长期经济变迁过程中的发展成就往往被概括为"中国奇迹"。具体来讲，现有文献一般围绕经济增长定义"中国奇迹"，并且具有三个特点。一是起始时间往往被确定在改革开放；二是强调经济增长速度之"快"和经济增长率之"高"；三是强调高速经济增长持续时间之"长"。② 因此，按照现有文献的理论逻辑可以将"中国奇迹"定义如下：改革开放以来，中国实现了年均 GDP 增长率达 9.5% 以上的经济增长，并且这种快速经济增长持续了 40 年之久。这一定义，实际上受到围绕经济增长（正增长）的传统增长理论的影响，对"中国奇迹"的解释也同样围绕经济增长（正增长）的影响因素和作用机制展开。本书认为，这种定义存在两个方面困境：第一，改革开放前后正增长年份的增长率差别并不大，改革开放前后正增长年份的增长率都是鲜有的高

---

① 在传统经济增长和经济波动理论中，由于经济收缩被看作负增长——正增长的反面，因此经济增长和经济收缩均包含于经济增长（正增长）的理论内涵，为了区分传统理论和经济绩效理论中长期经济变迁过程中向上的趋势和状态，本书以"经济增长（正增长）"代表传统理论中向上的趋势和状态，而用"经济增长"表示经济绩效理论中向上的构成部分及其趋势。

② 刘守英、汪广龙：《中国奇迹的政治经济逻辑》，《学术月刊》2021 年第 1 期；夏斌：《"中国奇迹"：一个经济学人对理论创新的思考》，《经济学动态》2019 年第 3 期；林毅夫：《改革开放 40 年，中国经济如何创造奇迹》，《金融经济》2018 年第 1 期。

增长；第二，改革开放前后经济绩效的差异实际上来源于经济收缩频率和幅度的差异，现有研究关于"中国奇迹"的定义显然忽视了经济收缩，这就难以认识中国发展成就的全貌。

党的十九届四中全会①和党的十九届六中全会②对中国发展成就进行了新的概括，本书认为这两次概括形成的中国发展"双奇迹"更好地展现了中国发展成就的全貌。党的十九届四中全会和党的十九届六中全会虽然对中国发展成就的表述不完全一致，但是都注意到了经济增长之外的社会稳定，都强调了"经济快速发展"和"社会长期稳定"两大奇迹。因此，本书认为中国发展成就应当被界定为中国发展"双奇迹"，即中国长期经济变迁过程中不仅实现了经济快速发展，而且实现了社会长期稳定的奇迹。用经济绩效理论相关概念进行表述，中国发展"双奇迹"就是在长期经济变迁过程中不仅实现了较高的经济增长，而且实现了较低的经济收缩。因此，中国发展"双奇迹"的全貌必须通过经济增长和经济收缩两个方面来呈现，对于中国何以能够实现发展"双奇迹"的理论解释应当既分析如何实现经济增长，又分析如何降低经济收缩。要达成这一理论目的，就要在效率问题研究的基础上进一步关注秩序问题的研究，从效率、秩序及其互动的角度来解释中国发展"双奇迹"。

---

① 党的十九届四中全会指出："新中国成立七十年来，我们党领导人民创造了世所罕见的经济快速发展奇迹和社会长期稳定奇迹，中华民族迎来了从站起来、富起来到强起来的伟大飞跃。"（《中共中央关于坚持和完善中国特色社会主义制度 推进国家治理体系和治理能力现代化若干重大问题的决定》，人民出版社2019年版，第2页。）

② 党的十九届六中全会指出："一百年来，党领导人民不懈奋斗、不断进取，成功开辟了实现中华民族伟大复兴的正确道路。中国……仅用几十年时间就走完发达国家几百年走过的工业化历程，创造了经济快速发展和社会长期稳定两大奇迹。"（《中共中央关于党的百年奋斗重大成就和历史经验的决议》，人民出版社2021年版，第63页。）

三 秩序及其分类

秩序是人类社会政治经济运行的基础,是包括政治经济体制、政治经济运行过程、政治经济价值观念和政治经济主体行为在内的一整套系统。秩序的运行方式是秩序结构,秩序结构指的是控制和维系秩序的方式,秩序结构包含秩序的松紧程度、可调适程度等方面内容。

从秩序的形成方式和运行方式上来讲,人类社会的秩序可以分为两种类型:第一种秩序是演化秩序①。所谓演化秩序即"它在人们遵循一定的共同规则时不断演化"②。也就是说,这种秩序是人们依据一种共同遵守的信念、规则而自发演化形成的,决策由经济参与者按照自身利益、自设目标和竞争状况、价格信号来进行。③ 因此,我们可以这样理解演化秩序,即不同的社会个体依循一定的信念、观念、规则,按照自己的意志追求各种不同的"自设目标",在此过程中通过历史演化的过程形成的秩序。

第二种秩序是建构秩序④。"它由某种看得见的引导之手(ordering hand)创立,如在命令经济中,集体拥有的财产、产品、岗位和投资资金都要按某些人的计划来配置。"⑤ 因此,建构秩序指的是不依赖已经自发形成和演化的信念、规则甚至个人观念,而是为了达成一定的体制目标依靠建构的政治经济体制来形成的秩序,需要特别强调的是这种政治经济体制一般不建构在个人观念以及经演化形成的共同信念和共同规则的基础上,而是在政治上依靠强制、经济

---

① 诺斯等人讲的自然国家、权利限制秩序和权利开放秩序都属于这一大类。
② [澳]柯武刚、[德]史漫飞、[美]贝彼得:《制度经济学:财产、竞争、政策》第二版(修订版),柏克、韩朝华译,商务印书馆2018年版,第172页。
③ [澳]柯武刚、[德]史漫飞、[美]贝彼得:《制度经济学:财产、竞争、政策》第二版(修订版),柏克、韩朝华译,商务印书馆2018年版,第172页。
④ 也有学者将其称为层级秩序或计划秩序,本书将其统一界定为建构秩序。
⑤ [澳]柯武刚、[德]史漫飞、[美]贝彼得:《制度经济学:财产、竞争、政策》第二版(修订版),柏克、韩朝华译,商务印书馆2018年版,第172页。

上依靠计划来达成体制目标。

需要强调的是，演化秩序和建构秩序的区分实质上在于社会经济运行所依赖的规范、宏观运行逻辑和微观行为逻辑形成方式的不同，演化秩序的规范、宏观运行逻辑和微观行为逻辑是自下而上经过历史演化而形成的，建构秩序的规范、宏观运行逻辑和微观行为逻辑是自上而下通过强制建构而出现的。在演化秩序和建构秩序中，国家（政府或者政党）都发挥了巨大的作用，演化秩序中国家（政府或者政党）的作用是将演化形成的行为逻辑以法律形式确定下来。而建构秩序中国家（政府或者政党）不仅仅完成了规范、宏观运行逻辑和微观行为逻辑的法律确定和正式化，这种规范、宏观运行逻辑和微观行为逻辑本身，就是由国家（政府或者政党）所引入和建构的。

从秩序的核心要素出发，人类社会的秩序可以分为依赖于制度的秩序和依赖于体制的秩序。演化秩序依赖的是制度，这种制度是微观的制度，因为这种制度是以个人自发自愿遵守的观念、信念和规则等为基础的。[1] 由于诺斯等人已经对这一种类型的秩序有比较系统的分析，本书沿用诺斯等人的概念，将这种依赖于制度的演化秩序称为"权利秩序"。与之不同的是，建构秩序则依赖于以经济体制和治理体制为核心的体制，"直接凭借外部权威，靠指示和指令来计划和建立秩序以实现一个共同目标"[2]，本书将这种依赖于体制的建构秩序简称为"体制秩序"。为人所忽视的是，体制和制度在内涵和外延上具有极大的差异，对体制和制度的混淆导致了当前发展研究中制度分析的泛滥，以及对建立和建设社会主义的落后国家现象特殊性的忽视。

---

[1] 这种制度是"间接地以自发自愿的方式进行，因各种主体都服从共同承认的制度"，参见［澳］柯武刚、［德］史漫飞、［美］贝彼得：《制度经济学：财产、竞争、政策》第二版（修订版），柏克、韩朝华译，商务印书馆2018年版，第184页。

[2] ［澳］柯武刚、［德］史漫飞、［美］贝彼得：《制度经济学：财产、竞争、政策》第二版（修订版），柏克、韩朝华译，商务印书馆2018年版，第183页。

四 体制及其构成和分类

体制是指人类社会秩序运行所依赖的一整套成体系的、包含经济体制、治理体制等各方面在内的制度系统。从体制的形成方式来看,体制可以分为两种类型：对应于演化秩序和建构秩序的概念,资本主义体制实际上是一种历史演化而生的演化体制,而社会主义体制则是打破历史演化路径、通过革命等方式建立起来的建构体制。本书从体制的目标和构成来做出阐释：

第一个层次,体制目标。由演化秩序与建构秩序、演化体制与建构体制的逻辑继续演绎。演化秩序下演化体制中的参与者拥有充分的自主性,能够根据自己的信念、观念在经演化形成的共同信念、共同观念和共同规则的约束下选择自己的行动,其目标往往是"自设目标",这种"自设目标"是多样化、差异化的,最后经过演化达成整个社会、国家的运行结果;建构秩序下的建构体制往往拥有一个体制目标,与"自设目标"对应的是,这个体制目标是体制建构者依据经典理论选择的,无论建构秩序中政治经济活动的参与者是否认可这个目标,在一定政治经济体制的约束下,政治经济活动参与者所做出的行为选择和努力都围绕这一体制目标展开,甚至不惜牺牲个人权利、个人选择和个人利益。体制目标可以分为国家安全、政治经济秩序稳定等政治性目标,国家工业化和重工业化等结构性目标,以及经济绩效改善、人民生活改善、经济发展等绩效性目标。

第二个层次,体制的构成。与比较经济体制学仅仅局限于经济体制的讨论不同,为了实现政治经济互动、体制与秩序互动进而影响经济绩效的研究目标,本书将体制的构成界定为经济体制和治理体制两个部分。综合当前比较经济体制学等学科的分析,本书做出如下界定：

第一,经济体制主要包括所有制结构、宏观经济运行方式、微观激励机制和资源配置机制等内容,可以分为"计划经济体制"和

"市场经济体制"两种类型。进一步地，一定的经济体制产生一定的体制效率，体制效率是指某一具体的经济体制在资源配置、经济生产等方面的效率。为了分析的方便，本书假设经济增长在理论属性上（而不是数量关系上）是经济体制和体制效率的结果，同时受到政治经济互动的影响。

第二，治理体制主要包括乡村治理、城市治理的社会治理方式以及运用的意识形态或法治等治理工具等构成部分，可以划分为"集中管控治理体制"和"适度宽松治理体制"两种类型。[①] 进一步地，一定的治理体制产生一定的秩序结构，秩序结构是指一种秩序的运行方式，由一定的治理体制形成的维持体制运行并导致体制变革具体的政经互动方式、意识形态控制方式和体制调适尺度等内容构成，决定秩序控制和维系的松紧程度。为了分析的方便，本书假设经济收缩在理论属性上（而不是数量关系上）是治理体制和秩序结构的结果，同时受到政治经济互动的影响。本书认为经济体制与治理体制、体制效率与秩序结构的互动是分析经济绩效的关键。

第三节 研究思路、方法和内容

一 研究思路

中国在实现发展"双奇迹"的过程中开创了一条不同于先发国家的中国特色发展道路。重新认识和解释了中国发展"双奇迹"，具有重大理论和现实意义。本书基于中国发展事实，对关于如何认识和解释长期经济变迁过程以及"中国奇迹"的相关研究进行了综述，构建出经济绩效体制分析的理论框架，运用这一理论框架对中国发

[①] "计划经济体制"与"市场经济体制"、"集中管控治理体制"与"适度宽松治理体制"分别代表经济体制和治理体制的理论分类。现实中经济体制和治理体制都是介于两者之间的某一个中间状态。

展"双奇迹"的经济绩效、经济绩效差异及其来源，以及影响因素和作用机制进行研究。最后，本书概括了主要结论和归纳政策含义。

从文献上来看，关于长期经济变迁过程及"中国奇迹"认识和解释的理论脉络与相关研究分为两类。第一类，围绕经济增长（正增长）的理论和研究。经济增长理论和经济波动理论将长期经济变迁过程和"中国奇迹"界定为经济增长（正增长）的实现和变化，忽视经济收缩的客观存在。对于长期经济变迁过程和"中国奇迹"的解释也紧紧围绕经济增长（正增长）而展开，忽视作为经济增长（正增长）运行基础和影响经济收缩的秩序。这一类研究，不能揭示中国发展"双奇迹"的全貌。第二类，纳入了经济收缩的经济绩效理论及其制度分析。这一类理论和研究用经济绩效来认识长期经济变迁过程，同时展现经济绩效、经济增长和经济收缩的特征及变化，并且展现后两者对经济绩效差异的贡献，更加完整地展现了长期经济变迁过程的全貌。在揭示经济收缩作为经济绩效差异和变化重要来源的基础上，这一类研究将自下而上形成的囊括信念、规范、规则等在内的制度作为核心要件，分析不同经济权利、政治权利和军事暴力形成的不同租金创造方式和租金分配格局，揭示由此形成的秩序对经济收缩进而对经济绩效的影响。

本书研究发现，经济绩效的制度分析是基于英、法、美等先发国家的发展过程和政治经济特征提炼而出，不能直接用于分析中国发展"双奇迹"。原因在于，第一，英、法、美等先发国家属于经历史演化而成的演化秩序，而中国这类落后生产力条件下建立和建设社会主义的国家属于建构秩序；第二，制度分析的核心要件是从英、法、美等先发国家发展过程中提炼出来的自下而上的"小的"制度，与中国这类国家自上而下建构的"大的"体制有本质区别。因此，本书基于中国的发展事实和政治经济特征构建了经济绩效的体制分析这一理论框架。

在这一理论框架的基础上，本书通过经济绩效及其分解的理论和模型，呈现了同一国家在长期经济变迁过程中的不同阶段、长期经济变迁过程中同一阶段不同国家的经济绩效、经济增长和经济收缩。具体来讲，本书搜集和整理了1950年以来不同收入等级的国家、1820年以来的欧洲国家（以英国、法国、丹麦、瑞典、荷兰和意大利为例）、1820年以来陷入"中等收入陷阱"的拉美国家（巴西、哥伦比亚、秘鲁为例）、1820年以来跨越"中等收入陷阱"的拉美国家（智利、乌拉圭为例）和1820年以来曾进入高收入国家行列但又跌回"中等收入陷阱"的国家（以委内瑞拉为例）在长期经济变迁过程中的人均GDP数据，对这些国家的经济绩效、经济增长（正增长年份的平均增长率）、经济收缩（负增长年份的经济收缩频率和平均收缩率）进行细致呈现，计算了平均增长率变化、经济收缩频率变化和平均收缩率变化对于经济绩效变化的贡献率。由此，本章从各参数变化贡献率的角度展现了将经济增长维持在一定水平的前提下，降低经济收缩对于改善经济绩效的重要性[①]。

进一步地，通过经济绩效及其分解展现了中国1953—2017年以

[①] 需要注意的是，各国长期经济变迁过程的常态是，经济绩效改善（例如中国改革开放前后经济绩效分别为2.25%和5.73%，改善了3.48%；再如英国在1910—1950年和1950—2018年经济绩效分别为1.03%和1.82%，改善了0.79%）过程中，两个阶段或两个国家的平均增长率都维持在较高的水平（例如中国改革开放前后正增长年份的平均增长率分别为6.43%和6.55%，有所提高但相差不大；再如英国在1910—1950年和1950—2018年的平均增长率分别为3.60%和2.41%，有所下降但均有一定水平），两个阶段或者两个国家的平均增长率之差（平均增长率变化）就会很小，因此平均增长率变化对经济绩效变化的贡献就很小。同时，两个阶段和两个国家的平均收缩率和经济收缩频率差别比较大（例如中国改革开放前后负增长年份的平均收缩率分别为-5.63%和-1.48%、经济收缩频率分别为34.62%和10.26%，差别很大；再如英国在1910—1950年和1950—2018年的平均收缩率分别为-3.42%和-1.29%、经济收缩频率分别为36.59%和15.94%，差别很大），因此平均收缩率变化和经济收缩频率变化对经济绩效变化的贡献就很大。在这个意义上来讲，经济绩效改善的主要来源是降低经济收缩。但是，经济增长的作用并不能被忽视，因为经济绩效改善是建立在两个阶段或两个国家平均增长率都一样高的基础上，而不能建立在一样非常低的基础上。也就是说，至少要有正增长，降低经济收缩对于改善经济绩效的作用才能体现。如果连年负增长，讨论将没有意义。

及改革开放前后的经济绩效、经济增长和经济收缩及其差异和来源。在"效率"与"秩序"及其互动的分析视角下，本书利用体制目标决定经济体制和治理体制，经济体制决定体制效率进而经济增长、治理体制决定秩序结构进而经济收缩，以及经济体制与治理体制、体制效率与秩序结构的互动来解释经济绩效的产生及其差异的源泉。体制秩序下，中国实现发展成就的总体思路为依据一阶段的体制目标，构建一定的经济体制和治理体制，经济体制通过调动资源配置来组织经济活动，由此产生一定的体制效率。经济行为、经济活动和经济运行并不能独立存在，它们必须依赖于与之相适应的秩序基础。为了配合经济体制要达成的体制目标，治理体制往往围绕体制目标和经济体制展开，治理体制形成的一定秩序结构不仅能够保障经济体制资源配置活动的顺利开展，而且为经济活动运行创造一定的社会经济环境——也就是秩序基础，更重要的是一定的秩序结构还会同体制效率互动以维持和保护体制效率。

具体来讲，封闭型体制下的计划经济体制和中国式转型体制下的市场经济体制都带来了较高的经济增长，改革开放前后，两种秩序绩效差异来源于经济收缩的频率和幅度的变化，这是治理体制带来秩序结构以及"体制效率—秩序结构"互动方式变化的结果。因此，中国发展"双奇迹"的源泉是，依据不同体制目标选择经济体制实现较高经济增长（平均增长率）的同时，通过治理体制的放松带来秩序结构宽松和"体制效率—秩序结构"适度开放型互动，降低经济收缩的频率和幅度。当前，中国向社会主义现代化强国迈进的同时经济发展进入新常态，在中等收入向高收入迈进的关键阶段不仅要进一步深化经济体制改革谋求高的体制效率，更关键的是要推动治理体制现代化形成适度宽松的秩序结构和灵活度更高的互动方式，以此避免无法继续维持高速、持久的经济增长的情况下失序和经济收缩带来的经济绩效损失。

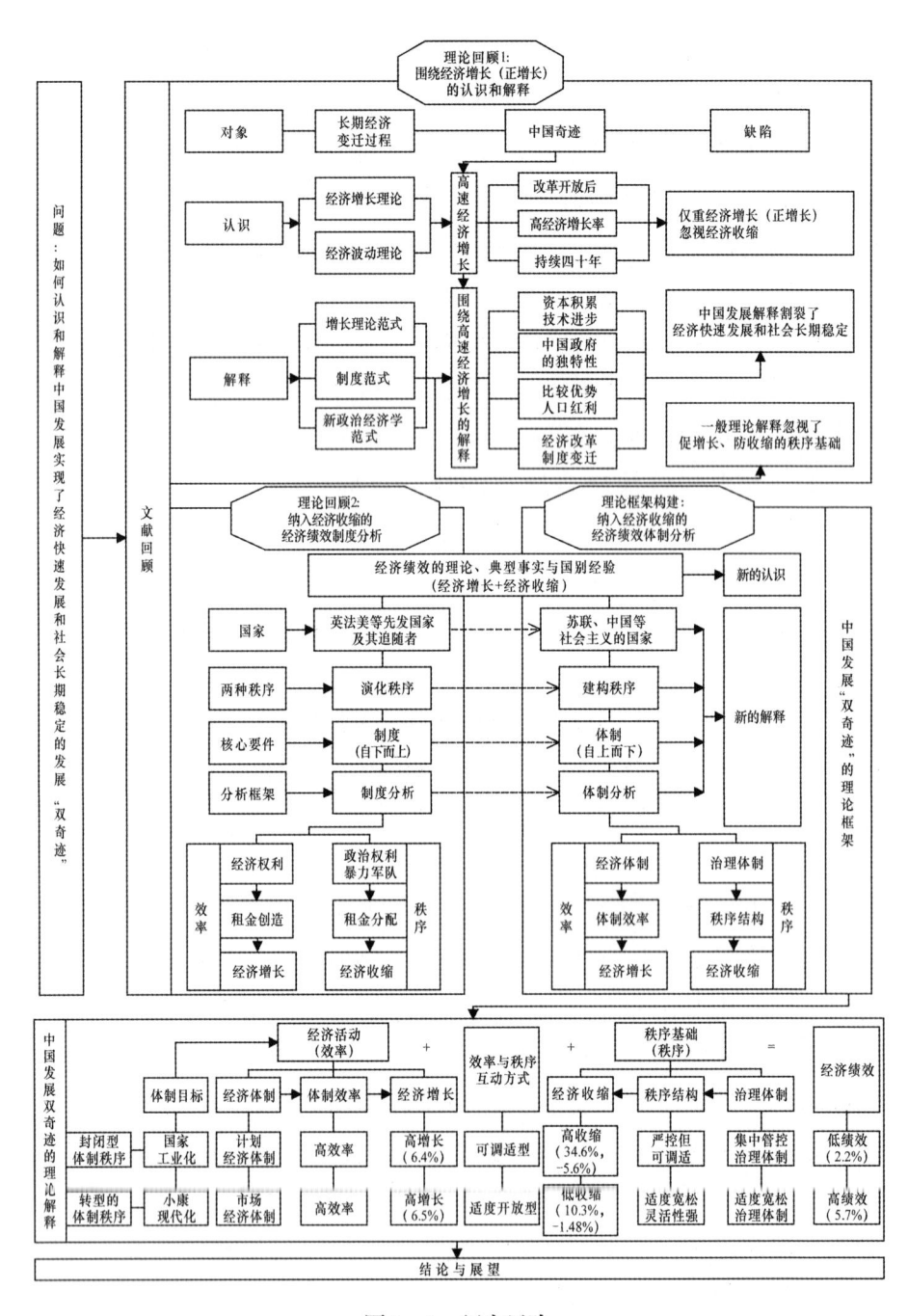

图 1-1　研究思路

二 研究方法

本书科学运用历史唯物主义，在认识和提炼中国发展事实和特征的基础上建构了经济绩效体制分析的理论框架，将体制、效率和秩序纳入中国发展"双奇迹"的经济绩效分析，展现了中国发展"双奇迹"的全貌并给出了理论解释。在分析过程中，本书在寻求经济绩效源泉时不仅从经济体制带来的体制效率改善来考虑，而且详细分析了治理体制带来秩序结构的改善，尤其是一定体制下秩序结构与体制效率互动对经济绩效的影响。本书侧重于探讨经济与政治、效率和秩序的互动关系，阐述体制转型中应当处理好经济改革与秩序维系之间关系的重要性。具体来讲，本书运用了如下研究方法。

第一，本书科学运用了历史唯物主义基本原理。生产力决定生产关系、经济基础决定上层建筑是历史唯物主义的一般规律，但是生产关系和上层建筑不能被机械化地理解为仅仅具有被动的、机械的被决定的作用，恩格斯批判了这种僵化的"生产力一元决定论"和"经济决定论"，他指出："根据唯物史观，历史过程中的决定性因素归根到底是现实生活的生产和再生产。无论马克思或我都从来没有肯定过比这更多的东西。如果有人在这里加以歪曲，说经济因素是唯一决定性的因素，那么他就是把这个命题变成毫无内容的、抽象的、荒诞无稽的空话。经济状况是基础，但是对历史斗争的进程发生影响并且在许多情况下主要是决定着这一斗争的形式的，还有上层建筑的各种因素"[①]。因此，可以得知：其一，生产关系的变动决定于生产力，但不仅仅决定于生产力，还存在包括"历史斗争"在内的许多情况，这一点成为落后国家跨越资本主义卡夫丁峡谷的基础；其二，上层建筑并不机械地决定于经济基础，上层建筑也会影响经济基础的质量和变革。既然生产关系和上层建筑的变动不机械地依赖于生产力和经济基础的决定性，就可以依据生产力和经济

---

① 《马克思恩格斯全集》第三十七卷，人民出版社1971年版，第460页。

基础的前进方向对生产关系和上层建筑进行有机调整,以此来推动前者的发展。

因此,通过变革生产关系来推动生产力发展在理论上是可行的,可以通过体制建构和变革来改善经济绩效。在通过创建社会主义体制这样的新的生产关系推动生产力发展的过程中,生产关系作了三个方面的调整。第一,通过经济体制建构与变革调整经济基础本身,实现从旧生产关系的经济基础到社会主义经济基础的转变,以及推动社会主义生产关系条件下经济基础的发展和巩固;第二,通过治理体制建构和变革调整上层建筑,使之适应生产力发展的要求;第三,调整政治经济互动方式。毛泽东在谈及通过社会主义体制谋求发展时十分重视生产力与生产关系、经济基础与上层建筑的互动,尤其注重生产关系和上层建筑对生产力和生产关系的保护、促进等作用,他指出"要上层建筑干什么?就是为了对经济基础起作用。政治是经济的集中表现"[1],上层建筑的核心作用是"维护革命秩序,保护劳动人民利益,保护社会主义经济基础,保护生产力"[2],"消灭了旧的生产关系,确立了新的生产关系,这样就为新的生产力的发展开辟了道路"[3]。因此,通过体制改善经济绩效也体现在三个方面:一是通过经济体制改善体制效率;二是通过治理体制改善秩序结构;三是通过经济体制和治理体制的互动改善体制效率和秩序结构的互动方式。通过对历史唯物主义基本原理的科学运用,本书发现了体制的重要作用和研究价值。

第二,本书采用了归纳演绎法。归纳是从特殊到一般,而演绎是从一般到特殊。一方面,本书通过归纳构建一般理论框架。首先,通过归纳世界各国长期经济变迁以及"中国奇迹"的事实,本书提

---

[1]《毛泽东读社会主义政治经济学批注和谈话》(上),中华人民共和国国史学会,1998年,第358页。

[2]《毛泽东文集》第七卷,人民出版社1999年版,第197页。

[3]《毛泽东读社会主义政治经济学批注和谈话》(上),中华人民共和国国史学会,1998年,第170页。

出应当从包含经济增长和经济收缩的经济绩效这一完整视角重新认识长期经济变迁过程和"中国奇迹"。其次，通过中国发展"双奇迹"的政治经济特征，本书抽象地归纳出适用于中国的经济绩效体制分析的理论框架。另一方面，本书通过演绎对中国发展"双奇迹"进行理论解释。运用"体制—秩序—绩效"的理论分析框架，本书将中国发展分为改革开放前和改革开放后两个阶段、封闭型体制秩序和转型体制秩序两个秩序，通过理论演绎分析了两个阶段、两种秩序下的经济绩效及其经济绩效差异，剖析了两个阶段、两种秩序下不同的经济体制和治理体制以及由此带来的不同的体制效率和秩序结构及其互动方式，进而揭示了中国发展"双奇迹"的源泉。

第三，本书采用了比较分析法。本书通过发展实践的经验研究和统计分析找到一国长期经济变迁的趋势性特征以及两种秩序、两种体制的不同之处。一方面，本书通过对同一时期不同收入等级国家以及同一类型国家不同时期的经济绩效及其分解，发现一国长期经济变迁过程中经济绩效决定于经济收缩而非经济增长的事实特征，还证明了中等收入国家迈向高收入的关键在于降低经济收缩频率和经济收缩幅度。同时，对中国改革开放前后经济绩效特征的分析也采取了这种方法。另一方面，一个理论只有符合一国长期经济变迁过程中的政治经济运行特征才能对这个国家的经济绩效及其变化做出恰当的分析。因此，本书通过比较欧洲国家、欧洲衍生国家和拉美国家等演化秩序国家以及苏联、中国等建构秩序国家在发展实践和政治经济特征上的差异，概括出两种秩序不同的政治经济运行逻辑，从而理解了演化秩序和建构秩序两种秩序的不同，也理解了体制与制度的差异，进而认识到经济绩效的制度分析不适用于建构秩序国家，由此根据建构秩序国家的政治经济特征构建了经济绩效体制分析的理论框架。

三 研究内容

本书的研究内容由四个部分构成。第一章为第一部分。该部分是本书分析的前提和基础，阐述了问题的提出和研究意义，为本书分析的展开给出了概念界定，概括了本书研究的思路、方法和主要内容，以及可能的创新点和不足。

第二章至第三章是第二部分，即文献综述和理论框架部分。第二章为文献综述。已有对于长期经济变迁过程的研究重视经济增长（正增长）而忽视经济收缩，已有的传统增长理论范式、制度范式和新政治经济学范式分别从要素积累、技术进步和有效制度等角度探讨效率提高问题，仅侧重于从"正增长"角度对经济增长做出理论解释，忽视了作为"正增长"运行基础和影响经济收缩的秩序的作用。对中国问题的研究也沿着这一思路而将"中国奇迹"界定为长时间内持续的经济高速增长的奇迹，现有研究从资本积累、中国政府独特性、比较优势和人口红利以及经济改革等方面寻求这种持续的、快速的经济增长（正增长）实现的源泉，忽视了对经济收缩及其影响因素——秩序的探讨，割裂了中国发展"双奇迹"中的经济快速发展奇迹和社会长期稳定奇迹，未能展现中国发展"双奇迹"的全貌。

第三章为理论框架。本书提出应当从纳入经济增长和经济收缩两个方面的经济绩效的角度来认识长期经济变迁过程，重新认识经济增长和经济收缩对于经济绩效改善的贡献。在此基础上，研究的内容就变为了经济绩效如何实现、经济绩效差异的来源是什么、经济绩效差异如何解释？本书首先概括了经济绩效制度分析理论框架的基本逻辑，提出这套理论框架仅仅适用于建立在"个人—人际关系—组织—国家"这种演化秩序的国家，而不适用于建构秩序国家，因为演化秩序国家所依赖的是微观的制度，而属于建构秩序的国家所依赖的是自上而下构建的一整套体制。因此，经济绩效的制度分析不适用于通过建构社会主义体制推动发展的国家，如苏联、中国等国家。

本书论述了经济绩效体制分析的理论基础和现实依据，进而构建了经济绩效体制分析的理论框架。这一框架的核心逻辑是体制—

秩序—绩效，社会秩序由一定的体制决定。依据一定的体制目标，体制建构者会选择和建构一定的经济体制和治理体制，前者规定资源配置和经济活动，而后者为资源配置和经济活动提供秩序基础。在此基础上，经济体制决定体制效率，治理体制决定秩序结构。经济体制与治理体制、体制效率与秩序结构并不简单独立存在，而是存在一定的互动关系，既表示体制效率为秩序结构提供物质内容，也表示秩序结构从应对内外部冲击等方面为体制效率提供稳定基础。体制效率以及体制效率与秩序结构的互动决定经济增长，秩序结构以及秩序结构与体制效率的互动决定经济收缩，由此形成一定的经济绩效。体制又可以分为封闭型体制、转型体制和开放型体制三种类型，依据基于经济体制和治理体制而来的不同的体制效率、秩序结构及其互动，形成一定的经济增长、经济收缩和经济绩效。

第四章至第七章是第三部分——典型事实和理论解释部分。典型事实由第四章的国际板块和第五章的国内板块构成。第四章为经济绩效的典型事实和国别经验，根据经济绩效及其分解的理论和模型，呈现了同一国家在长期经济变迁过程中的不同阶段、长期经济变迁过程中同一阶段不同国家的经济绩效、经济增长和经济收缩。第五章为中国发展"双奇迹"及其经济绩效分析。一方面，从全球视角和经济增长动态过程来阐释中国经济增长奇迹，从中国的政治稳定、经济稳定和社会稳定来阐释中国长期稳定的奇迹；另一方面，利用中国1953—2017年的人均GDP数据对中国发展"双奇迹"进行经济绩效分析，同时对改革开放前后的经济绩效差异及其来源进行分解。

第六章和第七章是中国发展"双奇迹"的理论解释部分，从理论角度阐释改革开放前后两种体制——封闭型体制和转型体制的体制特征、效率特征和秩序特征和经济绩效，对改革开放之后经济绩效改善的来源做出理论解释。第六章为改革开放前封闭型体制下高增长、高收缩的低经济绩效以及经济绩效下滑威胁下避免崩溃的解释。改革开放前，在落后生产力基础上建设社会主义的现实状况决定了国家工业化和重工业优先发展的结构化目标，由此采取了与之相适应的封闭型体制，具体包含集权计划经济体制和集中管控治理体制。封闭型体制下的计划经济体制通过降低资源和要素成本、控制企业和农业剩余而将一切资源配置到重工业部门和相关支撑部门，获得了较高的经济增长（6.43%），但不具有可持续性和稳定性。这种不可持续性和不稳定性，带来了封闭型体制下的高频率、大幅度的经济收缩（34.62% 和 -5.63%）。最终，改革开放前的经济绩效只有2.25%。在此情况下，集中管控的治理体制通过加强对政治经济各方面的控制，实现了对乡村和城市（主要是乡村）资源的动员和攫取，维持了在经济困难等情况下的社会稳定，而且在体制效率不稳定甚至面临下滑时进行了适应性调适，避免了经济绩效快速、大幅度、长时间下滑趋势下政治经济崩溃的危险，但这些调适所取得的效果比较小，持续时间也不久。

第七章为改革开放后中国式转型体制下高增长、低收缩的高经济绩效的理论解释。体制目标在经济绩效不稳定和秩序崩溃的威胁下由国家工业化的结构性目标转变为现代化和经济建设的绩效性目标，由此采取了与之相适应的中国式转型体制，具体包括市场经济体制和适度宽松治理体制。中国式转型体制下的市场经济体制通过引入市场体制、鼓励竞争、增强微观经营主体自主性、激发市场主体积极性和创造性，实现了更高的经济增长（6.55%），更为关键的是，这种竞争性经济增长更具可持续性和稳定性。尽管如此，中国的经济绩效仍然面临内外部冲击，面临失序带来的经济收缩的风险。转型体制下渐进式改革的推进、适度宽松治理体制的形成以及体制效率和秩序结构互动方式的变化为中国维持秩序和避免经济收缩起到了重要作用。具体来讲，适度宽松治理体制通过多元化社会治理的城市治理、由取到予和乡村自治的乡村治理以及社会主义法治，适应了经济活动的多样性和复杂性，不仅为体制效率的稳定持续提供了更良性的秩序基础，而且实现了更加开放和更加灵活的"体制效率—秩序结构"互动方式，由此达成了秩序维系，实现了更低频率和更小幅度的经济收缩（10.26%、-1.48%）。最终，改革开放后的经济绩效达到5.73%，改善了3.48个百分点。

第八章是第四部分。第八章为主要结论与政策含义。在结论部分，本书得出：第一，长期经济变迁过程是经济绩效变化的过程，经济绩效的维持和改善主要来源于经济增长维持一定水平前提下经济收缩的降低；第二，中国发展奇迹是快速经济增长和长期社会稳定的"双奇迹"，自20世纪50年代初至今，中国经济绩效整体在新兴市场国家和发展中国家处于较高水平；第三，改革开放前后中国经济绩效分别表现出"高增长、高收缩和低绩效"和"高增长、低收缩和高绩效"的特征，改革开放后中国经济绩效的改善既包含经济增长提升的作用，也包含经济收缩下降的作用，但是后者的贡献更大；第四，中国发展"双奇迹"和较高经济绩效的实现，得益于独特的体制下形成的具有中国独特性的效率、秩序及其良性互动；第五，改革开放后中国经济绩效改善是体制转型下既维持效率又稳定秩序的结果，即依据不同体制目标选择适当的经济体制从而实现较高经济增长（平均增长率）的同时，通过治理体制的放松带来适度宽松的秩序结构和更加灵活的"体制效率—秩序结构"互动，降低了经济收缩的频率和幅度。在政策含义部分，本书简要描述了中国经济进入新常态之后所面临的挑战，提出了中国在实现现代化强国建设目标的过程中维持和改善经济绩效的若干思考。

第四节 创新点和不足

一 可能的创新点

在国内外学者已有研究的基础之上，本书可能的创新性如下。

第一，本书科学运用历史唯物主义基本原理，结合中国发展事实和政治经济特征，构建了经济绩效体制分析的理论框架。传统研究忽略了长期经济变迁过程中实际存在的经济收缩，围绕经济增长（正增长）的理论解释忽视了经济增长（正增长）的秩序基础，同时忽视了对经济收缩影响因素和作用机制的探寻。诺斯和沃利斯等人提出了经济绩效制度分析的理论框架，以包含经济增长和经济收缩的经济绩效来认识和考察长期经济变迁过程，更好地展现了长期经济变迁的全貌。本书认为，他们从制度的角度来阐释租金创造、租金分配的不同方式对秩序以及经济绩效影响的分析框架，是基于欧美先发国家得出来的，这不符合中国、苏联这类在落后生产力基础上通过建立和变革社会主义体制来谋求发展的国家的实际情况。这种不适应性，突出表现在演化秩序与建构秩序、制度与体制的差别上。

因此，本书认为体制在中国发展"双奇迹"的创造中起到了至关重要的作用，因而构建了经济绩效体制分析的理论框架，体制目标决定经济体制和治理体制，经济体制规定资源配置和经济活动的方式从而带来体制效率，治理体制适应和配合这种资源配置和经济活动方式形成动员资源和维系秩序的秩序结构，体制效率、秩序结构以及体制效率和秩序结构的互动决定经济增长、经济收缩，由此形成一定的经济绩效。

第二，本书利用经济绩效及其分解的数据特征展现了中国发展"双奇迹"的全貌。现有研究将"中国奇迹"界定为高速的、长期持续的经济增长奇迹，未能准确反映中国发展"双奇迹"的全貌。现有研究对"中国奇迹"的解释也仅仅围绕经济增长（正增长）展开，忽视了经济收缩的作用，割裂了经济快速发展和社会长期稳定之间的紧密联系。本书认为，"中国奇迹"是中国发展"双奇迹"。中国发展"双奇迹"的经济绩效分析揭示了改革开放前的"高增长、高收缩和低绩效"特征以及改革开放后的"高增长、低收缩和高绩效"特征。由此表明，改革开放后中国经济绩效的改善来源于将正增长年份的平均增长率维持在一定水平的前提下经济收缩频率和幅度的降低。

第三，本书为中国发展"双奇迹"提供了兼及效率、秩序及二者互动的理论解释。按照效率、秩序及其互动的视角，本书以体制特征及体制演变为基础，着重阐明了封闭型体制和中国式转型体制，虽然都实现了较高体制效率，但是后者更具有稳定性和持续性，中国式转型体制下的秩序结构比封闭型体制更具适应性和灵活性，由此也形成了更加灵活、更加有效的"体制效率—秩序结构"互动方式。在此基础上，本书阐明了两种体制如何形成各自的经济绩效以及改革开放前后经济绩效差异的体制和秩序根源。本书的研究，能够为现代化新征程下的中国继续维持和改善经济绩效提供有益参考，也总结了落后国家通过社会主义体制实现发展的中国经验。

二　不足

由于当前体制、秩序与经济绩效的研究文献较少，尤其是将三者关联起来的研究文献并不多见。同时，限于研究精力和学术水平，本书对其中一些理论问题的思考还只是初步的，有些具体问题还有待于今后作更深入的研究。

第一，受制于体制和秩序度量方法上的困难，本书在体制—秩序—经济绩效框架的基础上仅仅对中国改革开放前后的体制演变以及效率、秩序及其互动对经济绩效的影响进行了理论分析，未能运用更为科学的计量方法和实证研究进行分析，未来将逐步通过体制、秩序方面文献的梳理和数据的积累对"体制—秩序—经济绩效"的计量模型构建和实证分析进行进一步研究。

第二，受到研究精力的限制，本书在提出"体制—秩序—经济绩效"分析框架之后仅仅对中国改革开放前后的经济绩效及其差异进行了分析，本书也提到了苏联和中国在体制和秩序方面的差异，但是没有进一步展开。这种差异对于丰富经济绩效的体制分析具有十分重要的理论意义，同时也对中国进一步促进体制开放和秩序维系以提升经济绩效具有重大的现实意义。未来将进一步搜集苏联的体制和秩序相关资料，继续运用"体制—秩序—经济绩效"分析框架对苏联经济绩效作出体制解释。在此基础上，揭示中苏两国体制的不同特征以及由此导致的经济绩效差异。

第二章

忽视经济收缩的经济增长研究：一个文献综述

中国发展"双奇迹"是一个长期经济变迁过程，想要研究作为长期经济变迁过程的中国发展"双奇迹"，就必须对如何认识长期经济变迁过程和解释长期经济变迁过程的文献进行回顾。只有准确把握和理解经济增长理论和经济波动理论如何认识长期经济变迁过程以及传统增长理论范式、制度范式和新政治经济学范式如何解释长期经济变迁过程。才能理解这些理论的本质与特征，才能对这些理论是否适用于中国发展"双奇迹"的分析做出评判。从文献回顾可以发现，认识长期经济变迁过程的经济增长理论侧重于经济增长（正增长），经济波动理论看到了正增长和负增长的交替现象，但是将负增长当作是正增长的反面、从属于正增长的一种经济现象，忽视了经济收缩作为长期经济变迁过程中一种独特经济现象存在的事实。在此基础上，传统增长理论范式、制度范式和新政治经济学范式围绕如何实现经济增长（正增长）对长期经济变迁过程展开解释，分别从资本积累、劳动增加和技术进步、制度有效性以及政治经济学互动等方面展开研究和论述，以此解释长期经济变迁过程中一国在不同历史时期以及国与国之间在同一时期所呈现的不同发展结果。

对于中国长期经济变迁过程中出现的"中国奇迹"，当前主流的研究也遵循经济增长（正增长）的研究范式而展开。在这一研究范式的影响下，当前研究认为"中国奇迹"是经济高速增长的奇迹，尤其是认为改革开放之后维持数十年的高速经济增长是"中国奇迹"的主要内容。在此基础上，主流研究从传统增长理论范式的资本积累、劳动力配置和技术进步，制度范式的地方政府特殊性、财政分权以及经济体制改革等方面解释中国高速经济增长出现的原因。毋庸置疑，将长期经济变迁过程看作经济增长（正增长）与负增长交替出现的波动问题，以及围绕经济增长（正增长）寻找其影响因素和实现路径的理论解释是重要的，因为它们展示了人类社会及各个经济体长期经济变迁过程中经济增长（正增长）的变迁图景及其影响因素和作用机制。

然而，本书要强调的是围绕经济增长（正增长）而展开的研究以及基于这些研究对"中国奇迹"的认识和解释是不全面的，这些认识和解释忽视了客观存在的经济收缩及其影响因素和作用机制，没有解释长期经济变迁和"中国奇迹"的全貌。本书要进行的工作，正是在批判性认识和吸收这些研究的基础上拓展经济绩效理论，由此构建理解长期经济变迁过程的经济绩效理论及其体制分析，展示中国发展"双奇迹"的全貌。具体来讲，本部分主要介绍围绕经济增长（正增长）来认识长期经济变迁过程的经济增长理论和经济波动理论，解释经济增长（正增长）的新古典范式、制度范式和新政治经济学范式，以及基于这些研究形成的围绕经济增长（正增长）形成的对"中国奇迹"的认识和解释。

第一节 如何认识长期经济变迁过程：忽视收缩的两种理论

一 关注"正增长"的经济增长理论

第一，基于规模报酬不变生产函数的新古典增长理论。以

Solow（1956）[①]为代表的早期经济增长理论是建立在完全竞争市场环境和新古典生产函数（如柯布－道格拉斯生产函数）基础之上的。Solow 模型将新古典生产函数和外生给定的储蓄率相结合，构建出一个简单的动态一般均衡模型。该模型预测在缺乏技术进步的情况下，人均 GDP 增长将会停滞，同时各国经济增长将呈现条件收敛状态。除此之外，Solow（1957）[②]还进一步建立了最初的增长核算方法。全要素生产率增长率是对除劳动和资本之外，其他因素对经济增长的贡献的度量，本质上是对"未知"的度量。由于发达国家市场经济体制比较完备，因此新古典经济学倾向于将其等同于技术进步。

Kaldor（1963）[③]发现至少对于发达国家而言，"人均产出持续增长，且增长率不会趋于下降"，并将其作为经济增长率的六个典型事实之一。在此基础之上，经济学家开始将外生技术进步引入 Solow 模型，从而帮助模型实现持续的人均 GDP 增长，并且继续保留了经济增长存在条件收敛的结论。Cass-Koopmans-Ramsey 模型则将经济增长过程描述为一个建立在分散决策基础之上的动态一般均衡过程。在该框架下，完全竞争保证分散决策的结果符合帕累托最优标准。虽然该模型在微观主体最优决策的基础上实现了储蓄率的内生化。但是，生产技术规模报酬不变和要素边际收益递减导致人均产出最终也将陷入无增长稳态。该模型也将持续增长的来源诉诸持续的外生技术进步。

第二，基于规模报酬递增和非边际报酬递减生产函数的内生增长理论。经济学家将技术进步内生化，首先需要克服规模报酬不变

[①] Solow, R., "A Contribution to the Theory of Economic Growth", *Quarterly Journal of Economics*, Vol. 70, 1956.

[②] Solow, R., "Technical Progress and the Aggregate Production Function", *Review of Economics and Statistics*, Vol. 39, 1957.

[③] Kaldor, N., *Capital Accumulation and Economic Growth*, London: MacMillan, 1963.

以及要素边际报酬递减等传统理论的局限。最直接的思路是将生产技术或者知识经验等具有明显的非竞争性和公共产品性质的要素引入生产函数。① 早期的代表包括 Arrow（1962）② 和 Sheshinski（1967）③ 等，在他们的模型中，经验是在生产或投资过程中不经意产生的副产品，而且可以外溢到整个经济，这种机制被称作干中学。当非竞争性的生产技术作为要素进入生产函数后，生产函数往往会呈现规模报酬递增。然而在完全竞争市场上，规模报酬递增的生产技术与厂商利润最大化条件无法兼容。因此，克服规模报酬不变和要素边际产出递减并非简单地将具有非竞争性的生产技术纳入生产函数，而是需要对完全竞争的经济增长模型进行彻底的改造。

20世纪70年代后，随着西方发达国家经济陷入滞涨，经济增长理论自身的发展陷入停滞状态。20世纪80年代中期欧美经济再次复苏，内生经济增长理论迎来快速发展时期。在前人研究的基础上，Romer（1986）④、Lucas（1988）⑤ 和 Rebelo（1990）⑥ 等一系列研究将非递减的要素边际回报和规模报酬递增技术引入经济增长模型，推动了内生经济增长理论的发展。这些研究引入人力资本等概念扩展了资本品的含义，通过知识在生产者之间扩散以及人力资本回报避免了资本积累过程中存在边际产出递减现象。除此之外，内生增长理论中还有部分研究继承和发展了熊彼特提出的

---

① 非竞争性是指一个使用者对该物品的消费并不减少其对其他使用者的供应量，这意味着对于知识的生产方而言，新增使用者对生产方所带来的边际成本为零。

② Arrow, K., "The Economic Implications of Learning by Doing", *The Review of Economic Studies*, Vol. 29, No. 3, 1962.

③ Sheshinski, E., "Optimal Accumulation with Learning by Doing", in Karl, S. (ed.), *Essays on the Theory of Optimal Economic Growth*, MIT Press, Cambridge, 1967.

④ Romer, P., "Increasing Returns and Long-run Growth", *Journal of Political Economy*, Vol. 94, No. 5, 1986.

⑤ Lucas, R. E. J., "On the Mechanics of Economic Development", *Journal of Monetary Economics*, Vol. 22, 1988.

⑥ Rebelo, S., "Long Run Policy Analysis and Long Run Growth", *Journal of Political Economy*, Vol. 99, 1990.

"创造性破坏"思想。R&D 模型强调,通过成功的 R&D,厂商在事后将获得市场垄断地位及利润作为补偿。只要 R&D 的思维和追求市场垄断地位与垄断利润的动机不枯竭,人类社会的长期增长就不会停滞。

第三,增长理论的新发展——统一增长理论。新古典增长理论和内生增长理论只能解释工业革命以后的现代经济增长,不能解释工业革命之前人类的发展历史;更为关键的是,这些理论也不能为发达国家从经济停滞到经济持续增长的转型过程提供合理的解释;也不能解释整个人类社会发展过程中的人口转型等问题。在这种情况下,统一增长理论应运而生,其中 Galor 和 Weill（2000）[①]、Galor（2005、2010）[②] 是统一增长理论的标志性研究。进入 21 世纪以来,一些经济学家尝试通过统一[③]的增长框架来解释整个人类历史的不同发展阶段之间的内生转型过程。

统一增长理论将人类历史中的长期经济变迁过程,按照技术进步速度划分为技术进步较慢的马尔萨斯式增长时期和技术进步较快的后马尔萨斯式增长时期,按照人口增长进一步划分为人口增长较快的后马尔萨斯式增长时期和人口增长较慢甚至出现人口负增长的现代经济持续增长时期。在从马尔萨斯式增长向后马尔萨斯式增长转型问题上,该理论主要关注人均收入水平以及人口增长率突

[①] Galor, O. and D. Weill, "Population, Technology, and Growth: From Malthusian Stagnation to the Demographic Transition and Beyond", *American Economic Review*, Vol. 90, 2000.

[②] Galor, O., "From Stagnation to Growth: Unified Growth Theory", in P. Aghion, & S. N. Durlauf (eds.), *Handbook of Economic Growth*, Vol. 1A, Amsterdam: Elsevier, 2005; Galor, O., "Comparative Economic Development: Insights from United Growth Theory", *International Economic Review*, Vol. 51, 2010.

[③] 按照 Galor（2008）的解释,"统一"具有双重含义：一是宏观经济学模型与其微观基础的统一；二是将长期经济发展过程中的不同阶段统一在同一个模型中,即发展经济学与经济增长理论的统一。参见 Galor, O., "Towards A Unified Theory of Economic Growth", *World Economics*, Vol. 9, 2008.

然上升的原因是什么。而在后马尔萨斯式增长向现代经济持续增长转型过程中，该理论主要关注为什么一些国家的经济从停滞转入持续增长，而一些国家经济仍然是停滞的。作为经济增长理论的最新发展，统一增长理论试图将人类社会不同发展阶段纳入统一的增长框架下。

二 围绕"正增长"的经济波动理论

突破传统增长理论的局限首先要回归真实的增长过程。事实上，从短期和中期来看，经济增长率不仅存在较大的波动性而且还会发生阶段性的加速（减速）。在增长波动和阶段性减速过程中通常会伴随着负增长。而这些特征被主流的经济增长理论所忽略。增长率波动和阶段性加速（减速）的研究虽然没有突破增长理论以正增长为核心的局限，但是对全面理解增长率变化的原因进行了有益的探索。

第一，经济增长率的波动性。短期内各国经济增长是一个充满波动的过程①。Ramey、Ramey（1995）② 和 Acemoglu et al. （2003）③ 发现，与发达国家相比，发展中国家的经济增长波动率不仅更高，而且在人均收入水平与经济增长波动性之间存在明显的负相关。美国年度人均实际 GDP 增长率标准差为 2.3%，韩国为 6.0%，阿根廷则达到 6.9%。还有一些基于微观数据的研究发现，在行业层面上，产出增长和增长波动之间呈现正相关关系。在宏观经济层面上，产

---

① 本书所指的经济增长波动是指经济增长率的波动性，以经济增长率的标准差表示；另一个概念是经济周期的波动性，以产出缺口的标准差表示，两个概念有相关性，但不完全一致。后者不是本书的研究重点。

② Ramey, G. and V., Ramey, "Cross-Country Evidence on the Link between Volatility and Growth", *American Economic Review*, Vol. 85, No. 5, 1995.

③ Acemoglu, D., S. Johnson, J. Robinson, and Y. Thaicharoen, "Institutional Causes, Macroeconomics Symptoms: Volatility, Crises, and Growth", *Journal of Monetary Economics*, Vol. 50, No. 1, 2003.

出增长和增长波动之间呈现负相关关系。①

对于收入水平与增长波动率之间为什么会存在负相关关系的研究思路有两个。第一种思路是从制度因素、宏观经济管理水平以及外部系统性冲击等因素来解释宏观经济增长的波动性。Easterly et al. (1993)② 和 Acemoglu et al. (2003)③ 认为新兴市场国家由于国内制度环境差、宏观经济管理水平低、政治稳定性差以及容易受到外部系统性冲击，容易导致更高的经济增长波动。事实上，世界银行和国际货币基金组织根据华盛顿共识给新兴市场国家提出的发展政策建议大多是从提高宏观政策科学性方面出发的，但这些政策往往难以全面奏效。第二种思路是从微观行业的波动性来解释宏观经济增长的波动性。这些研究认为不同行业具有各自内在的收益和波动特征。贫穷国家 GDP 增长之所以比富裕国家更加不稳定，是因为贫穷国家的经济主要集中在少数不稳定的行业，如农业和采矿业。

Koren 和 Tenreyro（2007）④ 将一国 GDP 增长波动的来源划分为三个。一是特定微观行业的增长波动。如果一个国家的经济主要集中在高波动性行业，那么这个国家的总体经济增长波动性往往较高。二是国家宏观层面的总体性冲击，那些面临更大的政策和政治不稳定的国家总体经济增长波动性往往更高。三是国家宏观层面的冲击和特定行业波动之间的相互影响，例如某些财政或货币政策冲击可能与特定行业所发生的波动有关。在此基础上，他们发现与发达国家相比，发展中国家的经济主要集中在内在波动性较强的行业。由

---

① Imbs J., "Growth and volatility", *Journal of Monetary Economics*, Vol. 54, No. 7, 2007.

② Easterly, W., M. Kremer, L. Pritchett and L. Summers, "Good Policy or Good Luck?", *Journal of Monetary Economics*, Vol. 32, 1993.

③ Acemoglu, D., S. Johnson, J. Robinson, and Y. Thaicharoen, "Institutional Causes, Macroeconomics Symptoms: Volatility, Crises, and Growth", *Journal of Monetary Economics*, Vol. 50, No. 1, 2003.

④ Koren, M. and S. Tenreyro, "Volatility and Development", *The Quarterly Journal of Economics*, Vol. 122, No. 1, 2007.

于政治更稳定和宏观经济政策更健全等原因，国家宏观冲击随着收入水平上升而下降。因此，从微观角度看，经济发展的过程就是经济结构从低收益和高波动的行业向高收益和低波动行业的动态演进过程。

第二，经济增长的阶段性加速或减速。Eichengreen et al. (2011)[①] 和 Gordon (2012)[②] 指出，除了短期的波动性，经济增长还会在中期呈现突然的加速或者减速现象。在第二次世界大战后的经济历史中，韩国、巴西等国家既发生过增长加速现象，也发生过增长减速现象。Hausmann et al.（2005）[③] 基于 1957—1992 年 110 个国家的研究样本，发现分别有 60 个国家（占比为 54.5%）和 23 个国家（占比为 20.9%）经历过一次和两次经济增长加速。[④] 发生经济加速的国家在增长加速期间平均人均 GDP 增长率达到 4.7%（中位数增长率为 4.0%），这意味着在一个加速周期内（7 年）一国的人均实际 GDP 将多增长接近 40%。Hausmann et al.（2005）发现增长加速往往与投资和贸易的增长以及实际汇率的贬值相关，而且这常常伴随政治体制的变革和经济改革，但是政治和经济改革并不必然能够实现增长加速。[⑤]

[①] Eichengreen, B., P. Donghyun, and S. Kwanho, "When Fast Growing Economies Slow Down: International Evidence and Implications for China", *NBER Working Paper*, No. 16919, 2011.

[②] Gordon, R., "Is US Economic Growth Over? Faltering Innovation Confronts the Six Headwinds", *CEPR Policy Insight*, Vol. 63, 2012.

[③] Hausmann, R., L. Pritchett, and D. Rodrik, "Growth Accelerations", *Journal of Economic Growth*, Vol. 10, 2005.

[④] 定义 $g_{t,t+n}$ 为 t 到 $t+n$ 时期的平均增长率，$\Delta g_t = g_{t,t+n} - g_{t-n,t}$ 为 t 时期前后 n 期内增长率的变化。Hausmann et al.（2005）认定一国在 t 年发生增长加速的标准包括：(1) $g_{t,t+n} \geq 3.5\%$，(2) $\Delta g_t \geq 2.0\%$，(3) $y_{t+n} \geq \max \{y_i\}$，$i \leq t$。其基本含义是增长加速前后增长率的变异在 2.0% 以上，加速后的平均增速不低于 3.5%，而且加速后的产出水平超过加速之前的峰值。在实证研究中设定 $n=7$。

[⑤] Hausmann, R., L. Pritchett, and D. Rodrik, "Growth Accelerations", *Journal of Economic Growth*, Vol. 10, 2005.

虽然大多数发展中国家都经历了增长加速时期,但这些国家大部分至今未成为高收入国家,主要原因就是这些国家频繁发生经济收缩或者经济减速。因此,经济收缩和增长减速现象不可忽视。与经济增长的加速相比,经济增长的减速吸引了更多人的目光。Pritchett(2000)发现许多国家的经济增长路径会出现结构性拐点,在拐点出现前后不仅经济增速会出现显著的改变,甚至会发生增长趋势逆转的现象。① 与发达国家相比,新兴市场国家和发展中国家不仅经济增长率波动性更高,而且更有可能在增长拐点之后逆转为趋势性下降,甚至出现负增长。

在学术研究中,经济学家通常采用两大类方法来识别经济增长减速现象。第一类是通过时间序列方法识别总量GDP或者人均GDP序列中是否存在结构性断点,以及断点前后是否存在经济增速差异,例如Ben-David et al.(2003)②、Chen 和 Zivot(2010)③。这类方法判断经济减速的标准相对客观,但是对数据的样本量要求较大。第二类方法是通过人为设定的经验准则来确定一国是否发生经济增长减速。这类方法设定经济减速标准的主观性较强,但是对数据样本量的要求相对较低,例如Eichengreen et al.(2011、2013)④ 和 Aiyar et al.(2018)⑤。

---

① Pritchett, L., "Understanding Patterns of Economic Growth: Searching for Hills among Plateaus, Mountains and Plains", *World Bank Economic Review*, Vol. 14, 2000.

② Ben-David, D., R. Lumsdaine and D. Papell, "Unit Roots, Postwar Slowdowns and Long-Run Growth: Evidence from Two Structural Breaks", *Empirical Economics*, Vol. 28, No. 2, 2003.

③ Chen, Y. C. and E. Zivot, "Postwar Slowdowns and Long-Run Growth: A Bayesian Analysis of Structural Break Models", *Empirical Economics*, Vol. 39, No. 3, 2010.

④ Eichengreen, B., P. Donghyun and S. Kwanho, "When Fast Growing Economies Slow Down: International Evidence and Implications for China", *NBER Working Paper*, No. 16919, 2011; Eichengreen, B., P. Donghyun and S. Kwanho, "Growth Slowdowns Redux: New Evidence on the Middle-Income Trap", *NBER Working Paper*, No. 18673, 2013.

⑤ Aiyar, S., R. Duval, D. Puy, Y. Wu and L, Zhang, "Growth Slowdowns and the Middle-Income Trap", *Japan and the World Economy*, Vol. 48, 2018.

Eichengreen et al.（2013）[①]发现许多曾经实现高速增长的中等收入国家在人均GDP超过1万美元后出现经济增长减速现象。[②] 在他们的研究中，样本国家发生经济减速时的平均人均GDP是16540美元；发生减速后人均收入增速从5.6%下降至2.1%。特别的，这些国家在人均GDP达到10000—11000美元和15000—16000美元两个区间内发生经济减速的比例较高，而且有些国家甚至会发生多次的经济减速过程。Aiyar et al.（2018）[③] 还发现经济减速案例在收入水平和时间分布上都具有不平衡性，特别是发展中国家发生减速的频率高于发达国家。在将样本国家划分为低、中、高收入组后，中等收入组国家发生增长减速的频率最高，而高收入组最低。[④]

然而令人遗憾的是，经济学家迄今为止尚不完全清楚导致经济加速和减速的主要原因是什么。但是在统计意义上，相关研究发现了经济加速或者减速现象的一些事后特征。例如对于发生增长加速的经济体而言，Hausmann et al.（2005）[⑤] 发现：第一，投资率和贸易比例高的经济体发生经济加速的概率高。第二，实际汇率贬值的

[①] Eichengreen, B., P. Donghyun and S. Kwanho, "Growth Slowdowns Redux: New Evidence on the Middle-Income Trap", *NBER Working Paper*, No. 18673, 2013.

[②] 类似地，定义 $g_{t,t+n}$ 表示从 t 年到 $t+n$ 年的平均经济增长率，Eichengreen et al.（2011, 2013）认定一国在 t 年发生经济减速的标准包括：（1）$g_{t,t-n} \geq 3.5\%$，这表示经济减速之前该国 n 年的平均增长率高于3.5%，即经济减速仅是针对高增长国家而言的现象。（2）$g_{t,t-n} - g_{t,t+n} \geq 2\%$，这表示经济减速之前该国 n 年的平均增长率高于减速后 n 年的平均增长率超过2个百分点，即经济减速发生前后平均增长率下降的幅度足够显著。（3）$y_t > 10000$，这表示发生减速时按照2005年美元PPP测算的人均GDP应高于10000美元，即通过该标准排除一些国家在经济发展早期可能存在的经济增速过度波动现象。在实证研究中设定 $n = 7$。

[③] Aiyar, S., R. Duval, D. Puy, Y. Wu and L, Zhang, "Growth Slowdowns and the Middle-Income Trap", *Japan and the World Economy*, Vol. 48, 2018.

[④] Aiyar et al.（2018）的方法略有不同：首先，判断减速的指标不是增长率本身，而是增长率与其理论值的偏差。其次，判断经济减速的标准是通过概率分布计算得到的。最后，该方法并未对发生经济减速的经济体设定经济增速或者人均收入门槛。

[⑤] Hausmann, R., L. Pritchett and D. Rodrik, "Growth Accelerations", *Journal of Economic Growth*, Vol. 10, 2005.

经济体发生增长加速的概率较高。第三，经济加速发生之前往往发生经济改革。对于发生经济减速的经济体而言，Eichengreen et al. (2013)①发现：第一，经济增速具有均值回归现象，即前期经济增速越高，发生经济减速的概率也越大。第二，不利的人口结构（特别是高老年抚养比）与经济减速的概率正相关。第三，高速增长时期投资率过高的高增长经济体发生减速的概率越高。第四，币值低估的高增长经济体发生减速的概率较高。对照上述两篇研究可以发现，高投资率可能提升经济加速的概率，但持续的高投资率也可能预示着经济减速概率的提升。同样的，实际汇率贬值（或者低估）的影响也具有类似的有两面性。

第二节 如何解释经济增长（正增长）：忽视秩序的三种范式

一 传统增长理论范式

新古典增长理论、内生增长理论和统一增长理论的经济增长理论演进脉络，在认识长期经济变迁过程时将其界定为经济增长（正增长）的变动，在进行影响因素和作用机制的理论解释时也是围绕经济增长（正增长）展开的。综合起来看，包括新古典增长理论、内生增长理论和统一增长理论在内的经济增长理论在解释经济增长（正增长）时侧重于从要素的角度展开，强调劳动、资本等要素的积累和技术的进步对于经济增长（正增长）的作用。

具体来讲，新古典增长理论、内生增长理论和统一增长理论在解释经济增长（正增长）时常常使用一系列要素变量，这些要素变量正是经济活动中投入的资本、劳动力等要素以及技术进步，整个经济活

---

① Eichengreen, B., P. Donghyun and S. Kwanho, "Growth Slowdowns Redux: New Evidence on the Middle-Income Trap", *NBER Working Paper*, No. 18673, 2013.

动被看作是一个生产函数，这个生产函数中资本、劳动力、技术等要素为自变量，产出为因变量。其中，技术决定函数形式，同样的要素投入在越先进的技术下能够获得越多的产出。在规模报酬不变的假定下，新古典增长理论中经济增长（正增长）取决于资本积累和劳动力增加，而全要素生产率提高带来的经济增长（正增长）则由外生给定的技术进步决定。内生增长理论则将技术内生化，在规模报酬递增的假定下创设知识生产模型，认为人力资本的积累、技术进步和"创造性破坏"带来了经济增长（正增长）。归结起来看，新古典增长理论、内生增长理论和统一增长理论所形成的要素和技术范式认为，经济增长（正增长）取决于资本积累、劳动力增加和技术进步。[①]

二　制度范式

制度范式突破了增长范式仅仅注重资本、劳动等要素积累和技术进步的桎梏，认为制度是经济增长的重要动因，正如钱德勒所指出：经济增长中的规模经济是制度创新而不是技术变迁的产物，工业化是市场扩张引致的制度变迁的结果[②]。不同的制度及其制度选择形成不同的经济发展路径，导致不同的经济增长和结构变迁进程。[③] 因此，经济分析中"那些不属于纯经济的制度方面的内容"[④] 应当成为研究的重点。马克思从人与人之间的社会关系角度来解释制度，认为制度是"个人之间迄今所存在的交往的产物"[⑤]，并且是生产、

[①] 关于新古典增长理论、内生增长理论和统一增长理论中资本、劳动力等要素积累和技术进步如何决定经济增长（正增长）已经在上文关于增长理论的发展脉络中详细阐释，本节不再赘述。

[②] ［美］艾尔弗雷德·D·钱德勒：《战略与结构：美国工商企业成长的若干篇章》，孟昕译，云南人民出版社 2002 年版。

[③] 刘佛丁：《制度变迁与中国近代的工业化》，《南开经济研究》1999 年第 5 期。

[④] ［美］约瑟夫·熊彼特：《经济分析史》第一卷，朱泱、孙鸿敞、李宏、陈锡龄译，商务印书馆 1991 年版，第 29 页。

[⑤] 《马克思恩格斯全集》第三卷，人民出版社 1960 年版，第 79 页。

交换和消费发展到一定阶段的必然结果①。制度，实质上是一系列正式的和非正式的行为准则②，不同的制度安排规定了经济主体在社会经济活动中的权利关系、活动方式和行为规则。

制度并非一成不变的，当内部化的收益超过成本时产权制度变迁就会因为外部性的内部化而发生。③ North 和 Thomas（1973）④ 开创了对制度变迁的成体系的规范研究，他们发现要素价格发生变化时，支配产权的制度会因有效经济组织对于产权修正的要求而发生变迁。有效经济组织面临相对要素价格的变化所实现的制度变迁，正是西方世界兴起的锁钥。然而，在制度变迁分析框架中加入了国家权力之后，面临竞争和交易成本双重约束之下的国家极有可能导致低效制度的形成⑤，当利用政治资源所导致的制度创新能够带来利益分割的激励时，制度创新可能是政治家、官僚等创新努力的结果⑥。制度变迁轨迹决定于边际报酬递增和不完全市场，在规模经济、学习和协调效应以及适应性预期等自我强化机制的影响下，制度变迁会出现"路径依赖"的轨迹。⑦ 制度范式认为，制度至关重要，有效的制度创新是推动经济增长的重要力量。⑧ 制度变迁是经

---

① 《马克思恩格斯文集》第十卷，人民出版社 2009 年版，第 42—43 页。

② North, D. C., *Institutions, Institutional Change and Economic Performance*, New York: Cambridge University pres, 1990.

③ Demsetz, H., "Toward a Theory of Property Rights", *American Economic Review*, Vol. 57, No. 2, 1967.

④ North, D. C. and P. Thomas, *The Rise of the Western World*, Cambridge: Cambridge University Press, 1973.

⑤ North, D. C., *Structure and Change in Economic History*, New York: Norton, 1981.

⑥ Ruttan, V. and Y. Hayami, "Toward a Theory of Induced Institutional Innovation", *Journal of Development Studies*, Vol. 20, No. 11, 1984.

⑦ North, D. C., *Institutions, Institutional Change and Economic Performance*, New York: Cambridge University pres, 1990.

⑧ Acemoglu, D., S. Johnson and J. A. Robinson, "Reversal of Fortune: Geography and Institutions in the Making of the Modern World Income Distribution", *The Quarterly Journal of Economics*, Vol. 117, No. 4, 2002.

济增长的根本原因，有效的产权制度体系通过降低生产和经济活动中的交易费用，提供适当个人激励成为经济增长的决定性因素。① 只有制度能够为资本积累和技术创新等提供有效的保护时，持续的资本积累和技术创新才会发生，制度质量越高，则人均收入和经济增长率越高。②

三 新政治经济学范式

为了回答国家兴衰、国富国穷、国家间不平等和经济发展差距等的根源，Acemoglu 在对不同国家（或地区）进行比较研究的基础上，提出了制度是根本原因的观点。Acemoglu 和 Robinson（2012）③ 将政治制度和经济制度划分为包容性制度（inclusive institution）和汲取性制度（extractive institution）。在此基础之上，新政治经济学范式阐述了政治制度和经济制度的互动以及有效产权制度的供给。该理论认为政治精英在社会中拥有支配性地位，他们可以运用政治权利来从非政治精英群体那里攫取资源从而增加自己的收入，为了避免对其他阶层的过度"剥削"而导致收益受损，政治精英倾向于操纵经济制度为其他阶层提供有效的产权保护制度④。此外，Acemoglu 等人还就制度的长期经济绩效进行了世界范围内的实证研究，包括对各个殖民地经济发展差异历史原因的考察⑤，大西洋贸易繁荣和殖民

---

① North, D. C., *Institutions, Institutional Change and Economic Performance*, New York: Cambridge University pres, 1990.

② Assane, D. and A. Grammy, "Institutional Framework and Economic Development: International Evidence", *Applied Economics*, Vol. 35, No. 17, 2003.

③ Acemoglu, D. and J. A. Robinson. *Why Nations Fail: The Origins of Power, Prosperity, and Poverty*, New York: Crown Publishers, 2012.

④ Acemoglu, D., S. Johnson and J. A. Robinson, "The Rise of Europe: Atlantic Trade, Institutional Change and Economic Growth", *American Economic Review*, Vol. 95, No. 11, 2005.

⑤ Acemoglu, D., S. Johnson and J. Robinson, "The Colonial Origins of Comparative Development: An Empirical Investigation", *American Economic Review*, Vol. 91, 2001.

主义对欧洲国家高速经济增长的贡献①，长期奴隶制度导致哥伦比亚贫困人口增加、教育程度下降、卫生状况恶化以及土地分配不平等状况加剧，进而导致哥伦比亚经济贫困的机制②，等等。

第三节　沿袭经济增长（正增长）范式的"中国奇迹"解释

现有研究关于中国经济奇迹的认识大多将中国奇迹界定为高速经济增长的奇迹，尤其是改革开放以来实现的高速经济增长的奇迹。在此基础上，现有研究对于"中国奇迹"的解释主要围绕经济增长（正增长）展开，有代表性的观点包括基于传统增长理论的中国经济奇迹解释、基于中国政府独特性的经济奇迹分析、基于资源要素禀赋的比较优势学说和人口红利说、有效经济改革创造中国经济奇迹说。

一　基于传统增长理论的中国经济奇迹解释

基于传统增长理论的研究认为中国经济奇迹的源泉与东亚增长模式没有差别，其奥秘在于维持稳定的商业环境、低通货膨胀以促进固定资产投资，以谨慎的财政措施辅之以其他措施保证经济增长中的公平共享与高经济增长的成果，以汇率政策促进出口竞争，以金融发展和自由化保证国内储蓄最大化。同时，政府依靠强有力的政府管理体系保证长期发展预期和产业与就业的快速增长，采取积极政策加快工业化步伐，有选择地利用关税保护和鼓

---

① Acemoglu, D. and S. Johnson and J. A. Robinson, "Institutions as the Fundamental Cause of Long-Run Economic Growth", In *Handbook of Economic Growth*, Amsterdam: Elsevier, 2005.

② Acemoglu D. and C. Garcia-Jimeno and J. A. Robinson, "Finding Eldorado: Slavery and long-run development in Colombia", *Journal of Comparative Economics*, No. 4, 2012.

励出口的政策以及道义规劝、补贴和金融手段等实现实业界低成本融资。这类观点认为，政府主导下中国以高储蓄为基础的高积累和高投资形成了经济的高增长，中国的经济奇迹就是东亚增长模式的结果。

二 基于中国政府独特性的经济奇迹分析

20世纪90年代，钱颖一等（1993）[1]、Qian and Weingast（1997）[2] 结合中国实践构建了第二代联邦主义理论，即"市场保护型联邦主义"（Market-Preserving Federalism）从政府体制的角度解释中国发展模式。M型层级组织结构的特征以及20世纪80年代初经济管理权力的下放使得地方政府拥有自主决策权，以"财政包干"为主要内容的财政分权和留存激励地方政府保护和促进市场化、推动地方经济增长[3]，通过地方保护形成的退出权带来更加激烈的竞争[4]。然而，中国不具备行政分权和财政分权的稳定性、地方官员激励模式与市场经济培育发展有着内在的矛盾[5]，中央集权在促进改革进而推动中国经济的快速发展中起了重要作用[6]，中国的改革实践并不完全遵从于市场保护型联邦主义模型[7]，其根植于新古典经济学的

---

[1] 钱颖一、许成钢、董彦彬：《中国的经济改革为什么与众不同——M型的层级制和非国有部门的进入与扩张》，《经济社会体制比较》1993年第1期。

[2] Qian, Y., and B. R. Weingast, "Federalism as a Commitment to Preserving Market Incentives", *Journal of Economic Perspectives*, Vol. 11, No. 4, 1997.

[3] Jin, H., Y. Qian and B. R. Weingast, "Regional Decentralization and Fiscal Incentives: Federalism, Chinese Style", *Journal of Public Economics*, Vol. 89, No. 9 - 10, 2005.

[4] Qian, Y., and B. R. Weingast, "China's Transition to Markets: Market-Preserving Federalism, Chinese Style", *Journal of Policy Reform*, Vol. 1, No. 2, 1996.

[5] 周黎安：《中国地方官员的晋升锦标赛模式研究》，《经济研究》2007年第7期。

[6] Cai, H. and D. Treisman, "Did Government Decentralization Cause China's Economic Miracle?", *World Politics*, Vol. 58, No. 4, 2006.

[7] Tsai, K. S., "Off Balance: The Unintended Consequences of Fiscal Federalism in China", *Journal of Chinese Political Science*, Vol. 9, Bo. 2, 2004.

分析框架也存在缺乏地方政府制度供给的政治微观基础、忽视中央政府作用以及分权有效的必要条件等缺陷[①]。

"县域竞争假说"[②]则进一步阐释了地方竞争对于中国经济增长的作用,中国从户到中央(国家)的七层行政科层组织,其实是一个既包含收益承包关系,又包含利益竞争关系的合约体系。在此科层组织中,县级政府手中的经济权力最大,县级政府扮演了"佃农"和"地主"的"双重"角色,这种层层承包关系使得县和县之间的竞争最为激烈。毋庸置疑,地方政府竞争在中国经济增长中起到了非常重要的作用[③],分析地方政府竞争时应当关注政府的经济激励——财政分权。lin and Liu (2000)[④]认为1980年以来的财政分权对于提高人均GDP的增长率具有促进作用。财政分权对经济增长的影响有不同的实证结果,尤其是"正向显著效应"受到不同研究特征的影响[⑤],因此对于财政分权对经济增长的作用是正面的还是负面的还有待商榷。周文兴和章铮(2006)[⑥]提出,财政分权从长期看对经济增长具有正面影响,但中短期来看财政分权可能对经济增长产生负面影响。

不仅如此,"晋升激励"使得地方政府在追求财政收入的同时,具有"向上负责"和发展经济的趋向[⑦]。讨论这一问题,不能忽略

[①] 杨其静、聂辉华:《保护市场的联邦主义及其批判》,《经济研究》2008年第3期。

[②] 张五常:《中国的经济制度》,中信出版集团2017年版。

[③] 周黎安:《中国地方官员的晋升锦标赛模式研究》,《经济研究》2007年第7期;周黎安:《"官场+市场"与中国增长故事》,《社会》2018年第2期。

[④] Lin, J. Y. and Z. Liu, "Fiscal Decentralization and Economic Growth in China", *Economic Development and Cultural Change*, Vol. 49, No. 1, 2000.

[⑤] 谢贞发、张玮:《中国财政分权与经济增长——一个荟萃回归分析》,《经济学》(季刊)2015年第2期。

[⑥] 周文兴、章铮:《建国后中国财政分权对经济增长的影响:一个假说及检验》,《制度经济学研究》2006年第1期。

[⑦] Blanchard, O. and A. Shleifer, A, "Federalism with and without Political Centralization: China versus Russia", *IMF Staff Papers*, Vol. 48, No. 1, 2001.

改革开放以来官员晋升与地方经济发展的关系[1]。从 M 型层级结构和政治体制来看，政治集权之下的经济分权形成地方政府之间自上而下的"标尺竞争"[2]，在政治集权和政绩考核机制下地方政府不得不通过改善基础设施[3]、招商引资[4]、推进市场化进程[5]、支持企业出口和扩大对外开放[6]来实现高 GDP 增长。从微观层面上讲，对于关心仕途的地方官员来说，获得政治认可和晋升是比经济分权更有效的激励，因为政治官员一旦离开"政治市场"则难以找到其他政治机会，这套机制将行政集中和政治激励结合起来，被称为"晋升锦标赛"[7]。值得注意的是，政治晋升博弈之中的"非合作"倾向也导致了地方保护主义和重复建设等问题[8]。尽管"晋升激励"的分析框架较之于"联邦主义"和"财政分权"已有较大提升，但仍存在问题，例如在理论假说上将经济发展作为官员晋升的理由与中国政治生活的现实状况不相符合[9]，相关实证研究发

---

[1] Li, H., and L. Zhou, "Political Turnover and Economic Performance: The Incentive Role of Personnel Control in China", *Journal of Public Economics*, Vol. 89, 2005.

[2] 王永钦、张晏、章元、陈钊、陆铭：《中国的大国发展道路——论分权式改革的得失》，《经济研究》2007 年第 1 期。

[3] 王世磊、张军：《中国地方官员为什么要改善基础设施？——一个关于官员激励机制的模型》，《经济学》（季刊）2008 年第 2 期；张军、高远、傅勇和张弘：《中国为什么拥有了良好的基础设施？》，《经济研究》2007 年第 3 期。

[4] 李永友、沈坤荣：《辖区间竞争、策略性财政政策与 FDI 增长绩效的区域特征》，《经济研究》2008 年第 5 期。

[5] 皮建才：《中国地方政府间竞争下的区域市场整合》，《经济研究》2008 年第 3 期。

[6] 任志成、巫强、崔欣欣：《财政分权、地方政府竞争与省级出口增长》，《财贸经济》2015 年第 7 期。

[7] 周黎安：《中国地方官员的晋升锦标赛模式研究》，《经济研究》2007 年第 7 期。

[8] 周黎安：《晋升博弈中政府官员的激励与合作——兼论我国地方保护主义和重复建设问题长期存在的原因》，《经济研究》2004 年第 6 期。

[9] 陶然、苏福兵、陆曦、朱昱铭：《经济增长能够带来晋升吗？——对晋升锦标竞赛理论的逻辑挑战与省级实证重估》，《管理世界》2010 年第 12 期。

现影响晋升的因素中政治关系大于经济增长[1]。因此，官员晋升的机制不是依赖于经济发展的锦标赛，而是依赖于政治关联的资格赛。[2]

三　基于资源要素禀赋的比较优势学说和人口红利说

林毅夫等（1999）[3] 提出，中国奇迹的出现是由于中国遵循比较优势进行了适当的发展战略选择和适时的经济改革，通过要素禀赋结构的升级以及市场作用的改善实现了经济收敛[4]。这类观点认为，剩余劳动力经济的自由化是中国经济奇迹的根本原因，刘易斯二元经济理论认为生产要素从边际生产率较低的部门向边际生产率较高的部门流动是提高要素生产效率的重要途径之一，因而也是经济增长的重要源泉。最早就农业劳动力转移对中国经济增长的影响进行实证研究的是世界银行，其估计结果是，1985—1994 年中国经济年均增长率为 10.2%，来源于劳动力转移的部分为 1.4%，贡献率为 13.7%。其中，通过农业劳动力转移的部分为 1.0%，贡献率为 9.8%；通过各类所有制企业间转移的部分为 0.4%，贡献率为 3.9%。接着，胡永泰（1998）[5] 估计了 1985—1993 年中国经济年均增长率 9.7% 中，约有 1.2 个百分点来源于农业劳动力转移，贡献率

---

[1] Shih, V., C. Adolph and M. Liu, M, "Getting Ahead in the Communist Party: Explaining the Advancement of Central Committee Members in China", *American Political Science Review*, Vol. 106, No. 1, 2012.

[2] 姚洋、张牧扬：《官员绩效与晋升锦标赛——来自城市数据的证据》，《经济研究》2013 年第 1 期；杨其静、郑楠：《地方领导晋升竞争是标尺赛、锦标赛还是资格赛》，《世界经济》2013 年第 12 期。

[3] 林毅夫、蔡昉、李周：《中国的奇迹：发展战略与经济改革》（增订版），上海人民出版社 1999 年版。

[4] 林毅夫：《发展战略、自生能力和经济收敛》，《经济学》（季刊）2002 年第 1 期。

[5] 胡永泰：《中国全要素生产率：来自农业部门劳动力再配置的首要作用》，《经济研究》1998 年第 3 期。

为 12.4%。蔡昉和王德文（1999）① 测算发现在全要素生产率的改善中劳动要素的重新配置发挥了显著的作用，1982—1997 年劳动要素重新配置对增长率的贡献和贡献份额分别为 1.62% 和 20.23%，而技术进步则仅为 0.27% 和 3.34%。农业剩余劳动力转移带来的人口红利近年来作用越发减弱，程名望等（2019）利用全国 31 个省份 1978—2015 年面板数据测算表明改革开放之初的 1978—1989 年，劳动力对于中国经济增长的贡献率达到 62.03%，但随后逐渐下降至 2001—2015 年的 21.93%。②

四　有效经济改革创造中国经济奇迹说

20 世纪 80 年代以来的经济改革改善了效率，促进了经济快速发展。③ 改革开放以来资本形成的加速对中国经济增长有重要意义，但经济改革对增长的贡献更为重要。④ 舒元、徐现祥（2002）⑤ 以及李小宁（2005）⑥ 利用 AK 模型将制度因素引入中国经济增长的分析中，验证了制度对于促进中国经济增长的重要作用。杨宁、沈坤荣（2005）利用中国省级层面面板数据验证了制度对中国经济增长具有显著的正向作用，同时制度也会通过社会资本间接作用于经济增长。⑦ 制度不仅可以直接推动经济增长，还可以通过影响要素投入和

---

① 蔡昉、王德文：《中国经济增长可持续性与劳动贡献》，《经济研究》1999 年第 10 期。

② 程名望、贾晓佳、仇焕广：《中国经济增长（1978—2015）：灵感还是汗水?》，《经济研究》2019 年第 7 期。

③ 张军：《30 年来中国：经济改革与增长模式》，《社会科学战线》2008 年第 1 期。

④ 王小鲁：《中国经济增长的可持续性与制度变革》，《经济研究》2000 年 7 期。

⑤ 舒元、徐现祥：《中国经济增长模型的设定：1952—1998》，《经济研究》2002 年第 11 期。

⑥ 李小宁：《经济增长的制度分析模型》，《数量经济技术经济研究》2005 年第 1 期。

⑦ 杨宇、沈坤荣：《社会资本、制度与经济增长——基于中国省级面板数据的实证研究》，《制度经济学研究》2010 年第 2 期。

资源配置间接促进经济增长[①]，对经济增长有促进作用的技术进步实际上也来自制度变迁[②]。以市场经济改革为主要内容的制度变迁之所以能够促进中国经济增长，主要得益于中国改革的渐进式特征使中国的制度变迁能够采取"先难后易"的策略实现计划体制向市场体制的转型[③]，减小了改革阻力，避免了经济波动。

对经济改革及其对经济增长贡献的量化研究主要包括以下几个方面：一是经济体制市场化改革及其对经济增长的贡献。卢中原、胡鞍钢（1993）提出了包含综合投资、价格、工业和商业四方面的市场化指数对中国经济体制的市场化程度进行度量，认为20世纪90年代初中国市场化指数已超过60%，1979—1992年市场化改革对经济增长的贡献率为14%。[④] 樊纲等（2011）将市场化改革重新界定为计划经济向市场经济的体制改革，这项改革包括经济、社会、政治、法律乃至政治体制变革在内的系统性制度变迁，在此基础上，重新构造了市场化指数，提出1997—2007年市场化指数对经济增长的年均贡献率为1.45%，市场化改革进程对全要素生产率增长的贡献为39.23%[⑤]。二是产权保护程度的度量。方颖、赵扬（2011）发现以产权保护为核心的经济改革对于经济增长的影响为正，产权保护程度提高了1%，人均GDP可提高4.23%。[⑥] 三是对外开放度的

[①] 潘向东、廖进中、赖明勇：《经济制度安排、国际贸易与经济增长影响机理的经验研究》，《经济研究》2005年第11期。

[②] 李富强、董直庆、王林辉：《制度主导、要素贡献和我国经济增长动力的分类检验》，《经济研究》2008年第4期。

[③] 樊纲：《渐进改革的政治经济学分析》，上海远东出版社1996年版；张军：《中央计划经济下的产权和制度变迁理论》，《经济研究》1993年第5期；林毅夫、蔡昉和李周：《论中国经济改革的渐进式道路》，《经济研究》1993年第9期。

[④] 卢中原、胡鞍钢：《市场化改革对我国经济运行的影响》，《经济研究》1993年第12期。

[⑤] 樊纲、王小鲁、马光荣：《中国市场化进程对经济增长的贡献》，《经济研究》2011年第9期。

[⑥] 方颖、赵扬：《寻找制度的工具变量：估计产权保护对中国经济增长的贡献》，《经济研究》2011年第5期。

度量。以结合对外贸易比率、对外金融比率、对外投资比率及其权重对中国对外开放度进行度量，发现1984—1995年中国对外开放程度从7.4%提高到25.3%。① 此外，刘文革等（2008）利用加入制度变迁时间趋势因素的C－D函数证实1952—2006年制度因素每增长1个百分点，产出增长0.15个百分点，1978—2006年经济改革的经济增长作用比1952—1978年更显著。②

第四节　现有研究评述

通过理论脉络的梳理和现有研究的回顾，本书发现现有研究的问题在于对长期经济变迁过程的认识执着于经济增长（正增长）从而忽视经济收缩，在解释上围绕影响经济增长（正增长）的因素和机制展开从而忽视影响经济收缩的因素和机制，因此不能认识和解释长期经济变迁过程以及中国发展"双奇迹"的全貌。

一　对长期经济变迁过程的认识重经济增长（正增长）轻经济收缩

对长期经济变迁过程的认识经历了从新古典增长理论、内生增长理论到统一增长理论的演变，但无论是哪一阶段的增长理论，都围绕着长期经济变迁过程中向上的部分，即经济增长（正增长）展开。这就带来一个严重的理论与实际不相符合的问题，传统增长理论忽略了一个基本事实，即发达国家在工业革命时期突破马尔萨斯陷阱并非仅仅依赖正增长年份经济增长率的提高，而是在维持较高经济增长的同时实现了经济收缩频率和幅度的下降。以英国为例，

---

① 李翀：《我国对外开放程度的度量与比较》，《经济研究》1998年第1期。
② 刘文革、高伟、张苏：《制度变迁的度量与中国经济增长——基于中国1952—2006年数据的实证分析》，《经济学家》2008年第6期。

工业革命前后正增长年份增长率几乎没有差异，但负增长出现的频率在1820年后的半个世纪中下降了10个百分点，负增长幅度降低了0.7个百分点。因此，无论是新古典增长理论、内生增长理论还是统一增长理论，均忽略了经济收缩频率和幅度下降对经济发展的贡献。某种程度上，增长理论仅仅关注到经济发展过程中的"正增长"或者长期的平均增长率。要突破传统增长理论的局限，必须注意以下几点：第一，要回归真实的经济增长，即经济增长是充满波动和阶段性起伏的过程；第二，继续重视经济增长对于经济发展的重要作用，虽然进入现代增长前后经济增长幅度没有大的差异，但是仍然保持了比较高的水平，因此仍然不能忽视其作用；第三，要着重研究经济收缩频率和幅度的变化及其对经济绩效的影响，探究经济收缩变化的影响因素和作用机制。

历史上虽然大多数发展中国家都经历了增长加速时期，但这些国家大部分至今未成为高收入国家，主要原因就是这些国家经济收缩或者经济减速频发。这充分说明了经济收缩和增长减速现象不可忽略。关于增长率波动和阶段性加速（减速）的研究对全面理解增长率变化，特别是对增长率波动和经济减速的原因进行了有益的探索。这些研究丰富了人们对真实世界经济增长的理解，但是仍然将提高经济增长率理解为实现经济发展的主要或者唯一途径，没有突破传统增长理论以经济增长（正增长）为核心的局限。根据国际经验，正增长年份的增长率会随着经济发展不断成熟而出现均值回归的现象，尤其是从中等收入向高收入迈进的过程中，正增长年份的经济增长率难以维持低收入阶段和中等收入阶段迅猛提升的状态，单纯依靠高增长难以持续改善经济绩效。在这样的情况下，维持和改善经济绩效必须从提高经济增长和降低经济收缩两个角度着手，不仅要致力于继续创造实现高经济增长的条件，更重要的是构建降低经济收缩的秩序基础。

二 围绕经济增长（正增长）的理论解释忽视促增长、防收缩的秩序基础

围绕经济增长（正增长）的理论解释经历了从传统增长理论范式、制度范式到新政治经济学范式的演变，传统增长理论范式侧重于从要素积累和技术进步角度寻求经济增长（正增长）的根源，制度范式则突破了要素和技术的桎梏并认为有效制度是经济增长（正增长）的根源，新政治经济学范式尽管注意到了政治经济互动，但是仍然致力于研究政治制度和经济制度的特定组合而成有效制度对经济增长（正增长）的影响。总体来看，这些理论解释都致力于寻求经济增长（正增长）的影响因素及其作用机制，忽视了经济增长（正增长）的秩序基础，而秩序恰恰是影响经济收缩的关键因素。

传统增长理论范式认为资本积累、劳动力增加和技术进步是经济增长的来源，但这却无法解释中国在改革开放之前在拥有大量资本积累、廉价劳动力的情况下为何也陷入了经济困难。具体来讲，传统增长理论范式实际上是基于简单而又严格的假设形成的增长模型，这种拥有简单而又严格假设的模型不能很好地应用到实际经济分析中。[1]

制度范式虽然将传统增长理论范式中被忽视或者当作外生变量的制度纳入了分析框架，一定程度上解决了传统理论忽视制度分析的弊端。但是，制度分析本身存在两个问题：一是制度范式主要是以欧美发达国家经济运行过程为对象，所形成的理论范畴和分析框架基于这些国家的制度运行特征，忽视对战后发展中国家经济发展中制度功能、特征和演化的研究。更重要的是，这些有效的制度之所以在发达国家能够起到促进经济增长的正向作用，离不开这些国家的历史文化特征和秩序基础。一旦脱离这些基础性的运行条件，难免出现"橘生淮南则为橘，生于淮北则为枳"的困境。二是制度

---

[1] ［美］约瑟夫·E·斯蒂格利茨：《社会主义向何处去——经济体制转型的理论与证据》，周立群、韩亮、余文波译，吉林人民出版社1998年版，第6页。

范式所研究的对象是经济运行中的制度安排和制度细节，也就是"小制度"，侧重于从自下而上、微观的视角解析经济增长，这与苏联、中国为代表的通过建立和建设社会主义而谋求赶超的国家利用体制建构、体制变革推动经济发展的事实是不相符合的，难以帮助这些国家实现更好的发展。

新政治经济学范式注意到了经济发展过程中的政治经济互动，但这一套分析范式也存在一定问题，例如包容性经济制度在定义上过于依赖一组特定类型的制度（如私人产权和包容性市场），因而忽略了特定类型制度在不同的社会历史背景下未必一定导致令人满意的增长绩效的情形，再如包容性经济制度和汲取性经济制度在定义上是互相排斥的，但是这两者在实际情况下是可以并存的并且能够在特定条件下相互转化。也就是说，这种可能性意味着，某类制度形式在特定背景下可能具有包容性，在另一背景下则可能具有汲取性，这仍然取决于经济制度面临什么样的秩序基础和历史文化传统等约束条件。

由于这些局限，无论是基于传统增长理论范式，抑或是基于制度范式和新政治经济学范式的经济政策，都仅仅注重移植促进经济增长（正增长）的经济制度甚至是政治制度，但忽略了这些制度能够发生作用的秩序基础，忽略了这些制度在其运行效果好、经济绩效高的国家所具备的历史文化传统和社会经济条件。因此，"制度漂移""制度移植"等政策取向或者照搬发达国家经济制度、政治制度谋求赶超的发展中国家，大多数陷入"收缩陷阱"，无法真正实现收入阶段的跨越。

三 "中国奇迹"解释割裂了经济快速发展和社会长期稳定

总的来看，现有关于"中国奇迹"的研究偏重中国发展"双奇迹"中的经济快速增长奇迹，在认识和理解上将经济快速发展与社会长期稳定割裂，不仅在理论上导致无法理解"中国奇迹"的全部内涵，在实践上也容易导致政策偏差。

在理论认识方面,如果将"中国奇迹"等同于高增长奇迹,那么高增长的源头如何解释?政府主导加高储蓄率、高投资率支持的经济高增长不过是东亚模式的超大版,庞大的农业剩余劳动力转移加比较优势战略选择只是新古典比较优势理论的基本常识,至于市场化改革释放的制度红利说不过是回归产权制度、市场化、企业家精神的趋同路径。无论是东亚模式、比较优势还是市场化改革都被证明并非实现持续发展的"万能药"。例如,阿西莫格鲁利用新政治经济学范式对"中国奇迹"做出解释,认为中国改革开放以来的经济高速增长来源于经济改革推动的经济转型和投资快速增长,这种增长不是创造性破坏带来的,缺乏后继持续增长动力。新政治经济学范式对中国改革经验的理解值得关注,但是这种理解太过倾向于采用自己熟悉的历史知识和认知框架[①],忽视了中国发展中特殊政治体制、"后发优势"以及独特的渐进式改革等特殊性因素。总之,"中国奇迹"在西方主流经济学理论看来是一种不可持续的"中国困惑"。

进一步地,将经济奇迹等同于高增长还容易使我们面临"高增长依赖症"的风险。长期以来,高增长被中国作为解决经济社会问题的重要方式,包括通过高增长创造就业、实现经济扩张和经济结构转变,等等。但是并非所有的问题都能通过高增长来解决。随着中国经济发展进入新阶段,不仅经济增速面临客观的下行压力,高增长本身对解决其他经济社会问题的边际贡献也逐渐降低。为了短期高增长拖延体制改革,甚至导致体制逆转,可能会带来长期增长困境。

不仅如此,割裂增长与稳定的联系将导致我们对中国长期稳定的来源及其内在机制的研究不够。现有研究主要将经济稳定性等同于经济周期波动率低,并将研究的重点局限于降低周期性波动。这

---

① 朱云汉:《高思在云:中国兴起与全球秩序重组》,中国人民大学出版社2015年版,第112页。

不仅忽略了增长趋势本身的可持续性才是影响经济发展稳定性的核心因素，而且忽略了改革开放前后中国实现经济稳定方式的差异。世界历史上许多发展中国家都经历过高增长时期，但往往因为增长不可持续而无法实现由穷变富的转变。忽略增长趋势的稳定性和持续性对"中国奇迹"的贡献，将无法从深层次探讨改革开放后中国经济发展稳定性的来源。只有对改革开放以来中国经济持续稳定的来源及其贡献作出全面的解释，才能形成中国70余年发展"双奇迹"的真实图景。

综上所述，无论是关于长期经济变迁过程认识和解释的一般理论，还是对于"中国奇迹"相关研究，或多或少都存在侧重于经济增长（正增长）而忽视经济收缩，进而忽视促增长、降收缩的秩序基础的问题。想要正确认识和理解新中国发展"双奇迹"的原貌，必须认识和理解"中国奇迹"是经济快速增长和社会长期稳定的发展"双奇迹"，准确把握经济快速发展和社会长期稳定之间的辩证关系，尤其是要认识到经济快速发展不能单独出现，而是必须建立在社会长期稳定这一基础之上。为了达成这一理论目标，必须从经济增长和经济收缩两个方面来衡量中国发展"双奇迹"。进一步地，不仅需要准确而清晰地考察中国发展不同阶段经济增长和经济收缩的表现、特征和变化，还要探究影响经济增长和经济收缩的不同影响因素和不同作用机制，探究两种不同的影响因素和作用机制之间的互动及其对经济绩效的影响。

第 三 章

经济绩效理论框架：
从制度分析到体制分析

在前文对长期经济增长过程相关文献回顾的基础上，本章首先提出应从纳入经济增长和经济收缩两个方面的经济绩效的角度来认识长期经济变迁过程，重新认识经济增长和经济收缩对于经济绩效改善的贡献。进一步地，本章概括了经济绩效制度分析理论框架的基本逻辑，从两种秩序的差异以及制度和体制的差异等方面对这一理论框架进行了评述，提出这套理论框架仅仅适用于演化秩序国家而不适用于建构秩序国家，如苏联、中国等。在此基础上，本章论述了经济绩效体制分析的理论基础和现实依据，进而构建了经济绩效体制分析的理论框架。本章的作用是承上启下，既承接了前文提出的问题和文献综述的研究思路，又为接下来的典型事实和理论解释提供了理论框架。

第一节 重新认识长期经济变迁过程：纳入经济收缩的经济绩效及其分解

在传统经济增长理论中，人均产出被认为是平滑地收敛于长期趋势或者稳态。Kaldor（1963）将固定人均产出增长率总结为资本主义国家长期经济增长的典型事实之一。[①] 由于传统理论不包含发生持续经济收缩的空间，增长理论关注的问题是增长率如何决定，以及如何提升增长率。在经济周期理论中，经济收缩被认定为是外生随机冲击的结果，被定义为短期波动，且短期波动并不能改变经济的长期趋势。在经济政策方面，经济学家和政策制定者也将经济增长和经济绩效当作等同的概念，并且认为只要提高增长率就能提升经济发展长期绩效。然而第二次世界大战之后的数据表明传统理论所构建的经济发展图景与现实严重不符，平滑经济增长路径大致只适用于少数发达国家。因此要全面理解经济发展的实质，需要将分析问题的视角从经济增长转向经济绩效。

事实上，大多数国家，特别是发展中国家的经济并非总是连续的增长过程，而是由不同长度的增长、停滞以及下降阶段混合而成。[②] 不仅如此，一国的经济还可能会突然加速增长或者减速，具有高度的不稳定性。[③] 要观察长期的经济增长过程，仅仅从某一年的经济增长率或者是一段时期内的平均增长率作为一个整体来分析，会模糊掉长期经济增长过程中的许多信息，难以对长期经济增长过程中的增长、收缩及其深层次机制做出科学合理分析。值得注意的是，本书并不否认，甚至十分肯定平均增长率提高对于经济绩效改善的重要作用，只是通过本章的研究达成一个理论目的：从理论模型和典型事实来证明被忽视了的经济收缩（包含经济收缩频率和平均经

[①] Kaldor, N., *Capital Accumulation and Economic Growth*, London: MacMillan, 1963.

[②] Easterly, W., M. Kremer, L. Pritchett and L. H. Summers, "Good Policy or Good Luck? Country Growth Performance and Temporary Shocks", *Journal of Monetary Economics*, Vol. 32, 1993; Pritchett, L., "Understanding Patterns of Economic Growth: Searching for Hills among Plateaus, Mountains and Plains", *World Bank Economic Review*, Vol. 14, 2000.

[③] Gordon, R., "Is US Economic Growth over? Faltering Innovation Confronts the Six Headwinds", *CEPR Policy Insight*, Vol. 63, 2012; Hausmann, R., L. Pritchett, and D. Rodrik, "Growth Accelerations", *Journal of Economic Growth*, Vol. 10, 2005.

济收缩率）对于长期经济增长过程中经济绩效变动的作用。

Broadberry 和 Wallis（2017）[①] 基于长期的经济历史数据首先提出用长期经济变迁过程中的长期平均增长率来衡量经济发展。本书采用人均 GDP 变化率来反映长期经济增长过程中经济表现的变化，本书把长期经济增长过程中每一年的经济表现的变化率表示为 g，将经济绩效具体化为长期增长过程中年度经济表现变化率的算数平均数。那么，一个长期经济增长过程中的经济绩效（Economic Performance，EP）可以表示为：

$$EP = \frac{\sum_{i=1}^{n} g_i}{n} \tag{3-1}$$

其中 n 表示年份数量。进一步地，将每一年的经济表现变化率（g）分为两种类型。第一种类型，将长期经济增长过程内每一年的经济表现中的正增长定义为经济增长，其经济增长程度用 g^+ 来表示；第二种类型，将长期经济增长过程内每一年的经济表现中的负增长定义为经济收缩，其经济收缩程度用 g^- 来表示。将经济表现 g 按照经济增长程度 g^+ 和经济收缩程度 g^- 两种类型分解之后，式（3-1）可以转化为：

$$EP = \frac{g_1 + g_2 + g_3 + g_4 + \cdots + g_{n-1} + g_n}{n} \tag{3-2}$$

$$EP = \frac{g_1^+ + g_2^+ + g_3^- + g_4^- + \cdots + g_{n-1}^- + g_n^+}{n} \tag{3-3}$$

将经济表现 g 中的经济增长幅度 g^+ 和经济收缩幅度 g^- 两种类型分别归为一类，可以得到：

$$EP = \frac{(g_1^+ + g_2^+ + \cdots + g_n^+) + (g_3^- + g_4^- + \cdots + g_{n-1}^-)}{n} \tag{3-4}$$

[①] Broadberry S. and J. Wallis, "Growing, Shrinking, and Long Run Economic Performance: Historical Perspectives on Economic Development", *NBER Working Papers*, No. 23343, 2017.

$$EP = \frac{(g_1^+ + g_2^+ + \cdots + g_n^+)}{n} + \frac{(g_3^- + g_4^- + \cdots + g_{n-1}^-)}{n} \quad (3-5)$$

此时，假设长期经济增长过程的 n 个年份中，出现经济增长和经济收缩的年份数量分别为 i 和 j，则有 $n = i + j$，则易得：

$$EP = \frac{i}{n} \cdot \frac{(g_1^+ + g_2^+ + \cdots + g_n^+)}{i} + \frac{j}{n} \cdot \frac{(g_3^- + g_4^- + \cdots + g_{n-1}^-)}{j} \quad (3-6)$$

由式（3-6）可知，经济绩效的影响因素可以分为四个部分。第一部分为 $\frac{i}{n}$，其经济含义是一个为期 n 个年份的长期经济增长过程中经济增长出现的频率，定义为正增长频率，记为 f_+。第二部分为 $\frac{(g_1^+ + g_2^+ + \cdots + g_n^+)}{i}$，其经济含义是一个为期 n 个年份的长期经济增长过程中出现的 i 次经济增长的年度算术平均增长率，定义为平均增长率，记为 g_+。第三部分为 $\frac{j}{n}$，其经济含义是一个为期 n 个年份的长期经济增长过程中经济收缩出现的频率，即出现负增长的频率，定义为经济收缩频率，记为 f_-。第四部分为 $\frac{(g_3^- + g_4^- + \cdots + g_{n-1}^-)}{j}$，其经济含义是一个为期 n 个年份的长期经济增长过程中出现的 j 次经济收缩的年度算术平均变化率，定义为平均收缩率，记为 g_-。依据正增长频率、平均增长率以及经济收缩频率、平均收缩率的划分，式（3-6）可以简化为：

$$EP = f_+ \cdot g_+ + f_- \cdot g_- \quad (3-7)$$

其经济含义为，经济绩效可以表示为平均增长率和平均收缩率的加权平均，权重分别为经济增长和经济收缩的频率。进一步地，本书定义经济增长频率和平均增长率的乘积为增长贡献，即 $f_+ \cdot g_+$；经济收缩频率和平均收缩率的乘积为收缩损失，即 $f_- \cdot g_-$。

由于经济增长频率和经济收缩频率之和为1，因此有 $f_+ = 1 - f_-$，则式（3-6）可以进一步简化为：

$$EP = (1 - f_-) \cdot g_+ + f_- \cdot g_- \qquad (3-8)$$

进一步地，一个长期经济增长过程的经济绩效的影响因素可以被分解为平均增长率、平均收缩率和经济收缩频率①，于是得到：

$$EP = EP(f_-, g_+, g_-) = (1 - f_-) \cdot g_+ + f_- \cdot g_- \qquad (3-9)$$

其中 $EP(f_-, g_+, g_-)$ 表示一个长期经济增长过程的经济绩效 EP 是经济收缩频率 f_-、正增长年份的平均增长率 g_+ 和收缩年份的平均收缩率 g_- 三个变量的函数。根据式（3-9），提高经济绩效的途径包括提高平均增长率 g_+，降低经济收缩频率 f_- 和降低平均收缩率 g_- 的绝对值。

从静态的角度来看。对于一个长期经济增长过程的经济绩效中的增长贡献和收缩损失可以进行度量，以此比较一个长期经济增长过程不同时期或者不同经济体的经济绩效构成。本书定义：（1）正增长对经济绩效做出的贡献为增长贡献，增长贡献（contribution of growing）＝经济增长频率×平均增长率，即 $C_g = (1 - f_-) \cdot g_+$；（2）经济收缩对经济绩效造成的损失为收缩损失，收缩损失（loss of shrinking）＝经济收缩频率×平均收缩率，即 $L_s = f_- \cdot g_-$。通过对增长贡献（C_g）、收缩损失（L_s）的区分和度量，可以清晰得知经济增长和经济收缩对于经济绩效形成的作用。

从动态的角度来看，为了寻找经济收缩频率 f_-、平均增长率 g_+ 和平均收缩率 g_- 这三个部分变化对于经济绩效 EP 变化的影响，将经济绩效 EP 对经济收缩频率 f_-、平均增长率 g_+ 和平均收缩率 g_- 求导数，可以得到：

$$\Delta EP = -g_+ \cdot \Delta f_- + g_- \cdot \Delta f_- + (1 - f_-)\Delta g_+ + f_- \cdot \Delta g_- \qquad (3-10)$$

整理可得：

---

① Broadberry S. and J. Wallis, "Growing, Shrinking, and Long Run Economic Performance: Historical Perspectives on Economic Development", *NBER Working Papers*, No. 23343, 2017.

$$\Delta EP = -(g_+ - g_-)\Delta f_- + (1-f_-)\Delta g_+ + f_-\Delta g_- \quad (3-11)$$

由式（3-11）可知，经济绩效变化（ΔEP）受到三个部分的影响。

第一部分，来自经济收缩频率（f_-）变化的影响。一方面，第一部分决定于经济收缩频率变化（Δf_-）的符号及其大小；另一方面，经济收缩频率（f_-）变化影响经济绩效变化（ΔEP）的方向和程度取决于 $-(g_+-g_-)$，由于 $g_+>0$，$g_-<0$，经济收缩频率 f_- 变化对经济绩效变化（ΔEP）的影响取决于平均增长率 g_+ 和平均收缩率 g_- 的绝对值之和，即 $g_++|g_-|$。也就是说，一旦出现经济收缩，经济收缩频率增加一个单位，将会给经济绩效带来 $g_++|g_-|$ 个单位的损失。反之，存在经济收缩的情况，经济收缩频率减少一个单位，将会给经济绩效带来 $g_++|g_-|$ 个单位的改善。由此可知，经济收缩频率 f_- 及其改变对经济绩效 EP 的影响非常大，在长期经济增长过程的分析中不容忽视。

第二部分，来自平均增长率（g_+）变化的影响。一方面，第二部分决定于平均增长率变化（Δg_+）的符号及其大小；另一方面，平均增长率（g_+）变化影响经济绩效变化（ΔEP）的程度取决于 $(1-f_-)$，即正增长频率，一个单位平均增长率的变化，能够带来 $(1-f_-)$ 个单位经济绩效变化。

第三部分，来自平均收缩率（g_-）变化的影响。一方面，第三部分决定于平均收缩率变化（Δg_-）的符号及其大小；另一方面，平均收缩率（g_-）变化影响经济绩效变化（ΔEP）的程度取决于 f_-，即经济收缩频率，一个单位平均收缩率的变化，能够带来 f_- 个单位经济绩效变化。

在此基础上，对于长期经济增长过程中两个不同时期的或者两个不同经济体之间的经济绩效进行比较，可以计算收缩频率变化（Δf_-）、平均增长率变化（Δg_+）和平均收缩率变化（Δg_-）这三个渠道对经济绩效改变（ΔEP）所作出的贡献的占比，分别定义收缩频率变化（Δf_-）、平均增长率变化（Δg_+）和平均收缩率变化

(Δg_-)这三个渠道的贡献率(Contribution rate)为$C_{\Delta f_-}$、$C_{\Delta g_+}$和$C_{\Delta g_-}$,则它们可以表示为:

$$\begin{cases} C_{\Delta f_-} = -(g_+ - g_-)\Delta f_-/\Delta EP \\ C_{\Delta g_+} = (1-f_-)\Delta g_+/\Delta EP \\ C_{\Delta g_-} = f_-\Delta g_-/\Delta EP \end{cases} \quad (3-12)$$

易得,$C_{\Delta f_-} + C_{\Delta g_+} + C_{\Delta g_-} = 100\%$。需要说明的是,在下文的计算过程中,各个经济体在不同时期经济绩效存在比较明显的差异,因此在进行两个时期经济绩效比较时,各参数$-(g_+ - g_-)$、$(1-f_-)$和(f_-)均取两个时期的算术平均值。

从更加一般化的角度来讨论,传统的经济增长理论和经济周期理论均可作为式(3-9)经济绩效定义的特殊情况。

首先,传统经济增长理论仅关注到平均增长率g_+。实际上,传统经济增长理论设定了$f_- = 0$,将经济绩效等同于经济增长,即设定了$g = g_+$。于是,提升一个长期经济增长过程中经济绩效的途径就在于提升平均增长率g_+,给出的提升经济绩效的政策路径都围绕提升经济增长程度g^+以及平均增长率g_+而展开,如增加投资等,忽视了对于经济收缩频率f_-和平均收缩率g_-的关注。

其次,传统的经济周期理论和反周期政策虽然注意到经济周期围绕趋势上下波动,但周期性波动基本是对称的。也就是说,传统经济周期理论比传统经济增长理论更进一步,不仅关注到了平均增长率g_+,还关注到了平均收缩率g_-,但是并未关注到经济收缩频率f_-对一个长期经济增长过程中经济绩效的影响,实际上是在经济绩效中将经济收缩频率f_-设定为了一个常数。于是,反周期政策主要关注如何降低经济收缩程度g^-和平均收缩率g_-,对降低经济收缩频率f_-这一命题关注不够。

第二节 经济绩效的制度分析：
制度—秩序—绩效

如上所述，迄今为止研究长期经济绩效的经济学家绝大部分将注意力放在"增长"以及对"增长源泉"的追寻上，对现代经济增长的解释有三种主要观点。一是技术进步论。19世纪以来的现代增长发生于工业革命之后，技术进步自然被看作是现代增长的源泉，但技术进步如何发生以及为什么发生在西方世界而非中国这一根本问题难以解决。二是有效制度论。诺斯和科斯等人提出有效的制度能够激励物质资本和人力资本投资从而促进资本积累和技术进步，带来现代增长。但是，有效制度如何产生以及有效制度难以成功移植使得这一解释备受争议。三是政治经济互动论。Acemoglu 和 Robinson（2012）[①] 提出精英阶层将更多阶层的人纳入政治过程，政治系统采纳和实施的经济制度则更具包容性，从而带来现代经济增长。这一解释为现代增长研究提供了新视角——关注政治经济相互作用，即何种政治制度可支撑有益于发展的经济制度，何种经济制度能够为此种政治制度的形成与延续提供基础。

然而，经济收缩频率和幅度下降对18世纪以来长期经济绩效改善的贡献是被忽略的，Broadberry 和 wallis（2017）[②] 则开始研究经济收缩速度和频率的减少对于经济绩效改善的重要贡献，以及经济收缩速度和频率的减少是如何发生的。这一研究使得长期经济绩效研究视角从"增长"导向及"增长"的源泉转向关注"收缩"及其

[①] Acemoglu, D. and J. A. Robinson. *Why Nations Fail: The Origins of Power, Prosperity, and Poverty*, New York: Crown Publishers, 2012.

[②] Broadberry S. and J. Wallis, "Growing, Shrinking, and Long Run Economic Performance: Historical Perspectives on Economic Development", *NBER Working Papers*, No. 23343, 2017.

减少的机制。Broadberry 和 wallis（2017）[1]认为长期经济绩效的改善主要是由于收缩幅度和频率的下降而不是增长率的提高，收缩幅度和频率的下降得益于从身份规则社会向非人际规则社会的转型，因为非人际规则社会中规则、协议以及合约的执行能够得到保障。人类社会经济变迁中个人和组织都积极使用或者威胁使用暴力来获取财富和资源，但是追求发展必须抑制暴力。[2]

规则的重要作用就是避免暴力的发生，一系列规则和制度安排形成一定的秩序，以身份规则构建组织所形成的社会秩序就是权利限制秩序（limited Access Orders），以非人际规则构建组织形成的社会秩序就是权利开放秩序（Open Access Orders）。权利限制秩序通过精英联盟之间就维系租金和界定权利的协议以及限制组建组织的特权避免暴力，但潜在的精英联盟破坏性竞争会导致经济收缩幅度和频率的增加，从而使经济绩效受损。权利开放秩序通过非人际竞争、组织的开放准入以及法治避免暴力的发生，竞争者通过创新、创造获取租金，有提高生产效率的积极性和激励，因而可以减少收缩实现经济绩效的改善。总之，经济收缩的频率和幅度取决于政治经济互动下规则与组织形成的抑制暴力和防止失序的秩序。

一　权利限制秩序的逻辑及其对经济绩效的影响

权利秩序—经济绩效框架将精英交易视为发展中社会的持久性核心，暴力处于无法被第三方或者中央政府可靠抑制的潜伏状态，权利限制秩序抑制暴力的核心是利用了协调个人关系的机制——为

---

[1] Broadberry S and J Wallis, "Growing, Shrinking, and Long Run Economic Performance: Historical Perspectives on Economic Development", *NBER Working Papers*, No. 23343, 2017.

[2] ［美］道格拉斯·诺思（Douglass C. North）、［美］约翰·沃利斯（John Joseph Walls）、［美］史蒂文·韦布（Steven B. Webb）、［美］巴里·温加斯特（Barry R. Weingast）编著：《暴力的阴影：政治、经济与发展问题》，刘波译，中信出版社2018年版。

了避免暴力，强大的精英和个人之间通过协议创建支配性联盟，允许土地、资本、劳动等要素在彼此之间配置使用，通过政治体系操纵经济利益创造租金，通过协议在精英之间划分租金，通过掌控特权和限制组建组织准入获取租金。重要的是，合作破裂和暴力发生会减少租金，强大的组织和个人发现克制暴力符合他们自身的利益，由此产生一种组织和个人的行为符合租金创造的激励机制。

支配性联盟为成员组织提供排他性第三方执行，支配性联盟利用其对规则实施和执行有限准入特权创造租金，塑造联盟内不同博弈者的利益并安排租金分配，确保精英、组织和侍从组织共同致力于秩序塑造和维持。[①] 权利限制秩序面临两个方面的威胁：一方面，联盟内部某些成员由于激励变化，想要破坏原本的内部利益分配结构获取更多利益，从而背弃联盟，并采用暴力手段实现这一目标，最后造成动荡或者内战；另一方面，外部冲击，如人口变动、异常天气、经济周期等造成内部利益分配结构和武力制衡状态被强行改变，使暴力的使用产生可能，直至联盟破裂、秩序崩溃。[②]

权利限制秩序对经济绩效的影响体现在以下四个方面。一是个体精英的租金不可预测，通常没有强烈的意向去采纳能提高社会组织的生产效率进而增加总租金的社会安排，规则和制度安排被采取的目的是维持秩序并获取租金，而不是促进经济发展。二是权利限制秩序遭遇冲击时，依靠创造新的租金维持协作和抑制暴力，但新租金的创造对经济社会发展是否有利是不确定的。因此，权利限制秩序下经济发展和生产率提高并不稳定，在一国表现为一些时期快

[①] ［美］道格拉斯·诺思（Douglass C. North）、［美］约翰·沃利斯（John Joseph Walls）、［美］史蒂文·韦布（Steven B. Webb）、［美］巴里·温加斯特（Barry R. Weingast）编著：《暴力的阴影：政治、经济与发展问题》，刘波译，中信出版社2018年版。

[②] ［美］道格拉斯·诺斯、［美］约翰·瓦利斯、［美］史蒂芬·韦伯、［美］巴里·温加斯特：《有限准入秩序：发展中国家的新发展思路》，余江译，载吴敬琏主编《比较》第33辑，中信出版社2007年版。

速增长而另外一些时期停滞或崩溃,在世界则表现为一些国家进步而另一些国家衰落。三是限制创建组织而获得经济权利,必然会限制竞争而影响经济效率,从而阻碍竞争性市场的形成和长期的经济增长,权利限制秩序对发展的障碍内生在其解决暴力问题的方式中。四是权利限制秩序具有不稳定性,联盟内部利益分配结构、武力制衡状态以及联盟外部的各种冲击,都可能带来暴力的使用,从而造成秩序失稳甚至体制崩溃。

二 权利开放秩序的逻辑及其改善经济绩效的机制

权利开放秩序由支持开放准入和竞争的制度维系的,经济竞争、政治竞争及其相互作用共同维持政治开放准入和经济开放准入。支撑权利开放秩序的规则是"非人格化规则"(Impersonal Rules),即对每个人一视同仁、平等对待的规则。在此基础上,权利开放秩序控制暴力的逻辑是由第三方或者政府垄断着潜在的和实际的暴力,垄断合法暴力的组织(军队和警察)受到政治系统的控制,并对该秩序下的组织、个人提供排他性的第三方执行,因而可靠承诺在权利开放秩序中是广泛存在的。同时,组织的创建从限制准入转变为开放准入,通过权利开放培育各种经济、政治和社会组织,这些组织可以自由地成立、调整,从而因应政府政策和变革压力,维护自身利益,甚至可以帮助约束第三方或者政府实施暴力。具体来讲,权利开放秩序具有三个特征:第一,政治、经济、文化和宗教等所有活动都向所有公民开放;第二,建立了支持和保护所有公民参与这些活动的组织;第三,对所有公民实施无差别的法治。

权利开放秩序改善经济绩效的机制是:第一,经济体系中的开放准入阻止了政治系统对经济利益的操纵,创建组织权利的非人格化创造的持续性竞争挫败了经济和政治行为者通过限制准入的获取机会创造永久租金的愿望,熊彼特式的创造性破坏随之而来,创造性的经济破坏会产生不断变化的竞争性经济利益,经济活动参与者只能通过不断地创新以获取租金,由此减少经济收缩进而实现经济绩效的改善。第二，由于非人格规则的实施，适应于经济发展的规则不会因为实施规则的第三方或政府的改变而改变，为改善经济绩效提供了稳定而可持续的秩序根基。

三 权利限制秩序到权利开放秩序的转型

（一）权利限制秩序的三种类型

权利秩序—经济绩效框架依据社会组织的结构，即权利和租金与个人身份及社会身份的关联程度、制度的复杂程度和组织的复杂程度，将权利限制秩序划分为脆弱型、初级型和成熟型三种不同状态。

第一种类型——脆弱型权利限制秩序。第一，政府是原始型的，而非能够抑制暴力的永续组织，不能为私人的精英组织提供保护。第二，由于缺乏政府保护，其他组织自行制定和实施规则。支配性联盟中的每个派别都掌握暴力，暴力成为决定租金和利益分配的主要因素，支配性联盟面对内部与外部的暴力也只能勉强维持自身。第三，联盟内部的可信承诺难以长期维持，支配性联盟的领导之间维持着依赖于人格化关系的利益联系，大多数组织的利益、行为与该支配性联盟的领导个人相关，而不是非人格化的。

第二种类型——初级型权利限制秩序。第一，国家能够维持持续和稳定的组织结构，国家组织内部构建持续性合约的能力逐步增强，但作出不依赖于身份和人格化的永久性承诺能力有限。第二，政府已经完善地建立起来，但政府并不是脱离身份和人格化的永续组织，因此仅能对暴力实施有限的控制。第三，国家内部公法制度开始出现，但是公法制度仅为国家组织内部及精英联盟内部，而不是全社会成员提供制度保护。第四，只有与国家紧密相关的精英组织才具有持续性，精英的特权和利益几乎完全依赖于国家。精英需要构建具有复杂结构的组织来创造租金和维持利益，而国家和政府正是精英创建组织的媒介物。

第三种类型——成熟型权利限制秩序。第一，为国家服务的持久性制度结构已经形成，发展出了更为复杂的公共组织和私人组织。第二，发展出了更为明确的公法和私法，公法规定国家公职机关职能及其关系，提供解决国家内部甚至支配联盟内部冲突的办法。私法约定个人之间的关系，使个人之间能够在法律框架内达成协议。第三，国家有能力且实际上为政府之外的精英组织提供支持和保护，这一点突破了初级型权利秩序中仅为与国家关系密切的组织提供支持和保护的范围，组织能够成为脱离人格化的法人。第四，尽管政府或支配性联盟会支持多种多样的政府内外组织，但权利限制秩序对私人组织的准入仍然施加限制，支配性联盟通过这一方式限制竞争，以创造租金维系自身并抑制暴力。

权利限制秩序不是静态的，历史上的国家在脆弱型、初级型和成熟型权利秩序中是变化的。有一些国家能够沿着脆弱型向初级型进而成熟型的权利秩序路径向前发展，因为在此过程中精英能够保持权力，同时这种发展能增加租金并让精英获益。然而，也存在权利限制秩序停滞或倒退的情况：内部冲击与环境变化导致精英相对权力发生变化，相对权力增大的精英要求获得更多租金，若支配性联盟成员对权力变化状况认识达成一致，则会通过和平的讨价还价的方式调整租金；若精英不能达成一致，则会出现暴力甚至向无序状态退化。

脆弱型权利限制秩序走向成熟型权利限制秩序的过程中，有三个条件非常重要。一是以租金创造活动，将内部更多拥有暴力能力的组织带入能成功减少实际暴力的关系中。二是通过一系列能创造适当激励机制让社会组织抑制暴力的社会安排，有效维持法治关系并加以拓展，从无法治到精英内部关系遵守法治，再到全社会范围的有效法治。三是随着时间的推移，让政府能更加可靠地向社会组织提供支持，并保障社会组织之间的协议得到执行，独立于政府的组织赢得足够的力量和稳定性，并可以要求政府遵守承诺（不受最初作出承诺的具体个人的影响）。

（二）权利限制秩序向权利开放秩序的转型

权利限制秩序（尤其是成熟型权利限制秩序）能够转型成为权利开放秩序，转型发生的机制必须与权利限制秩序的逻辑一致，并且在此条件下让精英认为建立精英内部的非人格化关系的制度安排对他们是有利的。接下来，转型中必须满足以下两个条件：第一，一个成熟型权利限制秩序内发展出能促成精英内部非人格化交流的制度安排；第二，支配性联盟成员发现扩展非人格化交流对自己有利，从而逐渐让准入变得更开放，实现精英内部之外的社会成员的扩散。成熟型权利限制秩序下支配性联盟受到获取更多租金的激励，在对政府允许建立并支持的私人组织保持有限准入以获取租金的前提下可能支持越来越多的政府内外组织，从而发展出精英内部非人格化交流的机制；支配性联盟成员发现拓展非人格化交流对自己更有利则会继续推进开放，进而拓展政府做出可信承诺的范围以及界定和执行法定权利[1]，直至转型为权利开放秩序。完成这样的转型，往往需要两个步骤。

第一步：达成三个临界条件——实现精英内部的非人格化关系和权利开放。诺思等（2018）[2]将实现精英内部非人格化关系和精英内部权利开放的条件称之为临界条件，临界条件指的是既与权利限制秩序逻辑相符合又有利于权利开放秩序建立的制度安排，这种制度安排同时具备构建和增进非人格化关系的作用。尽管权利限制秩序通过特权设立租金，但是权利限制秩序之下的支配性联盟也可

---

[1] ［美］道格拉斯·C. 诺思、约翰·约瑟夫·瓦利斯、巴里·R. 温格斯特：《暴力与社会秩序：诠释有文字记载的人类历史的一个概念性框架》，杭行、王亮译，格致出版社、上海三联书店、上海人民出版社2017年版，第20页。

[2] ［美］道格拉斯·诺思（Douglass C. North）、［美］约翰·沃利斯（John Joseph Walls）、［美］史蒂文·韦布（Steven B. Webb）、［美］巴里·温加斯特（Barry R. Weingast）编著：《暴力的阴影：政治、经济与发展问题》，刘波译，中信出版社2018年版，第20页。

以支持非人格化关系特征①，临界条件对于维持精英内部的这种非人格化关系具有重要作用，当一些精英发现非人格化关系对他们有利可图且不会威胁联盟稳定时，就会产生进一步通向权利开放的激励。具体来讲，诺思等（2018）②提出了三个临界条件。

第一，建立起精英层面的法治。支配性联盟内部精英间纠纷的解决是维系精英关系和支配性联盟稳定的关键，权利限制秩序中纠纷的解决一般通过仲裁以及调节来解决，当这一职能被纳入政府和司法机构时，对于支配性联盟内部精英特权的界定就产生了。法律系统起源于对精英内部特权的界定，特权一旦被界定就变成了以产权为核心的权利，从而建立了一视同仁的非人格化的法治规则，这些规则在精英内部是公正的且具有约束力，可以协调支配性联盟内部的精英关系以及保证各自的租金。

第二，永续性的公共或私人的组织。永续性组织指的是存续时间超越其成员生命的组织，也就是说永续性组织的存续和运行不依赖于人格化的某一些成员而存在，即使某些关键成员离世，也不影响组织的运行。永续性组织的典型例证是法人团体。永续性组织的存在依赖于能够实施与组织相关的法律系统，精英内部的法治催生了永续性组织，永续性组织一般存在于能够提供长久可信承诺的永续性国家中，即使国家的政府或者精英联盟出现更换，这个国家设立的组织以及对这些组织做出的可信承诺也不会受到影响。永续性组织创建和支持了精英之间的非人格化关系的交换和相互关系，他们之间的契约和合同变得更为可信，永续性组织作为具有排他性的

---

① ［美］道格拉斯·C. 诺思、约翰·约瑟夫·瓦利斯、巴里·R. 温格斯特：《暴力与社会秩序：诠释有文字记载的人类历史的一个概念性框架》，杭行、王亮译，格致出版社、上海三联书店、上海人民出版社 2017 年版，第 205 页。

② ［美］道格拉斯·诺思（Douglass C. North）、［美］约翰·沃利斯（John Joseph Walls）、［美］史蒂文·韦布（Steven B. Webb）、［美］巴里·温加斯特（Barry R. Weingast）编著：《暴力的阴影：政治、经济与发展问题》，刘波译，中信出版社 2018 年版，第 20 页。

第三方使得精英内部的法治和产权保护的实施有了保障。

第三，将拥有暴力能力的组织（包括军队和警察）集中在政治控制之下。处于权利限制秩序下的国家，很少能对暴力进行统一控制，使用暴力的权利分散在各个精英之间。对暴力的统一控制依赖于一个能够控制全国所有军事资源的组织，这个组织掌握所有暴力的控制权，同时存在一系列精英联盟都认可的、界定和规范个人及组织如何使用暴力的公约。控制暴力的组织通常嵌入政府之中，也就是说置于国家的政治控制之下。

这三个临界条件都与权利限制秩序的逻辑相一致，并曾在权利限制秩序中出现过。精英层面的法治规范了联盟内部精英之间的关系，永续性组织是限制准入和创造租金的载体，对暴力的集中统一控制建立了对暴力的垄断和控制。[1] 需要指出的是，尽管三个临界条件有一定的逻辑关系，但是在历史上并不是顺序出现的。三个临界条件的组合使得在联盟和精英租金不减少且暴力能够被控制和避免的双重前提下人际规则向非人际规则的转变得以实现，由此支配性联盟内部的精英都被赋予了"特权"，即都具有设立组织的权利，支配性联盟获取租金的方式就从通过特权设立租金的权利限制逻辑转变为通过被控制在精英手里的组织准入而使租金消散的权利开放逻辑。在此过程中，精英们发现权利开放程度越高、范围越大，越有利可图，这就使权利限制秩序向权利开放秩序的转型成为可能。

第二步：实现真正的转型——权利开放在精英内部的制度化和向精英之外的公民扩散。当精英们认识到精英内部共有的权利开放对他们有利时，权利限制秩序向权利开放秩序的真正转型就开始了。真正的转型过程是精英内部权利开放，并且通过制度保障权利开放，进而向更多公民扩大权利开放的过程。

---

[1] ［美］道格拉斯·C. 诺思、约翰·约瑟夫·瓦利斯、巴里·R. 温格斯特：《暴力与社会秩序：诠释有文字记载的人类历史的一个概念性框架》，杭行、王亮译，格致出版社、上海三联书店、上海人民出版社2017年版，第210页。

首先，精英内部权利开放的制度化。在权利开放中获得更多利益的精英集团，也希望自己的权利得到保障，此时就会产生一系列有利于向权利开放转型的经济政治制度，例如通过一般的股份公司组织程序和办法来实现经济组织权利开放、通过发展党派组织和扩大选举权实现政治组织权利开放、通过变革法律系统来保证经济权利和政治权利的界定、实施与保护。[1]

其次，权利开放向精英之外的公民扩散。当精英认识到特权变为权利在联盟国内部更能受到保障时，特权通过制度化变为权利，一旦人口中足够比例的人群（包括精英）拥有这种权利，并能按照自己的意愿组建组织，特权制度化而来的权利就被界定为公民权利。一旦清晰界定并实施公民权利，原本属于精英的权利将进一步扩大到更大范围的公民群体。同时，这种公民权利在广泛的政治经济竞争中更容易被维持，因为精英之间进而公民之间的利益平衡更能够保护权利。[2] 具体来讲，转型中政治经济组织向全部公民非人格化开放需要达成以下三个条件。一是界定公民身份，保持经济体系和政治活动参与资格向公民开放；二是在上述领域支持成立各种组织并保证其准入资格开放；三是法治执行对所有公民无差别、无偏私。

第三节　从制度分析到体制分析批判性评述

一　制度分析对建立和建设社会主义的落后国家经济绩效分析的启示

第一，秩序对于维持和改善经济绩效具有重大意义。诺斯等人

---

[1] ［美］道格拉斯·C. 诺思、约翰·约瑟夫·瓦利斯、巴里·R. 温格斯特：《暴力与社会秩序：诠释有文字记载的人类历史的一个概念性框架》，杭行、王亮译，格致出版社、上海三联书店、上海人民出版社2017年版，第34页。

[2] ［美］道格拉斯·C. 诺思、约翰·约瑟夫·瓦利斯、巴里·R. 温格斯特：《暴力与社会秩序：诠释有文字记载的人类历史的一个概念性框架》，杭行、王亮译，格致出版社、上海三联书店、上海人民出版社2017年版，第256页。

的制度分析实际针对的是从传统增长到现代增长过程中欧洲国家，美国、澳大利亚等欧洲"衍生国"以及移植欧美体制的拉丁美洲国家的长期经济变迁过程。客观来讲，这个分析框架适用于对欧洲国家、欧洲衍生国以及移植欧美体制的拉美国家经济绩效及其差异的分析，这一理论框架突破了既有理论的局限性。首先，突破了传统增长理论范式的局限。传统增长理论范式在分析经济增长时往往强调单纯注重要素投入、要素结构和技术变迁的作用，这种分析过于技术化、过于单调，而且忽视了要素、技术发生作用的产权背景和制度背景。

其次，突破了产权学派或者制度学派的局限。产权学派和制度学派从传统增长理论跳跃出来，看到了作为外生给定因素的产权、制度的作用，在经济分析上取得了不小的进步。但是，产权学派和制度学派的分析又陷入了自身的局限——单纯强调产权的有效性和制度的有效性，而忽视了产权和制度发挥作用的社会基础和秩序条件。诺斯等人的制度分析在经济绩效理论关注经济收缩的基础上，将经济收缩与秩序紧密联系，建立起了秩序—经济收缩—经济绩效的分析框架，实际上找到了产权和制度发挥作用的社会基础和秩序条件。秩序—经济收缩—经济绩效框架将发展研究从增长导向转到经济收缩上来，提出经济绩效的改善来源于经济收缩频率和幅度的减少，不仅解释了现代经济增长的来源，也为近代以来的大分流提供了充分依据。由此看来，在分析一国经济绩效的时候，不能忽视秩序的重要性。

第二，政治经济互动对维系秩序具有重大意义。在秩序—经济收缩—经济绩效的基础上，诺斯等人的经济绩效制度分析进一步探讨秩序形成的原因，他们将初始秩序——权利限制秩序的形成归结为由精英之间通过契约结成支配性联盟生产租金、分配租金并且抑制暴力。具体来讲，诺斯等人把精英交易视为发展中社会的持久核心，认为在有限准入社会中，支配性联盟的成员包括经济、政治、宗教和教育的精英，精英的特权地位能够产生租金，租金确保他们与支配性联盟合作。如果把租金看作是整个人类历史和制度结构的关键因素，那么租金确实可以作为促进稳定的手段，社会的发展自然就会向着改善租金、分配租金的最佳方式转变。由此，诺斯等人的经济绩效制度分析框架构成了权利限制秩序对经济绩效的损失、权利开放秩序对经济绩效的改善以及权利限制向权利开放过程中经济绩效的变化过程，实质是将政治经济互动引入了经济绩效分析。

进一步地，这一框架提出经济收缩取决于权利秩序，权利秩序是在政经互动下通过规则和组织而形成抑制暴力和避免失序的一种秩序状态，经济收缩幅度和频率的减少根本上来自权利限制秩序向权利开放秩序的转型。权利秩序——经济收缩——经济绩效的研究路径，让我们看到了秩序对长期经济绩效的重要性和政治经济互动对秩序形成的重要性，不仅有助于重新理解和更好解释有别于增长的经济绩效，而且为发展政策从促进经济增长转向避免经济收缩提供了理论启示。

先发国家至后发国家的制度移植和制度漂移是一种经典理论和政策手段。国际组织推行的大多数发展政策都来自发达国家的经验，试图把发展中国家改造得更像发达国家。然而，发达国家的社会运转规律与发展中国家迥然不同，致力于推动发展的人们发现他们面临的问题与可用的工具并不匹配。用诺斯等人的制度分析框架能够更好地理解这一现象——从先发国家的经验总结而来的政策工具难以服务于后进国家的发展目标的原因，是先发国家已经进入权利开放秩序而后进国家尚处于权利限制秩序，两种社会秩序下政治经济运行方式不同，因而先发国家的发展政策在后发国家难以发挥作用。

这一解释的合理之处在于看到了先进国家和后发国家政治经济特征的不同，但是将原因归结于依赖以精英契约为基础的权利秩序则存在一定问题。本书所要分析的建立和建设社会主义的落后国家，根本不存在所谓精英达成契约从而形成秩序的情况，由此可以注意到在诺斯等人提出的精英主导的权利秩序之外还存在一种秩序——

体制秩序,如果说权利开放秩序和权利限制秩序的差别在于权利开放程度和发展阶段的差异,体制秩序和精英主导的秩序的差异则是根本上的秩序形成问题上的差异。因此,本书认为经济绩效制度分析不能用于解释建立和建设社会主义的落后国家的经济绩效及其差异,原因在于两种秩序形成方式和依赖基础的不同以及体制和制度的差异两个方面。

二 两种秩序的分野——制度分析和体制分析面对的秩序不同

从秩序的形成方式和运行方式上来讲,人类社会可以分为两种秩序。一是演化秩序。所谓演化秩序,"它在人们遵循一定的共同规则时不断演化"①。也就是说,演化秩序是人们依据一种共同遵守的信念、规则而经历史演化形成的,决策由经济参与者按照自身利益、自设目标和竞争状况、价格信号来进行。② 因此,我们可以这样理解演化秩序,即不同的社会个体依循一定的信念、观念、规则,按照自己的意志追求各种不同的"自设目标",在此过程中通过历史演化而形成的秩序。

二是建构秩序③。"它由某种看得见的引导之手(orderinghand)创立,如在命令经济中,集体拥有的财产、产品、岗位和投资资金都要按某些人的计划来配置。"④ 因此,建构秩序指的是不依赖已经自发形成和演化的信念、规则甚至个人观念,而是为了达成一定的体制目标依靠建构的政治经济体制来形成的秩序,需要特别强调的是这种政治经济体制一般不建构在个人观念以及经演化形成的共同信

---

① [澳]柯武刚、[德]史漫飞、[美]贝彼得:《制度经济学:财产、竞争、政策》第二版(修订版),柏克、韩朝华译,商务印书馆2018年版,第172页。
② [澳]柯武刚、[德]史漫飞、[美]贝彼得:《制度经济学:财产、竞争、政策》第二版(修订版),柏克、韩朝华译,商务印书馆2018年版,第172页。
③ 也有学者将其称为层级秩序或计划秩序,本书将其统一界定为建构秩序。
④ [澳]柯武刚、[德]史漫飞、[美]贝彼得:《制度经济学:财产、竞争、政策》第二版(修订版),柏克、韩朝华译,商务印书馆2018年版,第172页。

念和共同规则的基础上，而是在政治上依靠强制、经济上依靠计划来达成体制目标。

在澄清演化秩序和建构秩序概念的基础上，可以清晰地看出诺斯等人运用制度分析所研究的欧洲国家、欧洲衍生国家以及移植欧美体制的拉美国家的秩序形成方式是演化秩序[①]，而建立和建设社会主义的落后国家的秩序形成方式是建构秩序。具体来讲，第一，欧洲国家等国家的秩序形成过程是"自下而上"的，经历了由个人—（契约）—组织—（契约）—国家的过程。个人与个人之间依据"自设目标"、按照个人观念进行行为选择和决策，这样的决策可能产生冲突，为了解决冲突，个人与个人之间开始出现契约，由此形成了个人与个人之间的秩序。个人与个人之间通过契约来议定双方的权利义务和利益分配，当双方达成一致并且具有共同目标就形成了组织，组织与组织之间冲突、缔约和博弈就会形成组织与组织之间的契约。共同信念和共同规则在个人与个人之间、组织与组织之间的长期历史进程中冲突、缔约和博弈的反复过程之中得以形成。为了清晰界定、保护产权和进行第三方实施，个人与个人之间、组织与组织之间、个人与组织之间缔约和博弈就形成了国家。国家在这里并不是规则的制定者，而是共同信念、共同规则的实施者和法治的贯彻者，法治是共同信念和共同规则的集中呈现，用于保护个人自由和抑制社会冲突。个人与个人、组织与组织以及国家实施共同信念和共同规则的根基根植于人际关系的秩序就是诺斯等人提出的权利限制秩序，而根植于非人际关系的秩序则是权利开放秩序。

第二，苏联、中国等建立和建设社会主义的落后国家的秩序形成方式则恰恰相反，这类国家的秩序形成过程是"自上而下"的，

[①] 尽管美国、澳大利亚等欧美衍生国家和移植欧美体制的拉美国家都有一个共同的"动作"——移植或者复制政治经济体制，但是这种复制的政治经济体制实际上是建立在尊重个人权利、尊重个人观念以及尊重长时期自发演进形成的共同信念和共同规则的基础上，可以理解为加速了衍生国家和拉美国家自发演进的过程，而不是建构以一套独立于观念、信念和规则之外的政治经济体制。

经历了国家—（体制）—组织—（体制）—个人的过程。这类国家恰恰是打破自发和演进的结果，不仅打破了基于个人观念和个人选择来形成共同信念和共同规则的演化进程，而且打破了生产关系和上层建筑依循生产力和经济基础的决定作用而演化的进程。通过革命夺取政权是建构体制的第一步[1]，在取得政权之后这类国家就会或快或慢地建立起经典社会主义体制，即政治上建立起共产党拥有绝对统治地位的政治体制和严格的社会主义意识形态控制，经济上建立起国家所有制占绝对统治地位或者主导地位的所有制结构和计划经济主导的经济运行体制。与演化秩序不同，建构体制下的组织与组织、组织与个人以及个人与个人有着严格的规定，个人和组织都不能按照自己的观念和"自设目标"行动，而是被置于从上到下严格控制的严密体制之中。这套体制的目的是实现一个宏大的目标，这个目标之下的个人目标会被不同程度地忽视。为了这一目标，体制建构者和秩序维系者会利用这一套政治经济体制来集中资源和控制民众。

从发展实践来看，欧洲国家、欧洲衍生国家和拉美国家在演化秩序表现为精英通过协议形成联盟限制组织准入、操纵经济利益来生产并分配租金，以及抑制暴力和维持秩序，即精英是规则制定、组织准入、租金创造和分配的主体，非人际规则的界定和实施也由精英拓展到所有公民，从而构成了精英主导权利开放的制度化和向精英之外更多公民开放的过程。然而，中国现代化进程并没有明显的精英主导特征，而是依靠体制构建形成了一整套体系完备的建构秩序，产生对经济绩效的正向或负向影响。因此，从秩序产生方式和运行方式上来看，诺斯等人基于制度的演化秩序的制度分析不适用于建构秩序下的中国。

---

[1] ［匈牙利］雅诺什·科尔奈（János Kornai）：《社会主义体制：共产主义政治经济学》，张安译，中央编译出版社2007年版，第347页。

三 体制和制度的差异——制度分析和体制分析依赖的核心要素不同

从秩序的核心要素出发，演化秩序依赖的是以观念、信念、规则为基础的制度，而建构秩序则依赖于以经济体制和治理体制为核心的体制①。为人所忽视的是，体制和制度在内涵和外延上具有极大的差异，对体制和制度的混淆导致了当前发展研究中制度分析的泛滥以及对建立和建设社会主义的落后国家现象特殊性的忽视。

按照诺斯的定义，制度是一个社会活动中约束人们行为和相互关系的游戏规则，可以分为包含成文法和规章等在内的正式制度②，包含个人观念、个人信念及伦理、习俗意识形态在内的非正式制度，以及实施机制。Wallis（2011）在批判诺斯制度范式的基础上，以商定的规则为核心重构了制度的概念，分析规则对行为和经济绩效的影响。③ 他认为，规范是"自我实施"（self-enforcing）的，只要有足够多的人认为某一规范符合个人利益、被融入社会环境中，而且有足够多的人遵循相同的行为模式，规范就会出现。如果没有行为模式，就谈不上规范。而规则源自两个或多个个体之间有意协商的结果，但协定规则是由社会或者组织之中部分人协商确定的，组织之中的人不论是否同意都不能影响其创建和执行。

在此基础上，Wallis 提出制度是一个社会商定的游戏规则及其执行，或者更正式地说，它们是为决定人们的相互关系而人为设定的一些约束。它们由人类从家庭到国家范围的组织内部的协定规则及其执行组成。制度不仅能够影响人们的行为，而且会在此基础上

---

① 这种体制"直接凭借外部权威，靠指示和指令来计划和建立秩序以实现一个共同目标"，参见［澳］柯武刚、［德］史漫飞、［美］贝彼得：《制度经济学：财产、竞争、政策》第二版（修订版），柏克、韩朝华译，商务印书馆 2018 年版，第 183 页。

② North, D. C., *Institutions, Institutional Change and Economic Performance*, New York: Cambridge University Press, 1990.

③ Wallis, J. J., "Institutions, Organizations, Impersonality, and Interests: The Dynamics of Institutions", *Journal of Economic Behavior & Organiztion* Vol. 79, 2011.

影响经济与政治的互动进而影响经济绩效,最关键的是制度中的人际规则向非人际规则的转变完成了权利开放过程进而实现了经济绩效改善。由此,可以发现制度的两个特征。一是微观性,强调个人观念、个人信念以及个人对共同观念、共同信念和共同规则的认可,强调制度是人与人之间关系基础上经过商定形成的规则,强调个人和个人与个人之间的关系在制度形成和发挥作用中的地位。二是自发性,制度产生和发挥作用的机制是自发的,因为它的基础是依赖于个人信念和个人观念的自主性选择,制度是群体中许多人根据自己的选择做出行动的结果。

从现有的文献来看,注意到体制和制度差别的是"比较经济体制学"领域。这一领域的研究尽管讨论的是经济体制的问题,总的来说还是陷入了类似产权学派和制度学派仅局限于"经济领域"探讨经济体制和体制模式有效性的局限。但是,这些研究在客观上注意到了微观的制度和宏观的体制的差别,还在对经济体制的分析中注意到了体制运行所需要的其他要素,如社会环境等。江春泽(1992)[①]提出"经济体制是为了实现一定的社会经济目标而对生产、流通、分配和消费等各项经济活动施加影响的一整套经济机制及组织结构的总和。"格雷戈里和斯图尔特(1988)[②]在定义经济体制时给出了 $O = f(ES, ENV, POL)$ 的公式,其中,O 代表经济结果,ES 代表经济体制,ENV 代表环境,而 POL 代表经济体制实行的政策,这一公式将体制的讨论从经济体制推到了整个大的体制中。对社会主义体制讨论最为全面的集大成者当属科尔奈,在《社会主义体制:共产主义政治经济学》一书中,他将社会主义体制界定为包含政治体制(权力结构、意识形态)、经济体制(财产权、协调机制、计划与直接官僚控制)在内的成体系的整体性的架构。

[①] 江春泽:《比较经济体制学——经济体制择优的理论与方法》,人民出版社1992年版,第27—28页。

[②] [美]保罗·R·格雷戈里、罗伯特·C·斯图尔特:《比较经济体制学》,林志军、刘平等译,上海三联书店1988年版,第25页。

因此，本书所讲的体制是作为一个整体概念来讲的，不仅是政治架构、意识形态、财产关系、经济监管、信息流动和微观机制的集合，而且是政治经济互动的结果。具体来讲，本书所讲的体制包括以下特征。一是宏观性，在体制分析中不再过多关注宏观经济的微观基础，因为这套体制从建立到运行本身就不是从微观基础开始的，而是对包含政治体制、经济体制、协调机制和微观行动在内的各个要素进行相互联系的、成整体的、政经互动的分析。二是强制性，体制是为了一个特定的宏大目标而建立的，而且是自上而下建立的，因此体制不仅不会依赖于个人的自发性，反而在一定程度上会为了宏大目标忽视个人权利甚至牺牲个人利益。

因此，制度经济学的脉络，基本上是在讨论小制度，也就是具体的某一项制度安排和规则，基本是在体制既定的情况下讨论制度对行为选择、资源配置甚至经济绩效的影响。诺斯等人的制度分析就是这样的范式，这套范式在分析演化秩序下制度对权利秩序以及经济收缩的影响时具有解释力。但是，与诺斯等人分析的演化秩序及其权利开放逻辑不同，社会主义国家为了谋求落后国家的现代化，通过建立一整套具有整体性架构的体制及其秩序结构来实现经济赶超和政治竞赛，这在秩序特征和政治经济体制上与西方都是不同的。因此，想要分析以社会主义体制谋求发展的国家的发展绩效，必须从体制出发，建立体制与秩序的政治经济互动及其与经济绩效相互关系的体制分析的框架。

第四节　体制分析的理论前提和现实基础

一　体制分析的理论前提：落后国家与社会主义

20世纪初以来，社会主义革命没有在发达资本主义国家取得胜利，几乎都是在小生产占优势的国家首先获得成功。这些国家具有经济技术落后、资本主义大工业不发达以及以手工劳动为主的传统农业占国民经济主导地位等显著的经济文化落后特征。但是，事实就是事实、历史就是历史，客观存在的历史是这些经济文化落后的国家率先发生了社会主义革命，建立了社会主义体制，并且开始了社会主义建设道路的探索与实践。列宁曾经指出，革命取得胜利比建成社会主义相对容易，"我屡次说过：与各先进国家相比，俄国人开始伟大的无产阶级革命是比较容易的，但是把它继续到获得最终胜利，即完全组织起社会主义社会，就比较困难了。"[1] 也就是说，经济文化落后的国家，容易取得社会主义革命成功，但是进行社会主义建设十分困难。因此，经济文化落后、生产力不发达的国家取得社会主义革命成功是偶然的，还是必然的？经济文化落后、生产力不发达的国家能否建成社会主义？这些问题虽然在实践中得到了肯定的回答，但是在理论上还需要进一步梳理和说明，必须从理论的源头上寻找经济文化落后国家进行社会主义革命、建立社会主义体制和建设社会主义的理论渊源和实现路径。

第一，从"两个决不会"到跨越资本主义"卡夫丁峡谷"。马克思的《〈政治经济学批判〉序言》首次从经济和哲学相结合的高度对唯物主义历史观作出的精辟阐述，对历史唯物主义基本原理进行了高度概括。其中，马克思提出了"两个决不会"的论断，即"无论哪一个社会形态，在它所能容纳的全部生产力发挥出来以前，是决不会灭亡的；而新的更高的生产关系，在它的物质存在条件在旧社会的胎胞里成熟以前，是决不会出现的。"[2] 这一论断阐明了生产关系消亡与产生的原理，对新旧生产关系变更的条件与时机从理论上作出深入的研究和界定。但是，这一论断在马克思主义政治经济学传播和发展的过程中被机械化地理解为"生产力决定论"或者"生产力一元决定论"。这种理论最具代表性和影响的是考茨基、普列汉诺夫、苏汉诺夫等人，他们在十月革命后提出俄国"还没有成

---

[1] 《列宁选集》第三卷，人民出版社2012年版，第793—794页。
[2] 《马克思恩格斯全集》第三十一卷，人民出版社1998年版，第413页。

长到实行社会主义的地步"，"还没有实行社会主义的客观经济前提"①，指责布尔什维克党在经济文化比较落后的俄国用暴力夺取政权，将其比作"一个怀孕妇女，她疯狂万分地猛跳，为了把她无法忍受的怀孕期缩短并引起早产"，并且认为"这样生下来的孩子，通常是活不成的。"②由此断言，俄国生产力水平还没有发展到可以实行社会主义的高度，因而十月革命不可能是一场真正意义上的社会主义革命。由此，"生产力决定论""生产力一元决定论"和"早产论"都是机械理解生产力决定作用的理论偏误，忽视了无产阶级革命的巨大的能动作用，马克思指出："在资本主义社会和共产主义社会之间，有一个从前者变为后者的革命转变时期。同这个时期相适应的也有一个政治上的过渡时期，这个时期的国家只能是无产阶级的革命专政。"③从这个意义上讲，"两个决不会"不会妨碍无产阶级通过革命夺取政权并实行无产阶级专政，而是要注意社会主义建设中通过变革和调整生产关系来适应、推动生产力的发展。

实际上，马克思、恩格斯还提出落后国家不按照在发达资本主义的基础上建立社会主义的标准，而是在广泛地吸收资本主义生产力的一切肯定性成就的基础上实现对资本主义生产关系跨越的设想，这就是"跨越资本主义卡夫丁峡谷"设想或"跨越论"。马克思在1877年11月的《给〈祖国纪事〉杂志编辑部的信》中，初步表达了他对东方国家跨越资本主义"卡夫丁峡谷"的看法。他指出："如果俄国继续走它在1861年所开始走的道路，那它将会失去当时历史所能提供给一个民族的最好的机会，而遭受资本主义制度所带来的一切灾难性的波折。"④马克思在1881年3月8日致俄国革命家查苏利奇的复信中再次重申了他的见解："我深信：这种农村公社是

---

① 《列宁全集》第四十三卷，人民出版社2017年版，第374—375页。
② [德]卡尔·考茨基：《无产阶级专政》，叶至译，生活·读书·新知三联书店1973年版，第54页。
③ 《马克思恩格斯全集》第二十五卷，人民出版社2001年版，第28页。
④ 《马克思恩格斯全集》第二十五卷，人民出版社2001年版，第143页。

俄国社会新生的支点；可是要使它能发挥这种作用，首先必须排除从各方面向它袭来的破坏性影响，然后保证它具备自然发展的正常条件。"① 1882年1月21日，马克思与恩格斯在《共产党宣言》俄文版序言中进一步阐明了俄国跨越资本主义生产关系的主张②，他们指出：

> 《共产党宣言》的任务，是宣告现代资产阶级所有制必然灭亡。但是在俄国，我们看见，除了迅速盛行起来的资本主义狂热和刚开始发展的资产阶级土地所有制外，大半土地仍归农民公共占有。那么试问：俄国公社，这一固然已经大遭破坏的原始土地公共占有形式，是能够直接过渡到高级的共产主义的公共占有形式呢？或者相反，它还必须先经历西方的历史发展所经历的那个瓦解过程呢？对于这个问题，目前惟一可能的答复是：假如俄国革命将成为西方无产阶级革命的信号而双方互相补充的话，那么现今的俄国土地公有制便能成为共产主义发展的起点。

值得注意的是，马克思关于东方落后国家跨越资本主义"卡夫丁峡谷"的构想始终把生产力因素置于首要位置，他提出只有在发达的物质基础之上俄国才有可能跨越资本主义"卡夫丁峡谷"，即"只有在下述情况下才会发生，即西欧在这种公社所有制彻底解体以前就胜利地完成无产阶级革命，并给俄国农民提供实现这种过渡的必要条件，特别是提供在整个农业制度中实行必然与此相联系的变革所必需的物质条件。"③ 也就是说，物质条件的满足必须依靠外部的资本主义的先进生产力，由此跨越资本主义生产关系建立社会主

---

① 《马克思恩格斯全集》第二十五卷，人民出版社2001年版，第483页。
② 《马克思恩格斯全集》第二十五卷，人民出版社2001年版，第548页。
③ 《马克思恩格斯选集》第三卷，人民出版社2012年版，第333页。

义生产关系。

在此基础上,恩格斯将俄国跨越资本主义生产关系的探索扩大到所有经济落后国家,认为一切处于前资本主义的经济落后国家都可能通过吸收外部先进生产力和放大公社所有制积极因素走上社会主义发展道路。他在《〈论俄国的社会问题〉跋》①中指出:

> 不仅可能而且毋庸置疑的是,当西欧各国人民的无产阶级取得胜利和生产资料转归公有之后,那些刚刚进入资本主义生产而仍然保全了氏族制度或氏族制度残余的国家,可以利用公有制的残余和与之相适应的人民风尚作为强大的手段,来大大缩短自己向社会主义社会发展的过程,并避免我们在西欧开辟道路时所不得不经历的大部分苦难和斗争。但这方面的必不可少的条件是:目前还是资本主义的西方作出榜样和积极支持。只有当资本主义经济在自己故乡和在它兴盛的国家里被克服的时候,只有当落后国家从这个榜样上看到"这是怎么回事",看到怎样把现代工业的生产力作为社会财产来为整个社会服务的时候——只有到那个时候,这些落后的国家才能开始这种缩短的发展过程。然而那时它们的成功也是有保证的。这不仅适用于俄国,而且适用于处在资本主义以前的阶段的一切国家。

第二,列宁的落后国家社会主义学说。十月革命将"跨越资本主义卡夫丁峡谷"设想从理论变成了现实,探索落后俄国社会主义建设道路的问题成为列宁在十月革命之后的理论与实践活动的中心。具体来讲,可以分为落后国家社会主义革命和落后国家社会主义建设两部分。

首先,社会主义革命:一国建成社会主义和无产阶级革命夺取政权。列宁分析了当时世界的政治经济形势,明确指出在帝国主

---

① 《马克思恩格斯选集》第四卷,人民出版社2012年版,第313页。

阶段，面临资本主义经济政治发展不平衡的条件，一国能够建立和建成社会主义。列宁在《无产阶级革命的军事纲领》中论述了其中的原因①：

> 资本主义的发展在各个国家是极不平衡的。而且在商品生产下也只能是这样。由此得出一个必然的结论：社会主义不能在所有国家内同时获得胜利。它将首先在一个或者几个国家内获得胜利，而其余的国家在一段时间内将仍然是资产阶级的或资产阶级以前的国家。

一国建成社会主义的原理，推动了马克思主义理论与时俱进的发展，为无产阶级革命夺取政权奠定了理论基础。在此基础上，列宁严厉驳斥了第二国际的"早产论"，他认为"世界历史发展的一般规律，不仅丝毫不排斥个别发展阶段在发展的形式或顺序上表现出特殊性，反而是以此为前提的。"② 俄国能够通过这样的特殊道路走上社会主义。③ 同时，他还指出先通过无产阶级革命获取政权，"然后在工农政权和苏维埃制度的基础上赶上别国人民"④，是一条俄国自己的、跨越资本主义生产关系、走上社会主义生产关系的道路。

其次，社会主义建设：从直接过渡到间接过渡。即使取得了无产阶级革命的成功，列宁也认同生产力的重要性，社会主义不可能最终确立在小生产的落后基础之上，他指出"开发资源、建立社会主义社会的真正的和唯一的基础只有一个，这就是大工业。如果没有资本主义的大工厂，没有高度发达的大工业，那就根本谈不上社

---

① 《列宁全集》第二十八卷，人民出版社2017年版，第88页。
② 《列宁全集》第四十三卷，人民出版社2017年版，第374页。
③ 《列宁全集》第四十三卷，人民出版社2017年版，第376页。
④ 《列宁全集》第四十三卷，人民出版社2017年版，第375页。

会主义，而对于一个农民国家来说就更是如此"①。俄国无产阶级革命胜利后，列宁试图以战时共产主义政策领导俄国无产阶级直接将落后的生产关系变革为社会主义生产关系。但是，俄国最后又不得不采取新经济政策的间接过渡方案，即在无产阶级领导下利用资本主义赖以发展的市场经济和私人资本主义，由此发展落后的社会生产力。究其原因，直接过渡的问题在于忽视了俄国经济生产力十分落后的现实状况。因此，俄国必须走迂回曲折的道路过渡到社会主义。为此，列宁反复强调②：

>　　在最近这几年，必须善于考虑那些便于从宗法制度、从小生产过渡到社会主义的中间环节。
>　　既然我们还不能实现从小生产到社会主义的直接过渡，所以作为小生产和交换的自发产物的资本主义，在一定程度上是不可避免的，所以我们应该利用资本主义（特别是要把它纳入国家资本主义的轨道）作为小生产和社会主义之间的中间环节，作为提高生产力的手段、途径、方法和方式。

在列宁看来，新经济政策就是过渡性的政策，就是过渡到社会主义所需要的"中间环节"，认真地执行这些政策，促进生产力的发展，在此基础上"新经济政策的俄国将变成社会主义的俄国"③。更为关键的是，列宁提出了社会主义重心转移的论断，即"从前我们是把重心放在而且也应该放在政治斗争、革命、夺取政权等方面，而现在重心改变了，转到和平的'文化'组织工作上去了。"④ 列宁逝世后，新经济政策为高度集中、单一的计划经济的斯大林模式所取代，邓小平总结说．"社会主义究竟是个什么样了，苏联搞了很多

---

① 《列宁全集》第四十一卷，人民出版社2017年版，第302页。
② 《列宁全集》第四十一卷，人民出版社2017年版，第217页。
③ 《列宁全集》第四十三卷，人民出版社2017年版，第306页。
④ 《列宁全集》第四十三卷，人民出版社2017年版，第371页。

年，也并没有完全搞清楚。可能列宁的思路比较好，搞了个新经济政策，但是后来苏联的模式僵化了。"①

第三，毛泽东的落后国家社会主义学说。中国是苏联之后走上社会主义道路的东方大国，中国和苏联在走上社会主义道路时面临着相似的条件，两国都拥有落后的经济文化和社会生产力，都陷入了帝国主义入侵带来的"资本主义"有所发展但又不能健康发展的两难境地。更为关键的是，两国都面临着资本主义国家经济政治发展不平衡的国际环境，这为两国走上社会主义道路提供了契机。也就是说，苏维埃俄国建立在第一次世界大战这个资本主义经济政治发展不平衡的矛盾充分爆发的时期，而第二次世界大战作为资本主义经济政治发展不平衡矛盾第二次爆发的时期，给中国走上社会主义革命道路提供了国际环境。在这样的情况下，社会主义革命不仅不是生产力落后条件下的早产儿，反而是解决中国国内问题和顺应国际环境的必然趋势。

在领导全国人民通过革命建立和建设社会主义的过程中，毛泽东形成了落后国家建立和建设社会主义的系统论述。首先，不发达国家比资本主义国家更有条件发生社会主义革命和取得胜利。毛泽东提出了一个重要论断——"无产阶级革命取得胜利的国家，是资本主义有一定发展水平的国家，不是资本主义发展水平很高的国家。"② 毛泽东认为这种现象的原因在于两类国家的资本主义生产力和经济基础的差异导致了资本主义生产关系和上层建筑的差异。他认为，落后国家国家资本主义发展不充分，这些国家的资本主义生产力和资本主义经济基础不足以牢牢地巩固资本主义生产关系和资本主义上层建筑，因此这些国家的无产阶级联合国内的具有革命力量的阶级，在接受了马克思主义指导之后更容易推动社会主义革命

---

① 《邓小平文选》第三卷，人民出版社1993年版，第139页。
② 《毛泽东读社会主义政治经济学批注和谈话》（上），中华人民共和国国史学会，1998年，第80页。

并取得胜利。

　　其次，社会主义建设："找出在中国怎样建设社会主义的道路"，实现"马列主义的基本原理同中国社会主义革命和建设的具体实际"的"第二次结合"①。新中国成立以来，中国共产党人在新民主主义建设和社会主义革命中继续"以俄为师"②"向苏联学习"③。新中国成立初期学习苏联经济建设的历史经验以及苏联的经济援助确实对中国快速实现新民主主义向社会主义的过渡起到了重要作用。但是，苏联模式的弊病和问题也由于"照抄苏联的办法"被引进到中国并对中国经济建设造成损失。因此，1956年三大改造即将完成和社会主义基本制度即将确立之时，以毛泽东为代表的中国共产党人已经将如何在经济文化落后的中国建设社会主义、如何选择中国自己的社会主义道路等问题提上了议事日程。④ 毛泽东于1956年2月25日明确提出要打破迷信，完全应该比苏联少走弯路，几乎同时进行的苏共二十大上赫鲁晓夫揭露苏联社会主义建设模式的缺点和错误加速了中国共产党人对中国自己的社会主义建设道路的探索。毛泽东强调"不要再硬搬苏联的一切了，应该用自己的头脑思索了"⑤，尤其是要从"以苏为师"转变为"以苏为鉴"，他指出"特别值得注意的是，最近苏联方面暴露了他们在建设社会主义过程中的一些缺点和错误，他们走过的弯路，你还想走？过去我们就是鉴于他们的经验教训，少走了一些弯路，现在当然更要引以为戒"⑥，

---

　　① 《毛泽东年谱（一九四九——一九七六）》第二卷，中央文献出版社2013年版，第557页。
　　② 《建国以来刘少奇文稿》第一册，中央文献出版社2005年版，第87页。
　　③ 《陈云文集》第二卷，中央文献出版社2005年版，第637页。
　　④ 顾海良：《中国特色社会主义政治经济学的序篇——纪念毛泽东〈论十大关系〉发表60周年》，《毛泽东邓小平理论研究》2016年第3期。
　　⑤ 《毛泽东年谱（一九四九——一九七六）》第二卷，中央文献出版社2013年版，第550页。
　　⑥ 《毛泽东文集》第七卷，人民出版社1999年版，第23页。

"现在，我们反对的是社会主义革命和社会主义建设中的主观主义。"[1]

同时，毛泽东认为"社会主义革命的目的是解放生产力"[2]，在我国生产资料所有制的社会主义改造已经基本完成的情况下，应当"正确处理人民内部矛盾"[3]，"向自然界开战，发展我们的经济"[4]，就是将工作重心从生产关系的改造转移到生产力的发展上来。这一时期，以毛泽东为代表的中国共产党人在社会主义改造中注重对中国国情和特殊性的把握，由此在苏联经验之上探索自己的道路。

概括起来讲，落后国家发生社会主义革命并取得胜利并不与马克思主义基本原理相违背，反而具有一定的历史必然性。落后国家走上社会主义道路的事实充分显示了世界历史发展中个别与一般、特殊性与普遍性、民族特色与世界性的辩证统一。同时，落后国家取得社会主义革命胜利、进行社会主义建设和改革反而从事实上创造了跟以往世界史中已经存在的体制和秩序都不一样的新的体制和秩序。这种通过社会主义体制来谋求国家发展的方式，与先发国家演化式的发展方式有所不同，其本质上来讲是在革命获得政权基础上通过生产关系变革来发展生产力，这种方式的效果如何、机制如何？正是本书所要分析的。

二 体制分析的现实基础：落后国家通过体制建构和体制变革实现赶超

自1917年十月革命以来，社会主义在经济文化落后国家勃然而兴，至1987年26个社会主义国家占了全世界34.4%的人口和

---

[1] 《毛泽东文集》第七卷，人民出版社1999年版，第90页。
[2] 《毛泽东文集》第七卷，人民出版社1999年版，第1页。
[3] 《毛泽东文集》第七卷，人民出版社1999年版，第216页。
[4] 《毛泽东文集》第七卷，人民出版社1999年版，第216页。

30.7%的面积①。随着历史的演进，这些国家在社会主义建设中出现了不同类型、不同程度的困难，尤其是东欧剧变、苏联解体后，有些国家的社会主义体制崩溃，转而走上了资本主义道路。但是，从这些走上社会主义道路的落后国家的发展历程可以看出客观存在的基本事实和重要特征——体制是贯穿革命获得政权基础上建立和建设社会主义的落后国家发展变迁过程的重要因素，体制建构是落后国家发展的起点、体制变革是落后国家发展的动力、体制成败决定落后国家发展成败。运用马克思主义政治经济学的基本原理来分析，这些国家的发展充分体现了这一时期客观存在的生产力和生产关系、经济基础和上层建筑的辩证法，这一时期的客观事实更多体现为它们的相互关系中上层建筑和生产关系的独立性以及上层建筑对经济基础、生产关系对生产力的强大的反作用。

第一，体制建构是落后国家发展的起点。面对具体的历史条件，苏联、中国等落后国家在本国共产党的领导下发挥主观能动性、进行积极的历史选择，运用与欧美国家不同的方法来创造发展新的社会文明的根本前提，通过革命获得政权进而开辟出具有本国特色的社会主义道路。在这一过程中，这些国家具有一个共同特征——这些国家都发生了"自上而下"的、从上层建筑到经济基础的社会革命运动，即首先通过革命获得政权，通过获得政权建立各国共产党领导下的社会主义体制，然后在这一套体制下构建新的生产关系并且通过新的生产关系建立和变革来推动生产力的发展。

需要强调的是，这些国家通过革命获得政权，即使从上层建筑方面跨越了资本主义"卡夫丁峡谷"，直接进入了共产党领导下的社会主义社会，却无法跨越生产力发展的历史阶段，这便是历史的辩证法。因此，列宁强调在"用革命手段取得达到这个一定水

---

① ［匈牙利］雅诺什·科尔奈（János Kornai）：《社会主义体制：共产主义政治经济学》，张安译，中央编译出版社2007年版，第7页。

平的前提"①（即无产阶级领导革命获得政权并建立共产党领导的社会主义体制）下，需要"在工农政权和苏维埃制度的基础上赶上别国人民"②，也就是说要在包含政治经济在内的社会主义体制的基础上实现本国生产力的发展和经济状况的改善。也就是说，在革命获得政权的基础上建立社会主义体制是落后国家发展的基础和前提。

第二，体制变革是落后国家发展的动力。马克思主义从来都不是僵化的，马克思主义经典作家对社会主义制度创新的认识是非常深刻的。恩格斯说过："我认为，所谓'社会主义社会'，不是一种一成不变的东西，而应当和其他社会制度一样，把它看成经常变化和改革的社会。"③ 所谓社会主义体制变革，就是在社会主义建设的领导力量——共产党带领下依据具体情况的变化对社会主义体制进行调整和创新。社会主义体制之所以要不断进行调整和创新，原因在于：

首先，从社会主义建立和建设的客观条件来看，社会主义至今尚在实践中并且尚未定型。一方面，社会主义革命和建设是人类历史上一场伟大的试验，没有也不可能有完全可以照搬照抄的经验；另一方面，落后国家建设社会主义在生产力方面上有较大差距，需要时刻依据生产力发展变化对体制进行变革和创新。中国共产党在领导中国建设社会主义的过程中清晰认识到了这个问题，从而提出了中国处于并将长期处于社会主义初级阶段的科学论断，成为体制变革的基本出发点。因此，无论从世界还是中国发展实际来看，社会主义体制和发展模式远未定型，要想利用社会主义体制推动生产力的发展必须依据具体情况的变化推动社会主义体制的变革与创新。

---

① 《列宁全集》第四十三卷，人民出版社2017年版，第375页。
② 《列宁全集》第四十三卷，人民出版社2017年版，第375页。
③ 《马克思恩格斯全集》第三十七卷，人民出版社1971年版，第443页。

其次，从苏联社会主义体制崩溃的教训来看，陷入僵化而不断丧失改革机遇的斯大林模式导致社会主义试验失败和社会主义体制崩溃，社会主义国家必须不断进行改革。苏联社会主义体制崩溃和社会主义试验失败的原因，应当追溯到僵化的斯大林体制。战争的结束、国际国内环境的变化和生产力发展的新要求，使得僵化的斯大林体制丧失了生命力，并在后续失败的改革中带来了苏联社会主义体制的崩溃。邓小平同志指出，"要发展生产力，经济体制改革是必由之路"①，"如果现在再不实行改革，我们的现代化事业和社会主义事业就会被葬送"②，苏联正是屡次丧失改革机遇而葬送了苏联的社会主义事业。

最后，体制的成败决定国家的兴衰。在庆祝改革开放 40 周年大会上，习近平总书记强调："必须坚持辩证唯物主义和历史唯物主义世界观和方法论，正确处理改革发展稳定关系。"③ 实际上，习近平总书记的讲话指出了体制成败的关键——如何寻找和实现体制与秩序的良性互动，形成一种有序的状态，这是决定国家兴衰的关键因素。体制与秩序的互动以及经济发展中的秩序问题不仅体现在改革中，而且从反面体现在传统体制——例如僵化的斯大林体制中。在传统体制下，由于苏联确定了国家工业化、国家安全等体制目标，相应地采取了集中的计划经济体制和僵化、严格的政治体制，一方面计划经济体制的效率不高，另一方面僵化的政治体制弹性不够，难以起到低经济效率下通过体制调适从而维持秩序的作用，这在一定程度上给苏联社会主义体制崩溃埋下了伏笔。斯大林之后，赫鲁晓夫、勃列日涅夫和戈尔巴乔夫相继进行了改革，尽管这些改革的出发点都是通过改革来推动经济的发展。但是，这些改革无一例外地忽视了改革、发展与稳定的关系，在理论上来讲只注重从经济体

---

① 《邓小平文选》第三卷，人民出版社 1993 年版，第 138 页。
② 《邓小平文选》第二卷，人民出版社 1994 年版，第 150 页。
③ 《习近平谈治国理政》第三卷，外文出版社 2002 年版，第 188 页。

制上追求效率的提升而忽视了秩序的稳定,最终导致改革超越了社会秩序的承受能力,造成经济滑坡和政治崩溃。对此,邓小平同志就讲过:"强调稳是对的,但强调得过分就可能丧失时机……可能我们经济发展规律还是波浪式前进……稳这个字是需要的……但不能只是一个稳字。特别要注意,根本的一条是改革开放不能丢,坚持改革开放才能抓住时机上台阶。"①

因此,具有成功潜质的体制可以体现在两个方面。第一,在某种体制内部,体制和秩序能够良性互动,经济体制不适当或者外部冲击带来秩序冲击的时候,经济体制之外的治理体制拥有足够的弹性消除这些因素对秩序稳定的影响。第二,在体制变革时期,尽管经济体制变革能够提高经济效率,但是仍会面临经济体制内部各种制度安排不适配、体制与秩序不适配以及外部冲击等引起经济效率下降进而影响秩序稳定的问题,具有成功潜质的体制能够通过适时、恰当的政治经济互动进行秩序维系,从而真正完成转型。

值得强调的是,苏联社会主义体制的崩溃和社会主义试验的失败并不能说明科学社会主义的失败。原因在于,在科学社会主义的基本原则基础上,各国建设社会主义应当根据各国国情和具体实践选择适合本国的社会主义体制和社会主义道路。因此,社会主义体制可以而且应该存在多样性,社会主义体制不仅由于各国国情和具体实践的不同存在国别差异,还由于社会经济状况的变化和生产力的发展在一国之内而存在不同时期的差异。正是这种横向的、纵向的社会主义体制差异性,导致了社会主义国家经济绩效的差异,这恰恰构成了本书分析的关键问题。

---

① 《邓小平文选》第三卷,人民出版社1993年版,第368页。

第五节　经济绩效的体制分析：
体制—秩序—绩效

本书试图构建一个分析框架来解释中国的基于体制的建构秩序特征及其变迁对经济绩效的影响，主要包括：建构秩序（体制秩序）下经济绩效的决定方式；封闭型体制的特征及其导致经济绩效低下的原因；开放型体制的特征及其推动经济绩效提升的原因；封闭型体制向开放型体制转型的条件和路径。

俄国十月革命之后，世界上相继出现包括苏联和中国在内的社会主义国家以相对落后的生产力为基础，普遍通过构建一整套建立在体制之上的社会秩序来实现对西方发达国家的经济赶超和政治竞赛。[1] 体制秩序涵盖了一个国家的所有主体。体制秩序的具体形式并非一成不变，恰恰是通过体制变革和秩序维系来推动经济社会结构变革和现代化进程。改革开放之后，中国在保持基本社会制度不变的前提下，对经济体制及治理体制进行了重大变革，中国的经济绩效也因不同的体制秩序而不同。

作为本书的核心概念，体制被定义为由政治架构、意识形态、财产关系、宏观经济监管、要素配置方式和微观激励机制等所构成

---

[1] 在马克思主义政治经济学语境下，建立在相对落后生产力基础上的社会主义国家通过体制秩序的建立、变革与调适推动生产力的发展正体现出了马克思关于跨越资本主义"卡夫丁峡谷"的设想。生产力决定生产关系，生产关系反作用于生产力是历史唯物主义的一般规律。在落后的生产力基础上，如何通过变革生产关系推动生产力发展。许多社会主义国家都对此进行了积极探索。变革生产关系不能简单理解成仅仅是变革生产资料所有制。在中国社会主义现代化建设的早期实践中，毛泽东注意到在不同的制度下人们的生产积极性各不相同。毛泽东进一步指出，"解决生产关系问题，要解决生产的诸种关系，也就是各种制度问题，不单是要解决一个所有制问题。"（《毛泽东年谱（一九四九——九七六）》第二卷，中央文献出版社2013年版，第529页）这正体现出体制秩序下，各种制度对经济绩效的显著影响。

的制度集合，这种依靠"体制"运行的秩序被称为体制秩序。体制的决定因素是体制目标，为了实现国家安全目标、结构性目标或者绩效性目标，体制建构者会采取具有一定特征的体制。在体制秩序和体制目标之下，本书将相关概念分为两个层次。

在第一层次，本书将体制分解为经济体制（S_1）和治理体制（S_2）两大部分，见图3-1。经济体制（S_1）主要包括所有制结构、宏观经济运行方式、微观激励机制和资源配置机制等内容，可以分为"计划经济体制"和"市场经济体制"两种类型。治理体制（S_2）主要包括乡村治理、城市治理的社会治理方式以及运用的意识形态、法治等治理工具等内容，可以划分为"集中管控治理体制"和"适度宽松治理体制"两种类型。①

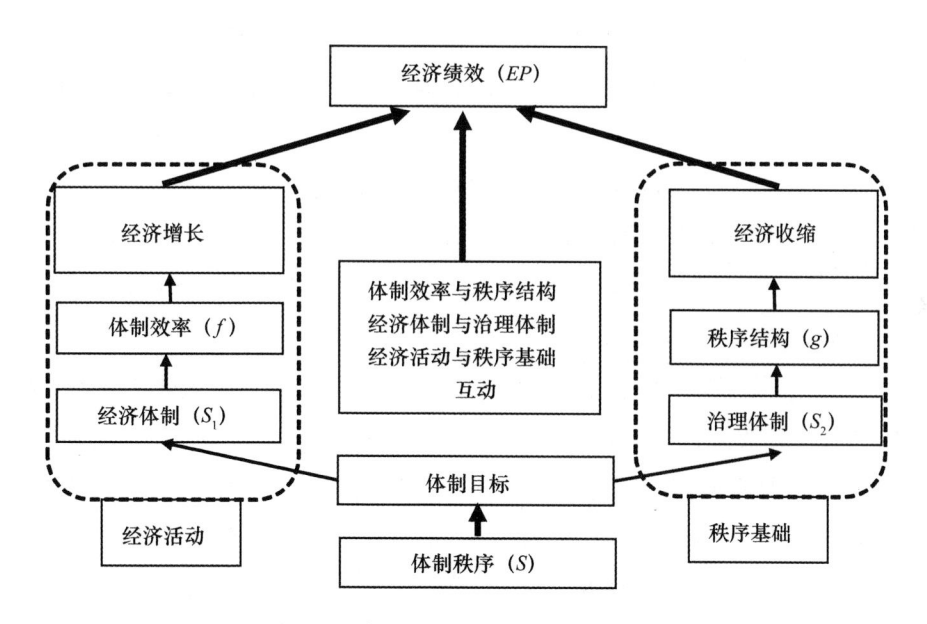

图3-1 体制—秩序—绩效的分析框架

① "计划经济体制"与"市场经济体制"、"集中管控治理体制"与"适度宽松治理体制"分别代表经济体制和治理体制的理论分类。现实中经济体制和治理体制都是介于两者之间的某一个中间状态。

在第二层次，本书定义了体制效率（f）和秩序结构（g）两个概念。体制效率是指某一具体的经济体制在资源配置和经济活动方面的效率，秩序结构（g）是指某一具体的治理体制维持体制运行的政经互动方式、意识形态控制方式和体制调适尺度等。重要的是，在体制效率和秩序结构两者之间存在互动关系，具体体现为，同样的经济体制在不同秩序结构下可能产生不同的体制效率；在同样的治理体制下，秩序结构也可能随着体制效率发生调整，由此带来不同的"体制效率—秩序结构"互动方式。

基于上述两个层次的概念，我们可以阐述体制秩序下经济绩效的决定模式。体制秩序下，一国实现发展成就的总体思路为依据一定阶段的体制目标，构建一定的经济体制和治理体制，经济体制通过调动资源配置来组织经济活动，由此产生一定的体制效率。经济行为、经济活动和经济运行并不能独立地存在，它们必须依赖于与之相适应的秩序基础。为了配合经济体制要达成的体制目标，治理体制往往围绕体制目标和经济体制展开，治理体制形成的一定秩序结构不仅能够保障经济体制资源配置活动的顺利开展，而且为经济活动运行创造一定的社会经济环境——也就是秩序基础，更重要的是一定的秩序结构还会同体制效率互动以维持和保护体制效率。

因此，经济体制规定资源配置和经济活动，而治理体制为资源配置和经济活动提供秩序基础。在此基础上，经济体制决定体制效率，治理体制决定秩序结构。经济体制与治理体制、体制效率与秩序结构并不简单独立存在，而是存在一定的互动关系，既表示体制效率为秩序结构提供物质内容，也表示秩序结构从应对内外部冲击等方面为体制效率提供稳定基础。体制效率以及体制效率与秩序结构的互动决定经济增长，秩序结构以及秩序结构与体制效率的互动决定经济收缩，由此形成一定的经济绩效。体制又可以分为封闭型体制、转型体制和开放型体制三种类型，依据基于经济体制和治理体制及其互动的不同的体制效率、秩序结构及其互动,形成一定的经济增长、经济收缩和经济绩效。

一 体制效率、秩序结构与经济绩效

根据前文关于经济绩效理论的推算,经济绩效可以表示为以下公式:

$$EP = EP(f_-, g_+, g_-) = (1 - f_-) \cdot g_+ + f_- \cdot g_- \quad (3-13)$$

其中,一个长期经济增长过程的经济绩效 EP 是经济收缩频率 f_-、正增长年份的平均增长率 g_+ 和收缩年份的平均收缩率 g_- 三个变量的函数。下面,分别来看这三个因素是如何决定的。

第一,对于正增长年份的平均增长率 g_+,一方面,取决于经济体制(S_1)带来的体制效率(f)。根据制度经济学以及比较体制经济学的一般结论,经济体制有效则体制效率越高,越有利于提高正增长年份的平均增长率 g_+。另一方面,取决于经济体制和治理体制、体制效率和秩序结构的互动。经济体制无效带来体制效率降低或政治经济冲击导致体制效率降低从而存在拉低正增长年份的平均增长率 g_+ 的风险,如果某种治理体制能够实现秩序结构及时适当地和体制效率互动,从而消除这种风险,则有利于提高正增长年份的平均增长率 g_+。反之,则结果相反。因此,可以得到以下公式:

$$g_+ = g_+(f, f \cdot g) \quad (3-14)$$

式(3-14)表示正增长年份的平均增长率 g_+ 取决于体制效率(f)和体制效率与秩序结构互动($f \cdot g$)。

第二,对于收缩年份的平均收缩率 g_-,一方面取决于治理体制(S_2)带来的秩序结构(g)。面对政治经济冲击风险和真正受到冲击的时候,适当的治理体制能够应对这些风险和冲击,从而实现较好的秩序结构,维持秩序稳定。秩序决定经济收缩,秩序稳定则经济收缩下降,秩序失稳则经济收缩增加。另一方面取决于体制效率(f)以互动方式对秩序结构造成的影响。更高的体制效率(f)更有利于形成更好的秩序结构,进而实现秩序稳定,减少经济收缩。体制效率不佳则容易造成各种社会矛盾凸显从而造成秩序失稳，增加经济收缩。因此，可以得到以下公式：

$$g_- = g_-(g, f \cdot g) \tag{3-15}$$

式（3-15）表示经济收缩频率 g_- 取决于秩序结构（g）和体制效率与秩序结构互动（$f \cdot g$）。

第三，对于经济收缩频率 f_-，同理可得：

$$f_- = f_-(g, f \cdot g) \tag{3-16}$$

式（3-16）表示经济收缩频率 f_- 取决于秩序结构（g）和体制效率与秩序结构互动（$f \cdot g$）。

式（3-14）、式（3-15）、式（3-16）表明，经济绩效实际上取决于体制效率、秩序结构以及体制效率和秩序结构的互动，并且体制效率和秩序结构的互动比前两者更加重要。

因此，将式（3-14）、式（3-15）、式（3-16）代入经济绩效理论公式并化简，可得在建构秩序下经济绩效可以进一步转化为体制效率、秩序结构以及两者之间互动的结果。本书将其表述为式（3-17）的形式：

$$EP = EP(f, g, f \cdot g) \tag{3-17}$$

其中，EP 为经济绩效，f 是体制效率，g 是秩序结构。秩序结构 g 对经济绩效的影响有多重渠道，可以分解为单独对经济绩效发生作用的部分 g_1 和与体制效率共同影响经济绩效的部分 g_2，即 $g = g(g_1, g_2)$。[①] 我们把式（3-17）具体化为式（3-18）的形式：

$$EP = f(S_1 | g_2) + g_1(S_2) + g_2(S_2 | f(S_1)) \times f(S_1 | g_2) \tag{3-18}$$

$f(S_1 | g_2)$ 表示在特定秩序结构（g_2）下由经济体制（S_1）直

[①] 单独对经济绩效发生作用的秩序结构，如政府提供基础设施和公共服务的动力；与体制效率共同影响经济绩效的秩序结构部分，如政府通过产权保护对私人经济活动进行保护和激励的强度。

接决定的体制效率，体现出秩序结构对经济体制作用的约束。① $g_1(S_2)$ 表示单独对经济绩效发挥作用的秩序结构部分。$g_2(S_2|f)$ 表示在特定的体制效率 f 水平下，由治理体制决定并与体制效率共同影响经济绩效的秩序结构部分。②

式（3-18）表明：第一，提升经济绩效的直接渠道包括三个，分别是提升体制效率 f、改善秩序结构 g_1，以及改善两者之间的互动关系 $g_2 \times f$；但其背后的决定因素是经济体制 S_1 和治理体制 S_2 的变迁。第二，体制效率对经济绩效的边际影响依赖于秩序结构。通过对秩序结构的不断调适或变革（设定 g_2 的不同取值），可以改变体制效率对经济绩效的边际贡献。将式（3-18）等号左右两边对 $f(S_1|g_2)$ 求导可以得到：

$$\partial EP / \partial f = 1 + g_2 \qquad (3-19)$$

为进一步分析，我们假设体制秩序下的经济绩效存在以下性质。

性质1：在既定秩序结构（g_2）下，体制效率 $f(S_1|g_2)$ 由构成经济体制 S_1 的一系列制度安排决定。它们包括所有制结构、宏观经济管理模式、要素配置方式和微观主体激励模式。假设 $S_1 \in [S_{1,1}, S_{1,2}]$ 的连续区间，其中 $S_{1,1}$ 表示计划经济体制、$S_{1,2}$ 表示市场经济体制。长期来看，计划经济体制虽然在资源配置和国家动员方面具有优势，由此能够带来较高的体制效率，但这种体制效率本身不具备稳定性和可持续性。而市场经济体制通过更高的要素配置效率和更有活力的微观经济主体，不仅可以实现更高的体制效率，还可以实现比计划经济体制下更具稳定性和可持续性的

---

① $f(S_1|g_2)$ 中 $(S_1|g_2)$ 用于强调在不同的秩序结构 g_2 下，相同的经济体制 S_1 可能有不同的体制效率。例如，作为资源配置方式的市场经济在高度集权的社会和宽松分权的社会下资源配置效率不同。本书避免了将体制效率和秩序结构直接设定为彼此的函数，一方面是为了模型叙述方便，另一方面是为了避免论述中出现循环论证的问题。下同。

② 例如，产权保护制度在不同的经济体制下对经济绩效会产生不同的效果。

体制效率。因此，经济体制从计划经济$S_{1,1}$向市场经济$S_{1,2}$转型不仅会带来体制效率的略微提高，而且会增强体制效率的稳定性和可持续性。

性质 2：秩序结构 g 分为单独对经济绩效发生影响的部分 g_1(S_2) 和与体制效率 f 发生交互作用并共同影响经济绩效的部分 g_2($S_2|f$)。在给定的体制效率 f 下，不同的治理体制（S_2）会设定秩序结构 g_2($S_2|f$) 的不同取值。假设 $S_2 \in [S_{2,1}, S_{2,2}]$ 的连续区间，其中 $S_{2,1}$ 表示"集中管控的秩序结构"，$S_{2,2}$ 表示"宽松有度的秩序结构"，从 $S_{2,1}$ 到 $S_{2,2}$ 是治理体制的动态演进。

性质 3：$f(S_1|g_2)$ 和 $g_2(S_2|f)$ 表示秩序结构和体制效率之间的互动关系。一方面，在不同的治理体制（S_2）下，$g_2(S_2|f)$ 的变化方式可能不同。秩序结构如何应对体制绩效下降所造成的失序风险，以及秩序结构变动的内容、幅度、方向等都取决于秩序结构的特征。[①] 另一方面，秩序结构 g_2 也会反作用于体制效率 f($S_1|g_2$)。[②]

给定特定的经济体制（S_1），体制效率 $f(S_1|g_2)$ 尽管受秩序结构的影响，但整体上相对比较稳定，是影响经济绩效的"缓变量"。然而秩序结构 g 可以在秩序构建者的主导下在短期内发生较快调整，因此是影响经济绩效的"急变量"。在体制秩序下，如果一个经济体出现持续且缓慢的经济绩效变化，可能主要是由体制效率 f 及其背后的经济体制（S_1）决定的；如果出现频繁且剧烈的经济绩效变化，可能主要是由秩序结构 g 及其背后的治理体制（S_2）决定的。

[①] 例如，在面临低体制效率时，适度宽松治理体制下可能选择对秩序结构进行调整，以促进体制效率自我提升；而集中管控治理体制可能会选择加强对社会的监督和控制，反而导致体制效率的进一步下降。详细的案例可见第六章和第七章对中国改革开放前后体制秩序的对比。

[②] 例如，过度集中的治理体制虽然有利于维持秩序，但可能会间接造成体制效率损失。

由于体制秩序建立的初衷是加速实现生产力发展，当社会遭遇体制效率不断下降和经济绩效冲击时，体制秩序也面临调整的压力。然而，体制秩序能否调整以及如何调整，取决于三方面的因素。一是整个社会能够在多大程度上容忍体制效率下降对经济绩效造成的冲击，容忍度越强，治理体制调整的压力越低。二是秩序结构调整过程中秩序构建者的成本和收益。体制秩序下秩序结构调整往往具有自上而下的性质，秩序结构调整取决于秩序构建者的收益和成本。进行秩序结构调整获得的收益大于成本，则进行秩序结构调整的可能性越大。三是"体制效率—秩序结构"的互动方式决定的秩序结构对体制效率变化的放大或冲销作用。

"体制效率—秩序结构"的互动方式可以分为以下三种类型：僵化型互动方式、可调适型互动方式和开放型互动方式。具体来看：

在僵化型互动方式下，当体制效率不断下降时，秩序结构会通过强管控、强控制来维系稳定，避免失序。这会放大体制效率下降的负面影响，且无法做出有利于提升体制效率的调整，由此造成经济绩效的损失大于体制效率自身下降的程度，且可能呈现长期恶化趋势。

在可调适型互动方式下，面对体制效率下降，秩序结构通过政经互动方式、宏观调控、意识形态等方面做出调适以改善体制的效率，以保证秩序的维系。体制的调适能力一定程度上缓解了体制效率下降带来的绩效下降，也使体制秩序得以维系，但无法从根本上改变经济体制与治理体制所决定的经济绩效水平。

在开放型互动方式下，当体制效率下降时，治理体制不仅通过权利开放提高体制效率，而且秩序结构通过增强与体制效率在政经互动中的匹配性、放松意识形态控制以及宏观控制来协调封闭型体制的秩序性，提高经济绩效。

根据经济体制和治理体制的具体形式，可以排列出两者的不同组合，构成不同的体制秩序。作为具体的研究对象，我们将研究"集权计划经济体制"+"集中管控治理体制"的体制和"市场经济体制"+"宽松有序治理体制"的体制。前者被称为封闭型体制，大致与中国改革开放之前的情形相近；后者被称为开放型体制，大致与中国改革开放之后的发展方向相吻合。在改革开放之前，尽管中国体制效率和秩序结构间保持着"可调适型"互动方式，但这些调适都发生在体制框架之内而无法避免封闭型体制下经济绩效的低水平。改革开放之后中国改革的整体目标是要建立"开放型"互动方式，也就是实现治理的现代化。

二 封闭型体制与经济绩效不佳

一些传统落后国家在开启现代化进程时通常会制定国家整体目标。为实现整体目标，这些国家通常会建构一套封闭型体制，包括计划经济体制（$S_{1,1}$）和集中管控治理体制（$S_{2,1}$）。在此体制秩序下，经济绩效（$EP_{1,1}$）可以表示为式（3-20）。

$$EP_{1,1} = f(S_{1,1}|g_2) + g_1(S_{2,1}) + g_2(S_{2,1}|f(S_{1,1}))f(S_{1,1}|g_2)$$

$$(3-20)$$

封闭型体制的特征主要体现在三个方面：

第一，在计划经济体制$S_{1,1}$下，国家在所有制结构上是单一的社会主义公有制；在宏观经济管理方面对财政、税收和对外贸易等实行国家指令性计划；在要素配置上按计划配置资本、土地、劳动力以及技术等生产要素；微观主体是国家计划下的生产单位，经营单位按照国家指令性计划开展经济活动。从总体和长期来看，计划经济体制$S_{1,1}$的宏观管理协调性差、要素配置方式效率低、微观主体激励低。计划经济体制下的体制效率$f(S_{1,1})$从短期来看尽管可以达成高水平状态，但长期来看更容易面临持续下滑的风险，具有不稳定性和不可持续性。

第二，在集中管控的秩序结构$g(S_{2,1})$下，国家实施严格的意识形态控制，经济被置于政治控制之下。同时，国家通过严格的乡村和城市管控来实现对社会的控制和资源的动员。整体来看，集中治理体制$S_{2,1}$下国家能够严格控制经济活动和维系社会秩序,但集中管控的秩序结构$g(S_{2,1})$下的稳定是一种强控制下的稳定性,可能导致体制无效率和缺乏灵活性。不仅如此,在封闭型体制下,体制构建者出于多元目标,如国家安全目标或者优先发展重工业目标等,可能会采取一些不利于短期内体制效率提升的政策措施。

第三,从封闭型体制下的体制效率与秩序结构互动来看,由于秩序结构缺乏弹性,当体制效率持续下降时,僵化的秩序结构会对冲击的结果产生放大作用,造成经济失序。经济失序之后,集中秩序结构$g(S_{2,1})$面临高昂的调整成本,难以做出提升体制效率的调适,最终导致经济绩效的持续恶化。

封闭型体制下经济绩效低,一方面是由于集中管制的治理体制下频繁的政治冲击直接造成经济收缩;另一方面是由于体制效率低且集中管制的秩序结构与体制效率互动方式难以使体制做出提高体制效率、避免经济收缩的调适或者转型。体制效率低带来的失序风险引起集中治理体制不断从强化经济控制和意识形态控制等方面维系秩序而忽视了体制效率的提高,造成"体制效率下降→集中管制的治理体制强化→体制效率进一步下降"的恶性循环,最终导致经济危机和体制崩溃。

三 开放型体制与经济绩效提升

开放型体制包括以市场经济为主的经济体制($S_{1,2}$)和以宽松有序为主要特征的治理体制($S_{2,2}$)。开放型体制下的经济绩效(EP_2)被定义为:

$$EP_{2,2} = f(S_{1,2}|g_2) + g_1(S_{2,2}) + g_2(S_{2,2}|f(S_{1,2})) \times f(S_{1,2}|g_2)$$

$$(3-21)$$

开放型体制的特征主要体现在以下三个方面:

第一,市场经济体制$S_{1,2}$下,实行了公有制为主体、多种所有制共同发展的所有制结构,宏观经济管理方式为通过法律和经济政策对宏观经济进行间接调控;市场机制在要素配置方面发挥基础性和决定性作用;微观经营体制上赋予微观市场主体经营自主权,实行可信的产权保护,提高经济参与者竞争程度和积极性。与计划经济体制相比,市场经济体制$S_{1,2}$具有更有效的要素配置方式和微观主体激励,因此在长期内体制效率$f(S_{1,2})$更高且更稳定、更持续,经济绩效也更高。

第二,在宽松有序治理体制$g(S_{2,2})$下,政治对经济活动的直接控制放松,社会经济秩序朝向更加开放的方向发展。总的来说,宽松有序治理体制相较于集中管制的治理体制对经济的直接控制能力更弱,但是宽松有序治理体制下社会秩序具有自发的稳定性。稳定性来自分散的权利,能够通过多元化化解矛盾和维系秩序。宽松秩序结构$g(S_{2,2})$具有相当的稳定性,同时兼具应对体制效率变化的灵活性。

第三,从开放型体制下"体制效率—秩序结构"互动方式来看,市场经济体制和宽松治理体制下体制效率$f(S_{1,2})$较高,出现失序的概率较小。即使出现因经济波动等因素造成的失序,秩序结构$g(S_{2,2})$也更容易在维系秩序的同时做出有利于改善体制效率进而增进经济绩效的调适。

基于上文分析,我们可以借助封闭型体制和开放型体制下经济绩效的概率密度函数来总结"体制效率—秩序结构"互动方式以及经济绩效三者之间的关系,见图3-2。在图3-2中,无论社会处于封闭型体制还是开放型体制,其"体制效率—秩序结构"互动方式将处于"僵化型—可调适型—开放型"的连续区间上。僵化型、可调适型和开放型互动方式对应的经济绩效依次升高。因此封闭型体制在分布上"左偏",表明这种体制以相对更高的概率表现为僵化型"体制效率—秩序结构"互动方式和低经济绩效。开放型体制在分布上"右偏",表明这种体制秩序以相对更高的概率表现为开放型"体制效率—秩序结构"互动方式和高经济绩效。

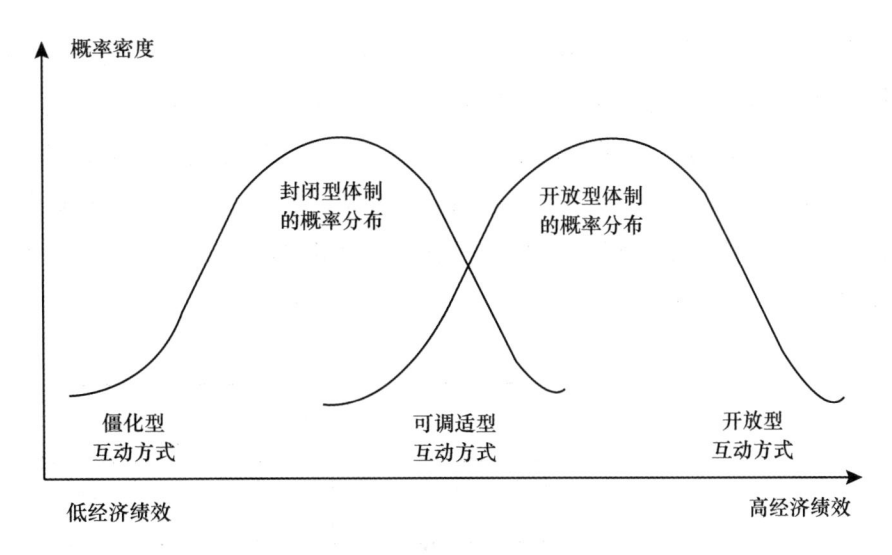

图 3-2 封闭型体制和开放型体制的概率分布

从封闭型体制向开放型体制的转型意味着以更高的概率实现高经济绩效。具体来讲：第一，开放型体制下市场经济体制代替封闭型体制下的计划经济体制，克服了计划经济体制下体制效率不稳定和不可持续的弊病，有利于创新驱动发展，为长期经济绩效提升奠定基础。第二，开放型体制下宽松有序的治理体制代替封闭型体制下的集中管控治理体制，开创了政经互动的新方式。这不仅避免了封闭型体制下治理因素对经济活动的直接干预，而且可以有效避免资本无序扩张对市场经济体制本身造成的反噬，有利于消除极端事件造成的经济收缩。

四 封闭型体制向开放型体制转型

在封闭型体制下，一旦原有的体制效率和秩序结构之间的平衡被打破，就会出现封闭型体制变革的机会，出现朝向开放型体制或者非体制秩序转型的可能。[①] 不同封闭型体制国家在具体的治理

---

① 体制秩序转向非体制秩序不是本书的研究重点，在此不再赘述。

体制方面存在差异，向其他秩序类型转型的路径和结果也不尽相同。不仅如此，在封闭型体制向开放型体制转轨的过程也会面临体制效率与秩序结构两者之间的动态平衡问题，既要在体制开放中提高体制效率，又要在转型中维系秩序的基本稳定。具体来看，体制转型既涉及经济体制转型，也包含治理体制转型，共有三种路径，见图 3–3。

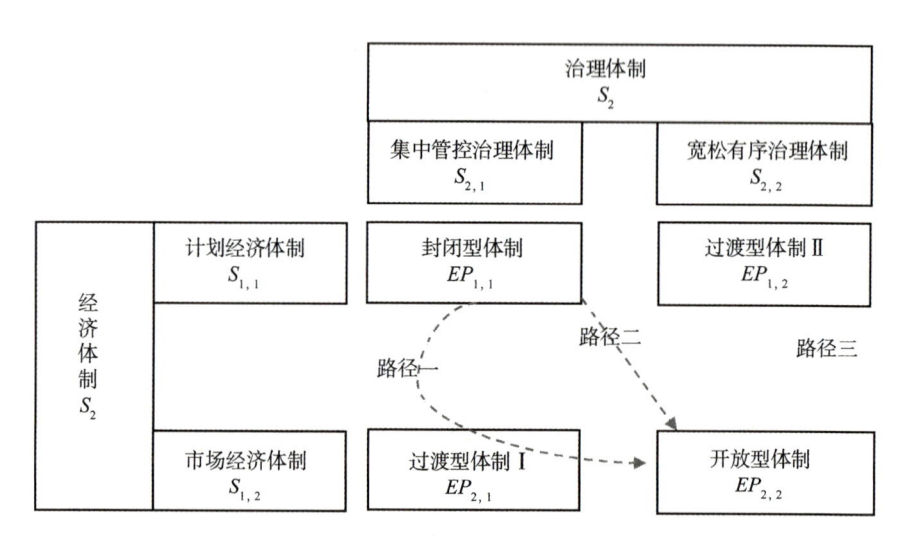

图 3–3 体制转型的不同路径

路径一：从封闭型体制经过渡型体制Ⅰ转型到开放型体制。过渡型体制Ⅰ是指市场经济体制与集中管控治理体制的组合。过渡型体制Ⅰ通过经济体制的转型提高了体制效率的稳定性和可持续性，并且以集中管控治理体制基本实现秩序稳定。这种转型方式主要从体制效率的角度来实现经济绩效的改善。过渡型体制Ⅰ能够维持经济体制转型中的秩序稳定，这为体制转型提供了足够的秩序条件。但是，转型中需要避免集中治理体制过于强大阻滞经济体制的不断创新，重新陷入僵化型"体制效率—秩序结构"互动方式，从而导致体制复归的情况。因此，过渡型体制Ⅰ需要通过治理体制的进一步转型达到开放型体制。

路径二：从封闭型体制直接转型为开放型体制。这种转型路径是指同时进行经济体制和治理体制的转型，即计划经济体制转型为市场经济体制的同时集中管控治理体制也转型为宽松有序治理体制。这种转型路径充满风险，放弃计划经济体制并不意味着市场经济体制自动建成，抛弃集中管控治理体制也不意味着宽松有序治理体制的自发实现。经济体制和治理体制同时转型可能包含着更大的失序风险。特别是，处在转型过程中尚未成熟的宽松有序治理体制往往难以维系秩序稳定，从而导致转型失败。

路径三：从封闭型体制经过渡型体制 II 转型到开放型体制。过渡型体制 II 是指计划经济体制与宽松有序治理体制的组合。从人类社会进程来看，一旦采取宽松有序治理体制，则必然会放弃计划经济体制。因此过渡型体制 II 在人类社会中并不存在，也丧失了进一步讨论的价值。

通过对转型路径及转型成功可能性的分析，我们概括出封闭型体制成功向开放型体制转型需要满足的两个条件。一是触发条件。当封闭型体制下出现大幅或者长时期经济绩效下滑，局部的体制调适已无法扭转经济绩效收缩趋势时，封闭型体制转型的条件被触发。相较于体制转型，维持原有的秩序将会导致经济崩溃和秩序解体，这一结果往往是体制建构者难以承受的。二是秩序条件。在转型过程中存在体制效率和秩序结构的相互影响，经济体制和治理体制转型不匹配也可能导致体制转型出现失序风险，抵消体制效率和秩序结构转型对经济绩效的改善。[①] 秩序条件要求在转型过程中维持秩序结构稳定，以免体制转型的成果被失序侵蚀，维持秩序的关键在于处理好体制转型中的新旧利益关系以及体制适配性。

---

① 现实转型中可能存在多种失序风险，主要包括以下几种类型：（1）原有封闭型体制集体福利机制消散形成的改革阻力；（2）开放型体制增量利益分配冲突；（3）经济体制、治理体制本身及两者之间不适配引起的体制性政治冲击；（4）经济运行过程中的周期性和结构性冲击；（5）经济运行过程之外的社会性冲击；（6）国际政治经济冲击，等等。

第六节　小结

经济绩效是长期经济变迁过程中的长期平均经济增长率,本书将经济绩效分解为向上的部分——经济增长和向下的部分——经济收缩,用经济绩效、经济增长和经济收缩来考察长期经济变迁过程。在此基础上,研究的内容就变为经济绩效如何实现、经济绩效差异的来源是什么、经济绩效差异如何解释?新近关于经济绩效的制度分析给出了制度—秩序—绩效的分析框架,认为社会秩序是影响经济绩效的关键因素,而社会秩序由一定的制度决定,在一定的制度下形成一定的经济权利、政治权利与军事暴力相关安排,经济权利决定租金创造、政治权利和军事暴力决定租金分配,前者决定某一社会秩序中的经济活动效率,后者代表经济活动所依赖的社会秩序。效率决定经济增长,而社会秩序决定经济收缩,进而生成一定的经济绩效。

经济绩效制度分析的理论优越性在于将单纯从制度有效性角度分析如何提高效率进而促进经济增长的分析范式转到了从秩序角度分析如何减少收缩进而改善经济绩效,也就是说建立起了制度—秩序—经济绩效的联结。但是,这套理论框架仅仅适用于建立在个人—组织—契约—国家这种演化秩序的国家,而不适用于建构秩序国家,因为演化秩序国家所依赖的是微观的制度,而属于建构秩序的国家所依赖的是自上而下构建的一整套体制。因此,经济绩效的制度分析不适用于通过建构社会主义体制推动发展的落后国家,如苏联、中国等国家。本书论述了经济绩效体制分析的理论基础和现实依据,构成了经济绩效体制分析理论框架的坚实基础。

经济绩效体制分析理论框架的核心逻辑是体制—秩序—绩效,社会秩序由一定的体制决定。依据一定的体制目标,体制建构者会选择和建构一定的经济体制和治理体制,前者规定资源配置和经济活动，而后者为资源配置和经济活动提供秩序基础。经济体制决定体制效率，治理体制决定秩序结构。经济体制与治理体制、体制效率与秩序结构并不简单独立存在，而是存在一定的互动关系，既表示体制效率为秩序结构提供物质内容，也表示秩序结构从应对内外部冲击等方面为体制效率提供稳定基础。体制效率以及"体制效率—秩序结构"互动方式决定经济增长，秩序结构以及"体制效率—秩序结构"互动方式决定经济收缩，由此形成一定的经济绩效。体制又可以分为封闭型体制、过渡型体制和开放型体制三种类型，依据基于经济体制和治理体制而来的不同的体制效率、秩序结构及其互动，形成一定的经济增长、经济收缩和经济绩效。

第 四 章

经济绩效及其分解：
典型事实和国别经验

根据第三章提出的经济绩效及其分解，为了探究经济收缩频率和平均收缩率对长期经济增长过程中经济绩效变动的作用，本章基于 Penn World Table version 10.0[①]（以下简称 PWT 10.0）、Maddison Project Database 2020[②]（以下简称 MPD2020）以及 World Development ment Indicators[③]［以下简称 WDI（2021.03.25）］数据，利用这些统计数据将长期经济增长过程的时间节点延长到 2019 年[④]，对世界范围内不同收入国家进行纵向的历史比较和横向的国别比较，探究经济绩效变化（ΔEP）及其三大影响渠道（$C_{\Delta f}$、$C_{\Delta g}$ 和 $C_{\Delta g}$）的作用，更加清楚地展现经济收缩频率和平均收缩率下降对经济绩效改善的作用。本章的作用是承接上文理论框架中的经济绩效及其分解理论，从世界不同收入国家和不同类型国家的发展实践和历史数据证明经济绩效对于认识长期经济变迁过程的重要意义，尤其是阐明被忽视的经济收缩的重要性，为下文运用经济绩效及其分解理论分析中国

---

① 数据来源：https://www.rug.nl/ggdc/productivity/pwt/。
② 数据来源：https://www.rug.nl/ggdc/historicaldevelopment/maddison/releases/maddison-project-database-2020。
③ 更新至 2021 年 3 月 25 日。
④ 均为新冠疫情之前数据。

发展"双奇迹"提供支撑。

第一节 1950年以来不同收入等级国家的经济绩效差异及其来源

尽管从19世纪以来发达国家的长期经济绩效优于发展中国家[①]，但是Broadberry和Wallis（2017）[②]发现，一个长期经济增长过程中发达国家在正增长年份的平均增长率并不高于发展中国家。于是，他们利用PWT 8.0数据将141个国家1970—2011年的人均GDP数据按照2000年人均GDP（以2005年美元不变价计算）少于2000美元、2000—5000美元、5000—10000美元、10000—2000美元、超过20000美元分为了五个组，对这些国家的经济绩效做了横向比较。需要指出的是，他们的研究开创了经济绩效分解的先河，但对于1950年以来不同收入等级国家经济绩效差异及其来源的研究存在两个问题：第一，以2000年的人均GDP作为分组依据，但整组数据包含了延长至2011年的数据，也就是说2000—2011年国家收入等级的变化未被考虑在计算之中，可能造成一些误差；第二，分组标准没有依据，未对分组标准做出说明。

因此，本书按照世界银行经济体收入划分最新标准进行分类[③]。

[①] Maddison, A., *The World Economy: A Millennial Perspective*, Paris: Organisation for Economic Co-operation and Development, 2001; Maddison, A., "Statistics on World Population, GDP and Per Capita GDP, 1–2008 AD", Groningen Growth and Development Centre, 2010.

[②] Broadberry S. and J. J. Wallis, "Growing, Shrinking, and Long Run Economic Performance: Historical Perspectives on Economic Development", *NBER Working Papers*, No. 23343, 2017.

[③] 2020年7月1日，世界银行按照人均GNI将世界各经济体分为高收入组（高于12535美元）、中等偏上收入组（4046—12535美元）、中等偏下收入组（1036—4045美元）和低收入组（低于1036美元）四个组别。参见 https://blogs.worldbank.org/opendata/new-world-bank-country-classifications-income-level-2020-2021。

由于 WDI（2021.03.25）数据已经对 211 个国家和地区做了收入分组，直接运用 WDI（2021.03.25）数据[①]中的收入分组，对 PWT 10.0 的国家进行组别赋值和分类，将 183 个国家分为高收入组、中等偏上收入组、中等偏下收入组和低收入组四个组别[②]，并使用 PWT 10.0 中的"rgdpo"，即 2017 年 PPP 美元生产法实际 GDP 和总人口"pop"以及据此计算的人均 GDP 及其增长率，用于计算各收入组的经济绩效及其分解。

从图 4-1 来看，高收入组国家、中等偏上收入组国家、中等偏下收入组国家以及低收入组国家的人均 GDP 分别从 1950 年的 8982.63 美元、1364.71 美元、1104.41 美元和 1073.37 美元上升到 2019 年的 49059.18 美元、15420.25 美元、6601.50 美元和 2192.91 美元[③]，增长幅度分别为 446.16%、1029.93%、497.74% 和 104.30%，年度平均增长率（AAGR）[④] 分别为 2.49%、3.58%、2.63% 和 1.04%。从经济绩效来看，高收入组国家、中等偏上收入组国家、中等偏下收入组国家以及低收入组国家在 1950—2019 年的

[①] 数据来源：https://datacatalog.worldbank.org/dataset/world-development-indicators。

[②] 值得说明的是，PWT 10.0 数据中并没有人均 GNI 数据，而且各国人均 GDP 和人均 GNI 数据并不一致，因此不能直接按照世界银行的收入划分标准以人均 GDP 对国家做出收入分组。但是 WDI（2021.03.25）中的"Income Group"数据是依据各国 2019 年的数据做出的划分，PWT 10.0 的数据截至 2019 年，因此可以直接将 WDI（2021.03.25）中的"Income Group"数据直接赋值给 PWT 10.0 的国家以此完成国家收入分组。

[③] 世界银行划分标准为人均 GNI，此处为依据 PWT 10.0 数据计算的人均 GDP，人均 GDP 和人均 GNI 本就存在差异，因此按组平均之后较世界银行标准更高。

[④] 需要说明的是，此处的年均增幅与本书所讲的经济绩效（EP）并不相同，经济绩效（EP）是一个经济增长阶段内各年份经济增长率的算术平均值，而本处的年均增幅是指一个时期之内数据的平均年度增长率（Average Annual Growth Rate，AAGR），仅以期初和期末的人均 GDP 值以及年份计算出来的，其计算公式为 $AAGR = \sqrt[j-i]{\frac{g_j}{g_i}} - 1$，其中 i 和 j 表示年份，g_i 和 g_j 分别表示在第 i 年和第 j 年的增长率，仅仅反映期初到期末人均 GDP 在两个时期的变动情况。

经济绩效分别为 2.52%、3.33%、2.41% 和 1.08%[①]，经济绩效最佳的是中等偏上收入组，其次分别为高收入组国家、中等偏下收入组国家和低收入组国家。

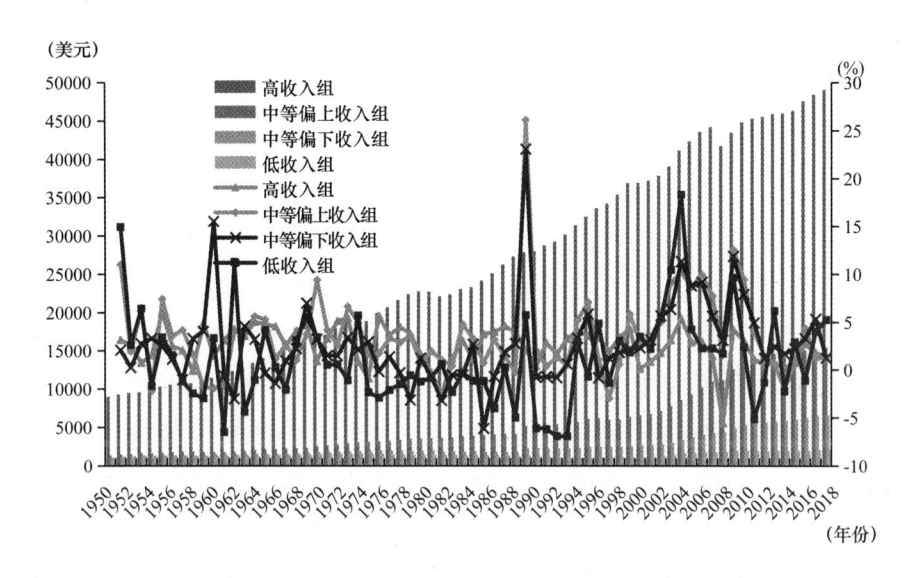

图 4–1　各收入组国家人均 GDP 及其增长率（1950—2019 年）

有意味的是，高收入组国家经济绩效低于中等偏上收入组国家的原因主要是进入高收入阶段之后人均 GDP 增速放缓所致，一国进入高收入阶段之后增速放缓是一个客观的、不以人的意识为转移的经济规律。从这一点，也恰恰说明了本书研究的重要性，中国正在向高收入阶段迈进，正在经历从高速增长向中高速增长的转变，此时经济增长速度因为经济规律已经无法再继续提升，也

---

① 需要说明的是，此处的经济绩效并不包含 1990 年的数据，因为数据缺失问题，各组，尤其是中等偏上收入组和中等偏下收入组的国家在 1989 年及其之前没有数据，而 1990 年这些国家开始有数据，因此造成 1990 年中等偏上收入组和中等偏下收入组的人均 GDP 急剧增加，至 1991 年在 1990 年已有数据的基础上计算的人均 GDP 恢复正常。1990 年的人均 GDP 变化率陡增并非正常的增长，而是数据缺失导致，因此计算的时候不包含 1990 年的各收入组的数据。

就是说不能依靠提升平均增长率来实现良好经济绩效,只能通过降低经济收缩频率和平均经济收缩率绝对值来改善经济绩效。下文将利用1950年以来各收入组国家的对比以及欧洲国家和拉美国家在1950年以来和1820年以来长期经济过程中经济绩效及其分解来说明这一点。

根据表4-1的数据,本书对长期经济变迁过程中经济绩效及其与平均增长率、平均经济收缩率以及经济收缩频率的关系做出如下讨论。

第一,越向高收入组靠近正增长频率越高,经济收缩频率越低。样本期间内,经济收缩频率随着人均国民收入水平的提高而严格递减,低收入组出现经济收缩年份的频率为40.76%,中等偏下收入组和中等偏上收入组出现经济收缩年份的频率依次下降为26.47%和10.29%,而高收入组出现经济收缩年份的频率仅为7.35%。这表明,一个国家如果能够成功实现从低收入国家向中等收入国家、向高收入国家的跃迁,必须降低经济收缩频率。

第二,由低收入组向高收入组的跃迁中,经济绩效呈先升后降趋势,但是平均增长率分布与其不一致。在人均收入从低收入向高收入的跃迁过程中,经济绩效存在先上升再下降的趋势,经济绩效的峰值出现在中等偏上收入组,达到3.33%,以后依次是高收入组(2.52%)、中等偏下收入组(2.41%)和低收入组(1.08%)。但是,平均增长率则不符合这种趋势,而是表现出下降—上升—下降的趋势,平均增长率的峰值出现在低收入组,达到4.47%,以后依次是中等偏上收入组(3.92%)、中等偏下收入组(3.79%)和高收入组(2.87%)。这表明,单纯提高经济增长幅度进而提升正增长年份的半均增长率对于提升经济绩效并不一定有效。

第三，由低收入组向高收入组的跃迁中，平均收缩幅度①先下降后上升。在人均收入从低收入向高收入的跃迁过程中，平均收缩幅度出现了先上升再下降的趋势，但是平均经济收缩率下降早于经济绩效，平均收缩幅度在中等偏下收入组出现最小值，达到1.40%，以后依次是高收入组（1.87%）、中等偏上收入组（1.89%）和低收入组（2.72%）。也就是说，在低收入向中等收入跃迁、低收入向高收入跃迁的过程中，降低平均经济收缩率绝对值，也就是降低平均收缩幅度对于改善经济绩效是有效的，因为在跃迁中经济绩效的变动方向与平均收缩幅度的变动方向一致。但是，这一方法对于中等偏下收入组向中等偏上收入组的跃迁不一定有效，因为经济绩效的变动方向与平均收缩幅度的变动方向相反。至于中等偏上收入组向高收入组跃迁过程中，平均经济收缩率绝对值降低对经济绩效的影响由于二者相差不大，需要通过经济绩效变动及其分解因素的贡献来讨论。

第四，跨越中等收入，即从中等偏上收入组到高收入组，平均增长率有所下滑，但收缩频率和收缩幅度也呈下降现象。这表明成功进入高收入水平的国家并非有效地减缓了增长率的下降，而是成功实现了经济收缩频率和平均经济收缩率绝对值的下降。与中等偏上收入组相比，高收入组增长率下降0.81个百分点，经济收缩频率和幅度分别下降2.94个百分点和0.02个百分点。当人均GDP超过中等收入之后，降低收缩频率和收缩幅度成为缓冲增长率下降、进一步提高经济绩效的重要渠道。

---

① 平均收缩幅度是平均收缩率的绝对值。由于平均收缩率本身是小于零的"负值"，在数值的大小上来讲，平均收缩率越大，表示"负"得越少，对经济绩效造成的收缩损失就越小，反之则收缩损失越大。也就是说在数值上提高平均收缩率有利于改善经济绩效。这在描述和理解上不方便，因此本书用平均收缩幅度来描述平均收缩率的作用，降低平均收缩幅度就有利于改善经济绩效。

表4–1　　各收入组经济绩效及其分解（1950—2019年）　　单元：%

指标	高收入组	中等偏上收入组	中等偏下收入组	低收入组
经济绩效（EP）	2.52	3.33	2.41	1.08
正增长频次（次）	63	61	50	36
正增长频率（$1-f_-$）	92.65	89.71	73.53	52.94
平均增长率（g_+）	2.87	3.93	3.79	4.47
增长贡献	2.66	3.53	2.78	2.37
经济收缩频次	5	7	18	32
经济收缩频率（f_-）	7.35	10.29	26.47	47.06
平均收缩率（g_-）	-1.87	-1.89	-1.40	-2.72
收缩损失	-0.14	-0.19	-0.37	-1.28

注：由于数据缺失问题导致1990年GDP增长率猛增，带来异常扰动，因此在计算经济绩效及其分解时候并不包含1990年数据；本表中增长贡献＝增长频率×平均增长率，收缩损失＝收缩频率×平均收缩率；本表通过2017年PPP美元生产法实际GDP和人口数计算人均GDP及其年度变化率；全样本183个国家，其中高收入国家67个、中高收入国家49个、中低收入国家44个、低收入国家23个。

资料来源：PWT 10.0。

根据表4–2的数据，本书对各收入组经济绩效差异的来源及其贡献做出讨论。第一，高收入组比中等偏上收入组绩效降低0.82个百分点，平均增长率下降导致绩效下降0.97个百分点，这是导致绩效下降的主要原因，而降低收缩频率和平均收缩幅度的贡献合计为0.16个百分点，抵消了平均增长率下降约1/5的负面影响。从各渠道贡献率①来看，平均增长率下降对经济绩效下降的贡献率为119.19%，经济收缩频率和平均收缩幅度的下降对经济绩效下降的贡献率分别为-19.04%和-0.15%，也就是说经济收缩频率和平均收缩幅度的下降分别抵消了19.04%和0.15%的经济绩效下降。由此可见，进入高收入阶段后，平均增长率不可避免地下降，

---

① 各渠道贡献率为负，则表示该渠道的变化方向与经济绩效变化方向不一致。

降低经济收缩频率和平均收缩幅度成为维持和改善经济绩效的主要渠道。

第二，中等偏上收入组经济绩效同中等偏下收入组相比，改善了0.92个百分点。经济绩效改善的首要来源为经济收缩频率的下降，经济收缩频率下降16.18个百分点，为经济绩效改善贡献了0.89个百分点的，其次是平均增长率的提升贡献了0.12个百分点。然而，该组中由于平均收缩幅度增加，绩效下降了0.09个百分点。从各渠道贡献率来看，经济收缩频率的下降和平均增长率的提升分别为经济绩效的改善贡献率分别为96.84%和12.87%，而平均收缩幅度增加对经济绩效的改善产生了-9.70%的负面抵消效应。这表明，从中等偏下收入组向中等偏上收入组，经济收缩频率下降是经济绩效改善的主要原因，平均增长率提升是经济绩效改善的次要原因（但贡献率有限），平均收缩幅度增加带来绩效损失从反面表明了降低经济收缩幅度的重要性。

第三，中等偏下收入组比低收入组经济绩效高出1.33个百分点，经济绩效改善的首要来源是经济收缩频率的下降，其次是平均收缩幅度的下降，分别为经济绩效改善贡献了1.27个百分点和0.49个百分点。然而，平均增长率的下降为经济绩效造成0.43个百分点的损失。从各渠道的贡献来看，经济收缩频率和经济收缩幅度的下降为经济绩效的改善贡献率分别为95.91%、36.53%，而平均增长率的下降对经济绩效的改善产生了-32.43%的负面抵消作用。这表明，从低收入组到中等偏下收入组，尽管中等偏下收入组的平均增长率不及低收入组，但是较低的经济收缩频率和经济收缩幅度不仅弥补了平均增长率低的不足，而且使得中等偏下收入组的经济绩效高于低收入组。反过来讲，尽管低收入组有更高的平均增长率，但是过高的经济收缩频率和经济收缩幅度不仅使得自身经济绩效不佳，还造成这些国家长期处于低收入水平，难以实现收入跃迁。

表4-2　　　　　　　各收入组绩效变化的来源及贡献率　　　　　　　单位：%

指标		高收入组	中等偏上收入组	中等偏下收入组
经济绩效变化情况（ΔEP）		-0.82	0.92	1.33
经济收缩频率变化（Δf_-）		-2.94	-16.18	-20.59
平均增长率变化（Δg_+）		-1.07	0.14	-0.68
平均收缩率变化（Δg_-）		0.01	-0.49	1.32
经济绩效变化渠道	来自经济收缩频率 $(-(g_+-g_-)\Delta f_-)$	0.16	0.89	1.27
	来自平均增长率 $(1-f_-)\Delta g_+$	-0.97	0.12	-0.43
	来自平均收缩率 $(f_-\Delta g_-)$	0.0012	-0.0892	0.4854
经济收缩频率贡献率 $(-(g_+-g_-)\Delta f_-/\Delta EP)$		-19.04	96.84	95.91
平均增长率贡献率 $((1-f_-)\Delta g_+/\Delta EP)$		119.19	12.87	-32.43
平均收缩率贡献率 $(f_-\Delta g_-/\Delta EP)$		-0.15	-9.70	36.53

注：绩效变化是指本组与收入水平低一组的国家相比绩效变化。各渠道对绩效改变的贡献根据式（3-12）计算，权重为本组与收入水平低一组的平均值；各绩效改变渠道贡献率是指各改善渠道贡献在三个渠道贡献总和中的占比。

资料来源：经 PWT 10.0 数据计算而得。

通过对1950年以来各收入组经济绩效及其分解的分析，可以得出以下结论。第一，总体来看，在进入高收入组之前经济绩效随着收入水平的提高而增加。第二，第二次世界大战后较高收入组经济绩效改善主要是由于平均增长率维持在一定水平前提下经济收缩频率和平均收缩幅度的下降实现的，而经济收缩两个因素中经济收缩频率对于经济绩效的影响更大。第三，在经济绩效不断改善和收入增加的过程中通常会伴随平均增长率总体性下降和经济收缩频率严格下降。这意味着无论是第二次世界大战之后还是更早之前发达国家与发展中国家人均GDP差距拉大，很大程度上并非发达国家比发展中国家达到更高的增长速度，而是在维持一定水平平均增长率的前提下成功地降低了经济收缩频率。这些典型事实初步验证了关于长期经济增长过程中经济收缩对于经济绩效的重要性。

由于不同收入国家各收入等级的时序不一样，高收入国家在1950年之前就已经实现了收入的跨越式增长，进入了现代经济增长阶段，仅通过1950年以来不同收入组经济绩效的考察会忽视高收入国家在1950年以前如何进入现代经济增长，以及在进入现代经济增长过程中经济绩效及其分解具有什么样的特征等重要问题。因此，下一节将利用MPD2020数据，探寻欧洲高收入国家（英国、法国、丹麦、瑞典、荷兰、意大利以及六国平均）自1820年以来长期经济变迁过程中经济绩效及其分解的特征。同时，对于经济发展中备受关注的"中等收入陷阱"，本书利用MPD2020数据，选取智利、乌拉圭两个成功跨越"中等收入陷阱"的国家，巴西、哥伦比亚、秘鲁等长期陷入"中等收入陷阱"的国家以及以委内瑞拉为代表的短暂跨越"中等收入陷阱"又因战乱跌回的国家作为对比，分析成功跨越"中等收入陷阱"、陷入"中等收入陷阱"、跨越后重新跌回"中等收入陷阱"这三类国家，自1820年以来长期经济变迁过程中的经济绩效及其分解特征。

在展开讨论之前，以高收入国家进入现代经济增长的历史过程以及MPD2020数据特征等方面对长期经济过程中历史分期进行说明。从长期经济增长过程来看，世界各国人均收入的差距在1820年之前很小[1]。19世纪开始，原本陷入停滞或增长缓慢的欧洲国家以及新世界国家由"起飞"[2] 进入能够自我维持的持续增长模式，由此进入现代经济增长。因此，结合富裕国家"起飞"于19世纪初的增长事实，同时考虑到MPD2020中数据完整性问题，本书选取1820年作为现代经济增长的起点，在1820—2018年的长期经济增长过程

---

[1] ［美］达龙·阿西莫格鲁（Daron Acemoglu）:《现代经济增长导论》（上册），唐志军、徐浩庆、谌莹译，中信出版集团2019年版，第14页。

[2] Rostow, W. W., *The Stages of Economic Growth*, Cambridge：Cambridge University Press, 1971.

中将欧洲国家划分为 1820—1870 年、1870—1910 年、1910—1950 年和 1950—2018 年四个经济增长阶段①、将拉美国家划分为 1820—1870 年、1870—1920 年、1920—1970 年和 1970—2018 年四个经济增长阶段②，通过各个阶段的经济绩效、正增长频率、平均增长率、经济收缩频率以及平均收缩率考察各个阶段的经济绩效特征、各阶段的经济绩效来源及其差异。

第二节　1820 年以来欧洲先发国家的经济绩效及其动态特征

一　1820 年以来欧洲国家长期经济变迁：进入现代经济增长

进入现代经济增长以来的近 200 年间，英国、法国、丹麦、瑞典、荷兰和意大利的人均 GDP 分别从 1820 年的 3306 美元、1809 美元、2031 美元、1415 美元、3006 美元和 2665 美元增加到 2018 年的 38058 美元、38516 美元、46312 美元、45542 美元、47474 美元和 34364 美元，AAGR 别为 1.24%、1.56%、1.59%、1.77%、1.40% 和 1.30%。从平均水平来看，欧洲六国人均 GDP 从 1820 年的 2458.11 美元增加到 2018 年的 38469.78 美元，增加了 1465.01%，AAGR 为 1.40%。下文将对欧洲六国长期经济变迁过程分阶段分析。

第一个阶段是 1820—1870 年的经济起飞。1870 年，英国、法

---

① 关于分期，两次世界大战分别发生在 1914—1918 年和 1939—1945 年，使用 1910—1950 年的划分将两次世界大战放在一个经济增长阶段，有利于分析全球性战争对经济绩效的影响。

② 关于分期，此处拉美经济增长过程的分析重在阐述跨越"中等收入陷阱"中经济收缩下降的重要性，因此：第一，拉美国家在 20 世纪 70 年代开始结束高速增长陷入"中等收入陷阱"，因此第三和第四阶段将 1970 年作为时间节点；第二，将第一次世界大战和第二次世界大战分别分配在第二和第三阶段，达到阶段全球性战争的平均，同时也可以使前面三个阶段都有 51 年的经济增长时长，更有利于分析经济收缩下降对跨越"中等收入陷阱"的重要性。

国、丹麦、瑞典、荷兰和意大利的人均 GDP 分别为 5829 美元、2990 美元、3193 美元、2144 美元、4422 美元和 2826 美元，1820—1870 年的涨幅分别为 76.32%、65.28%、57.21%、51.52%、47.11% 和 6.05%，AAGR 分别为 1.14%、1.01%、0.91%、0.83%、0.77% 和 0.12%。除了英国，法国、丹麦、瑞典、荷兰和意大利在经济起飞阶段的 AAGR 均远低于 1820—2018 年的年均增速，其中英国经济起飞阶段 AAGR 比 1820—2018 年仅低 0.1 个百分点，而法国、丹麦、瑞典、荷兰和意大利则分别低 0.55 个百分点、0.68 个百分点、0.94 个百分点、0.63 个百分点和 1.18 个百分点，这一点也说明英国的经济起飞比其他五个国家更早。欧洲六国在 1870 年时人均 GDP 达到 3796.50 美元，1820 年至 1870 年上涨了 54.45%，AAGR 为 0.87%，比 1820—2018 年的 AAGR 低出 0.53 个百分点。

第二个阶段是 1870—1910 年的加速增长。1910 年，英国、法国、丹麦、瑞典、荷兰和意大利的人均 GDP 分别为 7718 美元、4726 美元、5906 美元、4053 美元、6030 美元和 3829 美元，1870—1910 年的涨幅分别为 32.41%、58.06%、84.97%、89.04%、36.36% 和 35.47%，除了英国，这一阶段法国、丹麦、瑞典、荷兰和意大利的人均 GDP 涨幅比较上一个阶段均有所提升。AAGR 分别是 0.70%、1.15%、1.55%、1.60%、0.78% 和 0.76%，这一阶段除了英国与荷兰的 AAGR 有所下降，法国、丹麦、瑞典和意大利的 AAGR 分别提高了 0.14 个百分点、0.64 个百分点、0.77 个百分点和 0.64 个百分点。从总体来看，欧洲六国在 1910 年时，人均 GDP 达到 5521.58 美元，比 1870 年增长了 45.44%，AAGR 为 0.97%，尽管人均 GDP 增幅比上一个阶段低，但 AAGR 比上一个阶段高出 0.1 个百分点。

第三阶段是 1910—1950 年的稳步增长。1950 年，英国、法国、丹麦、瑞典、荷兰和意大利的人均 GDP 分别为 11061 美元、8266 美元、11067 美元、10742 美元、9558 美元和 5582 美元，

1910—1950 年的涨幅分别为 43.31%、74.90%、87.39%、165.04%、58.51% 和 45.78%。人均 GDP 增长幅度较 1870—1910 年均有所提高,其中瑞典、荷兰和法国提高幅度最为明显,分别提高了 76 个百分点、22.14 个百分点和 16.84 个百分点。这一阶段英国、法国、丹麦、瑞典、荷兰和意大利的 AAGR 分别为 0.90%、1.41%、1.58%、2.47%、1.16% 和 0.95%,AAGR 均有所提高,分别为 0.20 个百分点、0.26 个百分点、0.03 个百分点、0.86 个百分点、0.38 个百分点和 0.18 个百分点,其中荷兰的提高幅度最大,荷兰的年均增速也超过了 1820—2018 年的水平。从总体来看,欧洲六国在 1950 年时人均 GDP 达到 8613.95 美元,增长幅度和 AAGR 分别为 56.01%、1.12%,比上一个阶段分别高出 10.57 个百分点和 0.18 个百分点。

第四阶段是 1950—2018 年的跨越式增长。2018 年,英国、法国、丹麦、瑞典、荷兰和意大利的人均 GDP 分别为 38058 美元、38516 美元、46312 美元、45542 美元、47474 美元和 34364 美元,1950—2018 年的增长幅度分别为 244.07%、365.96%、318.47%、323.96%、396.70%、515.62%。六个国家的人均 GDP 增幅较上一个阶段均有跨越式增长,按照人均 GDP 增幅增加的程度排序分别是意大利(469.84 个百分点)、荷兰(338.19 个百分点)、法国(291.05 个百分点)、丹麦(231.09 个百分点)、英国(200.76 个百分点)和瑞典(231.09 个百分点)。从 AAGR 来看,这一阶段英国、法国、丹麦、瑞典、荷兰和意大利人均 GDP 的 AAGR 分别为 1.83%、2.29%、2.13%、2.15%、2.39% 和 2.71%,与上一个阶段相比,除瑞典 AAGR 下降 0.32 个百分点外,其余国家均有所提升,分别为意大利(1.76 个百分点)、荷兰(1.23 个百分点)、英国(0.93 个百分点)、法国(0.88 个百分点)和丹麦(0.54 个百分点)。从总体来看,欧洲六国在 2018 年时人均 GDP 达到 38469.78 美元,增长幅度和 AAGR 分别为 346.60%、2.23%,比上一个阶段分别高出 290.59 个百分点和 1.11 个百分点。

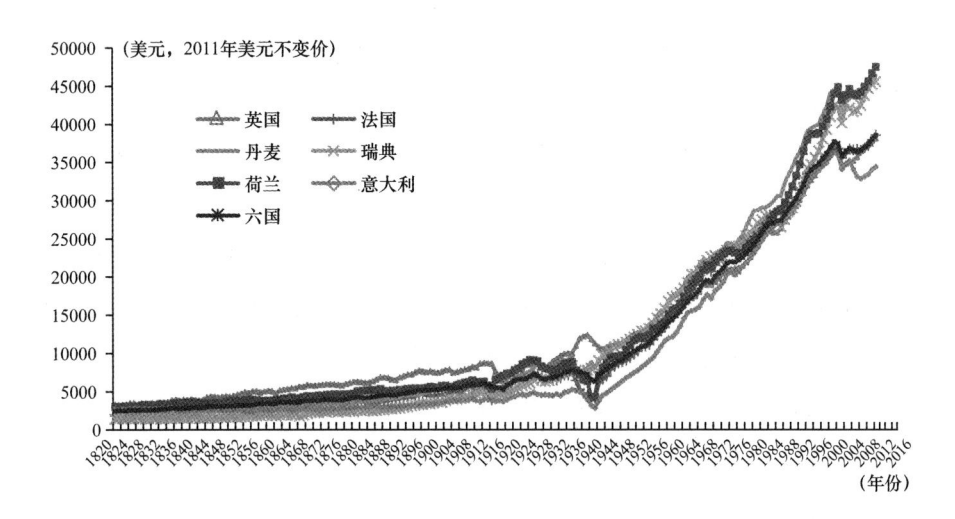

图 4-2　19 世纪以来欧洲国家人均 GDP（美元，2011 年美元不变价）

资料来源：MPD2020 数据。

1820 年以来，MPD2020 数据中能够追溯到英国、法国、丹麦、瑞典、荷兰和意大利于 1820 年开始了经济起飞，随后在接下来的两个世纪内实现了自我维持的经济增长，并在 1950 年之后实现人均 GDP 的跨越式增长。以上分析结果展示了欧洲六国在每个增长阶段内期初和期末的人均 GDP、人均 GDP 增长幅度、人均 GDPAAGR 在这个接近两百年的长期经济变迁过程之中的变化，这些只关注"正增长"研究所使用的经济指标能够反映一国在一个经济增长阶段内人均 GDP 从少到多的变化，却忽视了这种从少到多的变化究竟因何而起。因此，本书将运用经济绩效及其分解的理论对这些国家的经济变迁过程进行分析，以证明经济收缩率和平均收缩幅度下降对于经济绩效提升和人均 GDP 跃迁的重要意义。

二　1820 年以来欧洲六国的经济绩效、增长贡献和收缩损失

表 4-3 展示了 1820—2018 欧洲六国的经济绩效、增长贡献和收缩损失，数据表明，1820 年以来，收缩损失减小对于经济绩效改善具有突出贡献，但不稳定。1950 年之后欧洲六国经济绩效改善的

原因不是增长贡献的增加，而是在增长贡献虽有下降但仍维持一定水平的基础上收缩损失的减少。

第一，欧洲六国的经济绩效动态特征。欧洲六国经济绩效的变化特征具有三种不同情形。第一种情形是英国和法国，经济绩效在四个阶段中的第二个阶段有所下降，随后又在后面两个阶段连续回升。英国和法国在 1820—1870 年的经济绩效分别为 1.19% 和 1.11%，在 1870—1910 年分别下降至 0.79% 和 1.08%，随后在 1910—1950 年、1950—2018 年分别由 1.03% 和 1.86% 上升至 1.82% 和 2.34%，第三阶段到第四阶段经济绩效改善的大小分别为 0.79 个百分点和 0.52 个百分点。

第二种情形是丹麦、荷兰和意大利，经济绩效从第一个阶段至第四个阶段持续上升。1820—1870 年、1910—1950 年，丹麦、荷兰和意大利的经济绩效分别从 0.95%、0.82% 和 0.16% 改善到了 1.76%、1.94% 和 1.27%，在 1950—2018 年改善到 2.22%、2.40% 和 2.81%，经济绩效改善的大小分别为 0.46 个百分点、0.46 个百分点和 1.54 个百分点。欧洲六国的平均经济绩效也是这种情形，从前两个阶段的 0.89% 和 0.96% 上升到后两个阶段的 1.17% 和 2.25%。

第三种情形是瑞典，经济绩效在前三个阶段持续增长，但是在第四个阶段有所下滑。1820—1870 年、1870—1910 年、1910—1950 年，瑞典的经济绩效从 0.89%、1.92% 上升至 2.23%，经济绩效改善的大小为 1.34 个百分点，但是 1950—2018 年经济绩效下降到 2.23%，下降的原因主要是经济收缩频率下降程度不够[①]。

[①] 虽然增长贡献也有所下降，但是平均增长速度下降是迈入高收入之后的必然趋势，而其他五国在这个必然趋势中仍然实现了第四阶段经济绩效比第三阶段的改善，改善的原因主要是经济收缩频次下降基础上的经济收缩频率下降。尽管瑞典经济收缩频率也在下降，但因为经济收缩频次上升导致经济收缩频率下降有限，未能成功缓冲正增长下降造成的损失。瑞典第四阶段的经济绩效比第三阶段下降，从反面突出了经济收缩频次、经济收缩频率以及平均收缩幅度下降对于经济绩效改善的重要性。这一点会在下文得到详细分析。

第二，欧洲六国增长贡献的动态特征。欧洲六国增长贡献具有两种不同情形。第一种情形是先降后升再降。英国、法国、荷兰三个国家以及六国平均的增长贡献在1870—1910年比1820—1870年有所下降，在1910—1950年比1870—1910年回升，1950—2018年比1910—1950又有所下降。第二种情形是先升后降。丹麦、瑞典和意大利三个国家的增长贡献在1870—1910年和1910—1950年均较上一个阶段有所上升，但在1950—2018年比1910—1950年有所下降。从经济绩效和经济增长的关系来看，1820—1870年至1870—1910年的阶段转换中，荷兰在增长贡献下降的情况下实现了经济绩效提升，英国、法国经济绩效在增长贡献下降的情况下有所下降，而丹麦、瑞典和意大利的经济绩效改善随着增长贡献增大而改善。1870—1910年至1910—1950年的阶段转换中，欧洲六国的经济绩效改善均伴随着增长贡献的提高。1910—1950年至1950—2018年的阶段转换中的情形正好相反，英国、法国、丹麦、荷兰、意大利以及欧洲六国平均的经济绩效都有极大改善，但与之同时发生的却是增长贡献的极大缩小，法国、丹麦、荷兰三国的增长贡献缩小幅度超过1个百分点。由此可见，在1950年进入跨越式增长阶段之后，欧洲六国的经济绩效改善并不来源于增长贡献的提高。

第三，欧洲六国收缩损失的动态特征。值得注意的是，欧洲六国收缩损失幅度①的变动只存在一种情形——先降后升再降，英国、法国、荷兰三个国家以及欧洲六国平均的收缩损失幅度在1870—1910年较1820—1870年有所下降，1910—1950年相较于1870—1910年有所上升，但在1950—2018年又有所下降。从收缩损失与经济绩效的关系来看，1820—1870年至1870—1910年的阶段转换中，丹麦、瑞典、荷兰、意大利的收缩损失幅度下降对经济绩效改善起

---

① 因为收缩损失符号为负，如果用正常的大小来讲解难以理解，而且收缩损失本身就包含了使经济绩效变小的意思，因此用收缩损失幅度来描述收缩损失的变化及其对经济绩效的影响，收缩损失幅度越小则表示其对经济绩效造成的损失越小，如果增长贡献固定不变，经济绩效就会变大。

了促进作用，但增长贡献同时也在增加，需要对经济绩效改善的来源做出更加详细的分析。具体来讲，丹麦经济绩效增加了 0.66 个百分点，其中 0.16 个百分点来自增长贡献的增加、0.5 个百分点来自收缩损失幅度的减小；瑞典经济绩效改善了 1.03 个百分点，其中 0.79 个百分点来自增长贡献的增加、0.25 个百分点来自收缩损失幅度的减小；意大利经济绩效改善了 0.72 个百分点，其中 0.1 个百分点来自增长贡献的增加、0.62 个百分点来自收缩损失幅度的减小。

因此，这一阶段经济绩效的改善，收缩幅度减小的贡献大于增长贡献增加的贡献。这一点在荷兰和欧洲六国平均的表现上尤为突出，荷兰和欧洲六国平均的收缩损失幅度下降甚至抵消了增长贡献下降的负面影响并促进了经济绩效改善。但是，英国、法国因收缩损失幅度下降比较小而未能成功抵消带来的负面效应从而没有使经济绩效得到改善。这就说明，这一阶段收缩损失幅度的下降对经济绩效改善的贡献大于增长贡献的增加，是经济绩效改善的主要来源。

1870—1910 年至 1910 年—1950 年的阶段转换中，欧洲六国的经济绩效的改善，均伴随收缩损失幅度的增大，这一阶段经济绩效和收缩损失的关系表明，这一阶段对经济绩效改善其主要作用的是增长贡献的提高。1910—1950 年至 1950—2018 年的阶段转换中，英国、法国、丹麦、荷兰、意大利以及欧洲六国平均的经济绩效的极大改善，都伴随收缩损失幅度的极大缩小。唯一例外的是瑞典，其经济绩效下降的原因是收缩损失下降幅度不足以抵消增长贡献下降带来的负面效应。这说明，进入 1950 年跨越式增长阶段之后，欧洲六国的经济绩效改善主要来源于收缩损失幅度的减小。

总的来看，1950 年跨越式增长以前欧洲六国经济绩效的状况具有阶段性特征。首先，1870—1910 年经济绩效改善的主要原因是收缩损失幅度下降，尤其是收缩损失幅度的降低对增长贡献下降带来的负面效应具有抵消作用,甚至能够扭转经济绩效因增长贡献下降而下降的趋势(如1820—1870年至1870—1910年阶段转换中的荷兰和欧洲六国平均)。

其次,1910—1950年经济绩效改善的主要因素是主要由增长贡献的增加,主要原因是这个时期各国在经历第一次世界大战、第二次世界大战之后成功实现经济复苏,从而获取了比前两个阶段更高的增长速度,进而抵消并扭转了因战争带来的收缩损失幅度急剧上升而造成的经济绩效下降的趋势,由此改善了经济绩效[①]。

最后,1950年之后,欧洲六国(除了瑞典)以及欧洲六国平均的经济绩效改善主要来源于收缩损失的下降,而非增长贡献的增加。因为欧洲六国(除了瑞典)以及欧洲六国平均的增长贡献都在下降,而收缩损失幅度的下降抵消并且扭转了经济绩效因之而下降的趋势并使经济绩效大幅度改善。瑞典的经济绩效之所以下降,是因为收缩损失下降幅度不足以抵消增长贡献下降带来的负面效应。

然而,增长贡献由正增长频率和平均增长率决定,收缩损失由经济收缩频率和平均收缩率决定,以上关于经济绩效与增长贡献、收缩损失的关系分析虽能明确表明收缩损失对于经济绩效改善的作用,但从目前的分析来看,这种作用在1950年之前不稳定。因此,还需进一步分解,依据式(3-12)精确地探究经济增长(平均增长率)和经济收缩(经济收缩频率和平均收缩率)对经济绩效的贡献率。

[①] 需要补充的是,1910—1950年经历了两次世界大战,各经济体普遍存在高增长贡献和高收缩损失幅度同时存在的特征,这样的特征是经济增长由战争干扰而出现大幅度经济收缩(高收缩损失),而后经济复苏从而出现高增长(高增长贡献)。这时,经济绩效是否得到改善取决于增长贡献和收缩损失与前一个阶段的比较,如果增长贡献增加的程度比收缩损失幅度增加的程度更高,则实现经济绩效改善,欧洲国家正是这种情况。

表 4-3　1820—2018 年欧洲六国经济绩效、增长贡献和收缩损失　　单位: %

国家	指标	1820—1870 年	1870—1910 年	1910—1950 年	1950—2018 年
英国	经济绩效	1.19	0.79	1.03	1.82
	增长贡献	1.92	1.33	2.28	2.03
	收缩损失	-0.73	-0.53	-1.25	-0.21
法国	经济绩效	1.11	1.08	1.86	2.34
	增长贡献	2.54	2.33	5.26	2.43
	收缩损失	-1.43	-1.26	-3.40	-0.09
丹麦	经济绩效	0.95	1.61	1.76	2.22
	增长贡献	1.62	1.78	3.38	2.36
	收缩损失	-0.67	-0.18	-1.61	-0.14
瑞典	经济绩效	0.89	1.92	2.53	2.23
	增长贡献	1.81	2.60	3.41	2.45
	收缩损失	-0.92	-0.67	-0.87	-0.22
荷兰	经济绩效	0.82	0.87	1.94	2.40
	增长贡献	1.65	1.50	4.52	2.58
	收缩损失	-0.83	-0.63	-2.58	-0.18
意大利	经济绩效	0.16	0.88	1.27	2.81
	增长贡献	1.19	1.29	3.59	3.04
	收缩损失	-1.03	-0.41	-2.32	-0.23
欧洲六国平均	经济绩效	0.89	0.96	1.17	2.25
	增长贡献	1.32	1.30	2.41	2.36
	收缩损失	-0.43	-0.34	-1.24	-0.11

注：本表中增长贡献＝正增长频率×平均增长率；收缩损失＝经济收缩频率×平均收缩率。
资料来源：MPD2020 数据，根据人均 GDP 计算而得。

三　1820 年以来欧洲六国的经济绩效、经济增长和经济收缩

1820 年以来，经济收缩频率和平均收缩幅度降低在抵消带来经济绩效下降的负面影响和直接改善经济绩效等方面的作用已十分突出，1950 年以后，欧洲国家经济改善主要贡献更加显著地来源于平均增长率维持在一定水平前提下经济收缩频率和平均收缩幅度的下降。欧洲六国在长期经济增长过程中阶段转化间的经济绩效变化特

征已经在经济绩效与增长贡献、收缩损失的关系中予以分析，这里不再赘述。这一部分旨在探究经济绩效变化的渠道分解及其各个渠道的贡献率，以此分析经济绩效与经济收缩频率、平均增长率、平均收缩率的关系。

第一，1820—1870年至1870—1910年的阶段转换，丹麦、荷兰、意大利和欧洲六国平均的经济绩效改善来源于经济增长（平均增长率）维持在一定水平前提下经济收缩（经济收缩频率和平均收缩率）的下降，英国和法国经济绩效下降的主要原因是经济收缩增加而不是经济增长下降，瑞典的两者贡献相当，见表4-4。

首先，英国和法国的经济绩效下降，原因在于经济收缩改善程度不足以抵消平均增长率下降的负面作用。英国和法国经济绩效分别下降了0.39个百分点和0.04个百分点，通过英法两国及其与丹麦、意大利平均增长率的对比，平均增长率的下降并不是造成经济绩效下降的主要原因，因为英国（0.63个百分点）和法国（0.65个百分点）的平均增长率下降幅度与丹麦（0.62个百分点）和意大利（0.69个百分点）相当，但是丹麦和意大利取得了经济绩效的改善。同时，英法两国平均增长率下降幅度相当，但是经济绩效有很大差异，主要原因也是经济收缩的表现不同。英国经济绩效下降了0.39个百分点，促使经济绩效下降的因素是经济收缩频率增加7.90个百分点和平均增长率下降0.63个百分点，分别对经济绩效造成了0.34个百分点和0.38个百分点的损失。而平均收缩幅度缩小0.81个百分点，仅为经济绩效改善贡献了0.33个百分点，抵消了一部分平均增长率下降对经济绩效的负面作用，但未能成功扭转经济绩效下降的趋势。

至于法国，经济绩效下降幅度仅为0.04个百分点，导致经济绩效下降的因素是平均增长率下降0.65个百分点和平均收缩幅度增大0.02个百分点，分别引起经济绩效损失0.41个百分点和0.01个百分点。而经济收缩频率也下降了5个百分点，使得经济绩效改善了0.37个百分点，很大程度上抵消了平均增长率下降和平均收缩幅度增加对经济绩效的负面效应，使得经济绩效仅下降了 0.04 个百分点。总之，英法两国经济绩效的下降是经济收缩率减小或者平均收缩幅度减小的程度不高，难以完全抵消平均增长率下降带来的损失。

其次，瑞典经济绩效改善建立在平均增长率增加与经济收缩频率及平均收缩幅度下降共同发生的基础上。瑞典的经济绩效改善是各国经济绩效改善程度最高的，其原因在于经济收缩频率、平均增长率和平均收缩率均朝着有利于改善经济绩效的方向变化，分别为 1.03 个百分点的经济绩效改善贡献了 0.41 个百分点、0.56 个百分点和 0.06 个百分点，经济增长增加和经济收缩减少对经济绩效改善的贡献几乎相当，而经济收缩中经济收缩频率下降的贡献大于平均收缩幅度下降。

最后，丹麦、荷兰、意大利及欧洲六国平均经济绩效改善的原因是经济收缩的下降扭转了经济增长下降带来的经济绩效下降趋势。丹麦、荷兰、意大利和欧洲六国平均的经济绩效分别提高了 0.65 个百分点、0.05 个百分点、0.72 个百分点和 0.07 个百分点，丹麦、荷兰、意大利和欧洲六国平均的经济绩效提高无一不是建立在克服平均增长率下降带来负面影响的基础上实现的，丹麦、荷兰、意大利和欧洲六国平均的平均增长率分别下降了 0.62 个百分点、0.46 个百分点、0.69 个百分点和 0.30 个百分点，给经济绩效分别造成 0.45 个百分点、0.31 个百分点、0.47 个百分点和 0.19 个百分点的损失。所幸，丹麦、荷兰、意大利和欧洲六国平均的经济收缩频率和平均收缩幅度的同时下降抵消扭转了平均增长率下降带来的经济绩效下降趋势。具体来讲，丹麦、荷兰、意大利和欧洲六国平均的经济收缩频率分别下降了 25.37 个百分点、6.73 个百分点、24.49 个百分点和 8.29 个百分点，给经济绩效分别带来 0.97 个百分点、0.31 个百分点、1.02 个百分点和 0.26 个百分点的改善。丹麦、荷兰、意大利的平均收缩幅度分别下降了 0.48 个百分点、0.15 个百分点和 0.26 个百分点，给经济绩效分别带来 0.13 个百分点、0.05 个百分点和 0.08 个百分点的改善。

表 4-4 欧洲六国 1820—1870 年、1870—1910 年绩效变化来源及贡献率   单位:%

指标		英国	法国	丹麦	瑞典
经济绩效变化情况（ΔEP）		-0.39	-0.04	0.65	1.03
经济收缩频率变化（Δf_-）		7.90	-5.00	-25.37	-7.17
平均增长率变化（Δg_+）		-0.63	-0.65	-0.62	0.81
平均收缩率变化（Δg_-）		0.81	-0.02	0.48	0.18
绩效变化渠道	经济收缩频率	-0.34	0.37	0.97	0.41
	平均增长率	-0.38	-0.41	-0.45	0.56
	平均收缩率	0.33	-0.01	0.13	0.06
各渠道贡献率	经济收缩频率	86.55	-1005.22	148.90	39.92
	平均增长率	96.13	1087.39	-68.73	54.69
	平均收缩率	-82.67	17.82	19.84	5.39
经济绩效变化情况（ΔEP）		0.05	0.72	0.07	
经济收缩频率变化（Δf_-）		-6.73	-24.49	-8.29	
平均增长率变化（Δg_+）		-0.46	-0.69	-0.30	
平均收缩率变化（Δg_-）		0.15	0.26	0.00	
绩效变化渠道	经济收缩频率	0.31	1.02	0.26	
	平均增长率	-0.31	-0.47	-0.19	
	平均收缩率	0.05	0.08	0.00	
各渠道贡献率	经济收缩频率	620.20	140.95	393.80	
	平均增长率	-618.12	-64.87	-292.69	
	平均收缩率	97.92	11.24	-1.11	

注：绩效变化是指 1870—1910 年与 1820—1870 年相比的经济绩效变化。各渠道对经济绩效改变的贡献根据式（3-12）计算，权重为本组与收入水平低一组的平均值。各绩效改变渠道贡献率是指各改善渠道贡献在三个渠道贡献总和中的占比。

资料来源：MPD2020 数据，使用人均 GDP 数据，依据式（3-12）计算而得。

总体来看，1820—1870 年至 1870—1910 年阶段转换中的绩效变化来源分解及贡献率分析表明，经济收缩（经济收缩频率和平均收缩率）下降对于经济绩效改善更重要，经济收缩频率的贡献率又要大于平均收缩率。

第二，1870—1910 年至 1910—1950 年阶段转换的经济绩效改善中，英国、法国、丹麦、荷兰、意大利和欧洲六国平均的经济增长（平均增长率）贡献大于经济收缩（经济收缩频率和平均收缩率），但英国和瑞典经济改善中的经济收缩频率下降也对平均收缩幅度提高造成的对经济绩效的负面影响起到了抵消作用，尤其是瑞典经济收缩频率下降的贡献甚至大于平均增长率提高的贡献，见表4–5。

首先，英国、法国、丹麦、荷兰、意大利和欧洲六国平均的经济绩效改善是建立在经济增长增加克服经济收缩增加带来经济绩效负面影响的基础上。英国、法国、丹麦、荷兰、意大利和欧洲六国平均的经济绩效分别改善了0.24个百分点、0.81个百分点、0.16个百分点、1.07个百分点、0.39个百分点和0.21个百分点，除英国外的四国及欧洲六国平均的经济绩效改善均建立在克服经济收缩频率和平均收缩幅度双双增加带来负面影响的基础上。具体来讲，法国、丹麦、荷兰、意大利和欧洲六国平均的经济收缩频率分别增加了12.20个百分点、12.20个百分点、7.32个百分点、24.39个百分点和7.32个百分点，导致经济绩效分别减少了1.48个百分点、0.85个百分点、0.68个百分点、1.87个百分点和0.37个百分点。法国、丹麦、荷兰、意大利和欧洲六国平均的平均收缩幅度分别增加了3.74个百分点、4.81个百分点、4.89个百分点、3.20个百分点和2.10个百分点，导致经济绩效分别减少了1.50个百分点、1个百分点、1.61个百分点、1.01个百分点和0.74个百分点。但是，法国、丹麦、荷兰、意大利和欧洲六国平均的平均增长率分别增长了6.21个百分点、2.53个百分点、5个百分点、4.80个百分点和2.05个百分点，使经济绩效分别改善了3.71个百分点、2个百分点、3.35个百分点、3.28个百分点和1.32个百分点，抵消甚至将经济收缩增加造成的经济绩效下降扭转为经济绩效改善。比较特殊的是英国，其经济绩效增加了0.24个百分点，除了与其他国家一样由平均增长率提高克服平均收缩幅度造成经济绩效下降的负面影响，其经济收缩频率的下降也起到了超过平均增长率提升一半的作用。

其次，瑞典经济绩效改善来自经济收缩频率下降和平均增长率提高克服平均收缩幅度增大带来的负面影响，经济收缩频率下降的贡献大于平均增长率提高。瑞典与英国的情形较为类似，所不同的是经济收缩频率下降的贡献更大。具体来讲，瑞典经济绩效提高了 0.61 个百分点，这是在克服了平均收缩幅度增加（2.59 个百分点）造成绩效下降（0.57 个百分点）的基础上实现的，其中经济收缩频率下降和平均增长率提升分别为经济绩效改善贡献了 0.75 个百分点和 0.43 个百分点，扭转了由平均收缩幅度增加造成的经济绩效下降趋势，但经济收缩频率下降对经济绩效改善的程度高出平均增长率 0.32 个百分点。

表 4-5 欧洲六国 1870—1910 年、1910—1950 年绩效变化来源及贡献率　　单位：%

指标		英国	法国	丹麦	瑞典
经济绩效变化情况（ΔEP）		0.24	0.81	0.16	0.61
经济收缩频率变化（Δf_-）		-7.32	12.20	12.20	-9.76
平均增长率变化（Δg_+）		1.23	6.21	2.53	0.56
平均收缩率变化（Δg_-）		-2.20	-3.74	-4.81	-2.59
绩效变化渠道	经济收缩频率	0.39	-1.48	-0.85	0.75
	平均增长率	0.73	3.71	2.00	0.43
	平均收缩率	-0.88	-1.50	-1.00	-0.57
各渠道贡献率	经济收缩频率	162.95	-182.73	-539.70	122.16
	平均增长率	308.71	457.34	1273.20	71.16
	平均收缩率	-371.67	-185.40	-633.50	-93.32

指标	荷兰	意大利	欧洲六国平均
经济绩效变化情况（ΔEP）	1.07	0.39	0.21
经济收缩频率变化（Δf_-）	7.32	24.39	7.32
平均增长率变化（Δg_+）	5.00	4.80	2.05
平均收缩率变化（Δg_-）	-4.89	-3.20	-2.10

续表

	指标	荷兰	意大利	欧洲六国平均
绩效变化渠道	经济收缩频率	-0.68	-1.87	-0.37
	平均增长率	3.35	3.28	1.32
	平均收缩率	-1.61	-1.01	-0.74
各渠道贡献率	经济收缩频率	-63.11	-478.10	-175.07
	平均增长率	313.58	836.80	626.29
	平均收缩率	-150.47	-258.71	-351.22

注：绩效变化是指1910—1950年与1870—1910年相比的经济绩效变化。各渠道对经济绩效改变的贡献根据式（3-12）计算，权重为本组与收入水平低一组的平均值。各绩效改变渠道贡献率是指各改善渠道贡献在三个渠道贡献总和中的占比。

资料来源：MPD2020数据，使用人均GDP数据，依据式（3-12）计算而得。

第三，1910—1950年至1950—2018年阶段转换中英国、法国、丹麦、荷兰、意大利及欧洲六国平均的经济绩效改善，主要来源是经济增长（平均正增长率）维持在一定水平的前提下经济收缩降低（经济收缩频率和平均收缩率）的贡献，且总体来看经济收缩频率的贡献更大。而瑞典的经济绩效下降，主要原因是经济收缩频率下降程度不够，难以扭转平均增长率下降造成的经济绩效下降趋势，见表4-6。

首先，英国、法国、丹麦、荷兰、意大利及欧洲六国平均的经济绩效改善来源于经济收缩下降。具体来看，英国、法国、丹麦、荷兰、意大利及欧洲六国平均的经济绩效改善分别改善了0.79个百分点、0.48个百分点、0.46个百分点、0.46个百分点、1.54个百分点和1.08个百分点，这些改善建立在克服平均增长率下降带来经济绩效损失的基础上，英国、法国、丹麦、荷兰、意大利及欧洲六国平均的平均增长率分别下降了1.19个百分点、7.13个百分点、1.90个百分点、4.21个百分点、3.01个百分点和1.36个百分点，导致经济绩效分别下降了0.88个百分点、5.17个百分点、1.52个百分点、3.20个百分点、2.20个百分点和1.04个百分点。然而，经济收缩的降低抵消并扭转了平均增长率下降带来的负面效应，其中经济收缩频率分别下降了 20.64 个百分点、37.65 个百分点、13.79 个百分点、24.99 个百分点、33.76 个百分点和 30.33 个百分点，使得经济绩效分别改善了 1.11 个百分点、3.92 个百分点、0.99 个百分点、2.32 个百分点、2.93 个百分点和 1.67 个百分点。平均收缩幅度分别下降了 2.13 个百分点、6.27 个百分点、4.95 个百分点、5.53 个百分点、2.99 个百分点和 1.89 个百分点，使得经济绩效分别改善了 0.56 个百分点、1.72 个百分点、0.99 个百分点、1.33 个百分点、0.81 个百分点和 0.45 个百分点。从中还可以看出，多数国家经济收缩频率下降的贡献要大于平均收缩幅度下降的贡献。

其次，瑞典经济绩效下降来源于平均增长率下降，但横向比较显示主要原因是经济收缩频率下降程度不够。与其他国家一样，瑞典经济绩效下降伴随平均增长率下降，瑞典的经济绩效下降 0.31 个百分点，平均增长率下降了 1.24 个百分点，造成经济绩效下降 1.05 个百分点。与其他国家不同的是，瑞典经济收缩的降低抵消了这种负面效应，但没有成功扭转经济绩效下降的趋势。具体来看，瑞典的经济收缩频率和平均收缩幅度分别下降了 2.58 个百分点和 3.57 个百分点，使得经济绩效分别改善了 0.18 个百分点和 0.56 个百分点，经济收缩下降带来经济绩效改善的总和为 0.74 个百分点，改善幅度过小，难以扭转经济绩效下降趋势。

横向比较来看，瑞典平均增长率下降幅度及其带来经济绩效下降的幅度并不比其他国家大，因此经济绩效下降的主要原因不是平均增长率下降幅度太大，而是经济收缩减小幅度不够。在经济收缩减少中，尤其是经济收缩频率下降幅度及其带来经济绩效改善的幅度远小于其他国家，因此可以进一步说瑞典经济绩效下降的主要原因是经济收缩频率下降幅度太小，难以扭转平均增长率下降带来的经济绩效下降趋势。瑞典经济绩效下降，说明了在跨越式增长阶段平均增长率普遍下降的情况下，降低经济收缩，尤其是降低经济收缩频率对于经济绩效改善的重要意义。

表4-6 欧洲六国1910—1950年、1950—2018年绩效变化来源及贡献率　　　　单位：%

指标		英国	法国	丹麦	瑞典
经济绩效变化情况（ΔEP）		0.79	0.48	0.46	-0.31
经济收缩频率变化（Δf_-）		-20.64	-37.65	-13.79	-2.58
平均增长率变化（Δg_+）		-1.19	-7.13	-1.90	-1.24
平均收缩率变化（Δg_-）		2.13	6.27	4.95	3.57
绩效变化渠道	经济收缩频率	1.11	3.92	0.99	0.18
	平均增长率变化	-0.88	-5.17	-1.52	-1.05
	平均收缩率变化	0.56	1.72	0.99	0.56
各渠道贡献率	经济收缩频率	140.26	816.35	216.62	-56.93
	平均增长率	-111.14	-1075.05	-332.04	339.30
	平均收缩率	70.88	358.70	215.42	-182.36
经济绩效变化情况（ΔEP）		0.46	1.54	1.08	
经济收缩频率变化（Δf_-）		-24.99	-33.76	-30.33	
平均增长率变化（Δg_+）		-4.21	-3.01	-1.36	
平均收缩率变化（Δg_-）		5.53	2.99	1.89	
绩效变化渠道	经济收缩频率	2.32	2.93	1.67	
	平均增长率变化	-3.20	-2.20	-1.04	
	平均收缩率变化	1.33	0.81	0.45	
指标		荷兰	意大利	六国平均	
各渠道贡献率	经济收缩频率	502.73	190.19	154.31	
	平均增长率	-691.06	-142.75	-96.02	
	平均收缩率	288.33	52.56	41.71	

注：绩效变化是指1950—2018年与1910—1950年相比的经济绩效变化。各渠道对经济绩效改变的贡献根据式（3-12）计算，权重为本组与收入水平低一组的平均值。各绩效改变渠道贡献率是指各改善渠道贡献在三个渠道贡献总和中的占比。

资料来源：MPD2020数据，使用人均GDP数据，依据式（3-12）计算而得。

进一步对经济收缩频率进行分解，从表 4-7 的最后一列可以看出，在 1910—1950 年至 1950—2018 年的阶段转换中，尽管计算期内的年份从 41 年增加到了 69 年，但是英国、法国、丹麦、荷兰、意大利和欧洲六国平均的经济收缩频次均有所下降，分别下降了 4 次、13 次、2 次、7 次、11 次和 10 次，由此带来经济收缩频率的大幅度下降，从而为扭转平均增长率下降造成的经济绩效下降趋势提供了条件。与之相反的是，瑞典在 1910—1950 年至 1950—2018 年的阶段转换中，经济收缩频次却从 7 次上升为 10 次，由此造成经济收缩频率下降幅度远低于其他国家，因而未能克服平均增长率下降对经济绩效造成的负面效应。

表 4-7　1820—2018 年欧洲六国经济绩效、收缩频次和收缩频率

国家	指标	1820—1870 年	1870—1910 年	1910—1950 年	1950—2018 年
英国	经济绩效（%）	1.19	0.79	1.03	1.82
	经济收缩频次（次）	18	18	15	11
	经济收缩频率（%）	36.00	43.90	36.59	15.94
法国	经济绩效（%）	1.11	1.05	1.86	2.34
	经济收缩频次（次）	20	14	19	6
	经济收缩频率（%）	40.00	34.15	46.34	8.70
丹麦	经济绩效（%）	0.95	1.61	1.76	2.22
	经济收缩频次（次）	20	6	11	9
	经济收缩频率（%）	40.00	14.63	26.83	13.04
瑞典	经济绩效（%）	0.89	1.92	2.53	2.23
	经济收缩频次（次）	17	11	7	10
	经济收缩频率（%）	34.00	26.83	17.07	14.49
荷兰	经济绩效（%）	0.82	0.87	1.94	2.40
	经济收缩频次（次）	18	12	15	8
	经济收缩频率（%）	36.00	29.27	36.59	11.59

140　经济绩效的体制分析

续表

国家	指标	1820—1870 年	1870—1910 年	1910—1950 年	1950—2018 年
意大利	经济绩效（%）	0.16	0.88	1.27	2.81
	经济收缩频次（次）	22	8	18	7
	经济收缩频率（%）	44.00	19.51	43.90	10.14
欧洲六国平均	经济绩效（%）	0.89	0.96	1.17	2.25
	经济收缩频次（次）	20	13	16	6
	经济收缩频率（%）	40.00	31.71	39.02	8.70

注：除了 1820—1870 年，每一经济增长阶段年份计数包含期初和期末年份，如 1870—1910 年为 41 个年份，而 1820—1870 年人均 GDP 从 1820 年开始，因此人均 GDP 增长率自 1821 年才开始有，不包括起始年份，只有 50 个年份；法国在 1883 年出现了一次 0% 的经济增长率，按照定义既不为正增长也不为经济收缩，在计算经济收缩频次时不包含此项，此时分母为 40，而非其他国家的 41。

资料来源：MPD2020 数据，根据人均 GDP 计算而得。

从 1820 年以来欧洲六国的经济绩效及其分解，可以得出以下结论。首先，欧洲六国的长期经济增长过程具有高度一致性，跨越不同收入等级、经济增长速度和经济绩效的变化都具有一致性。其次，欧洲六国收入从低收入和中等收入迈向高收入的跨越式发展伴随经济绩效的改善，在低收入缓慢爬升的阶段经济绩效不见得提高。再次，中等收入迈向高收入、快速增长阶段向跨越式增长阶段的转换中，平均增长率会出现不以人的意志为转移的、不可避免的下降。又次，欧洲六国收入跨越式增长中的经济绩效改善，主要来源是经济收缩的减少，这种减少发生于经济增长虽有略微下降但仍维持在一定水平的基础上。最后，降低经济收缩频率和平均收缩幅度对于中等收入迈向高收入过程中的经济绩效改善是至关重要的，只有实现了这一阶段的经济绩效改善才能够实现收入跃迁。

第三节 1820年以来拉美追赶国家的经济绩效及其动态特征

一 1820年以来拉美国家的长期经济变迁：跨越或陷入"中等收入陷阱"

拉美国家虽然没有像欧洲一样在1820年之后进入现代经济增长，1870—2018年，智利、乌拉圭、巴西、哥伦比亚、秘鲁和委内瑞拉的人均GDP分别从1868美元、3677美元、1084美元、1078美元、1675美元和1769美元增长到22105美元、20186美元、14034美元、13545美元、12310美元和10710美元，增长幅度分别为1083.34%、448.98%、1194.61%、1156.50%、634.93%和505.42%，AAGR分别为1.68%、1.16%、1.75%、1.72%、1.36%和1.22%。图4-3展示了1820—2018年拉美六国的人均GDP变化情况。分阶段来看，与欧洲国家几乎同步且差异较小的长期经济变迁过程不同，拉美国家的长期经济变迁过程具有较大异质性，这表现在两个方面：一是各个阶段的人均GDP水平和增速差异较大，二是经济波动程度差异较大。

具体来讲，第一个阶段是1870年以前的平缓增长期。智利和秘鲁分别从1820年的824美元和835美元增长到1870年的1868美元和1675美元，增长幅度分别为126.70%和100.60%，AAGR分别是1.65%和1.40%。巴西从1850年的867美元上升到1870年的1084美元，仅增长了25.03%，AAGR为1.12%。而委内瑞拉在这一阶段处于较小幅度波动中，从1830年的1922美元下降为1870年的1769美元，下降幅度为7.96%，AAGR为-0.21%。

第二个阶段是1870—1920年的加速增长期。智利、巴西、哥伦比亚和秘鲁经历了持续增长但增速不同，分别从1870年的1868美元、1084美元、1078美元和1675美元增长到1920年的4248美元、1242

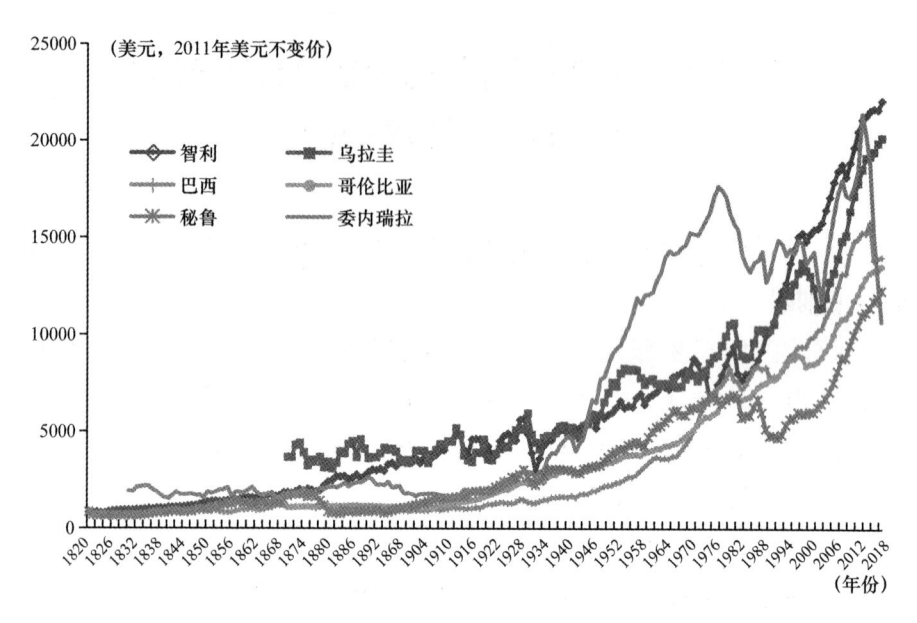

图 4-3 1820—2018 年拉美六国的人均 GDP

资料来源：MPD2020 数据。

美元、1707 美元和 1954 美元，增长幅度分别为 127.41%、14.58%、58.35% 和 16.66%，AAGR 分别是 1.66%、0.27%、0.92% 和 0.31%。乌拉圭和委内瑞拉经历了不同程度的波动，乌拉圭经历了经常性的锯齿形波动，人均 GDP 从 1870 年的 3677 美元下降为 1920 年的 3580 美元，下降幅度达 2.64%，AAGR 为 -0.05%。而委内瑞拉经历了一上一下的波浪形波动，人均 GDP 从 1870 年的 1769 美元仅上升到 1920 年的 1903 美元，增长幅度和 AAGR 仅分别为 7.57% 和 0.15%。

第三个阶段是 1920—1970 年的跨越式增长期[①]。这一阶段，拉美六国人均 GDP 都经历了高速增长，可以分为两种情形。第一种情形是巴西、哥伦比亚和秘鲁经历了持续性增长，三国的人均 GDP 分

---

① 与作为老牌资本主义发达国家代表的欧洲六国不同的是，拉美国家的跨越式增长期是指从低收入向中等收入迈进的阶段。

别从 1920 年的 1242 美元、1707 美元、1954 美元增长到 1970 年的 4635 美元、4932 美元和 6143 美元，增长幅度分别为 273.19%、188.93% 和 14.38%，AAGR 分别为 2.67%、2.14% 和 2.32%。第二种情形是智利、乌拉圭和委内瑞拉的锯齿形波动上升，人均 GDP 分别从 1920 年的 4248 美元、3580 美元和 1903 美元上升到 1970 年的 8195 美元、8030 美元和 15289 美元，增长幅度分别是 92.91%、124.30% 和 703.42%，AAGR 分别达到 1.32%、1.63% 和 4.26%。这一时期，拉美六国均从低收入国家变成了中等收入国家，尤其是委内瑞拉，其人均 GDP、增长幅度和年均增速都是最高的。

第四个阶段是 1970—2018 年的"中等收入陷阱"期。20 世纪 70 年代以后，拉美国家结束了高增长进入"中等收入陷阱"，波动幅度开始加大，拉美六国中仅有智利、乌拉圭和委内瑞拉分别在 2012 年、2013 年和 2014 年被世界银行宣布成功跨越"中等收入陷阱"成为高收入国家，但是智利和乌拉圭实现了持续经济增长，而委内瑞拉则陷入战乱导致人均 GDP 持续下降，其他三个国家深陷"中等收入陷阱"无法摆脱。具体来看，第一种情形，智利和乌拉圭进入并跨越"中等收入陷阱"，1970 年人均 GDP 出现波动但最后成功实现持续增长，从 1970 年的 8195 美元和 8030 美元增长到 2018 年的 22105 美元和 20186 美元，增长幅度分别为 169.73% 和 151.38%，AAGR 分别为 2.09% 和 1.94%。智利和乌拉圭分别在 2012 年（20531 美元）和 2013 年（18589 美元）成为高收入国家，此后维持增长态势保持着高收入国家水平；

第二种情形，巴西、哥伦比亚和秘鲁进入并陷入"中等收入陷阱"，1970 年后人均 GDP 出现下滑，最后未能恢复高增长，未能摆脱"中等收入陷阱"。巴西、哥伦比亚和秘鲁的人均 GDP 分别从 1970 年的 4635 美元、4932 美元和 6143 美元增长到 2018 年的 14034 美元、13545 美元和 12310 美元，增幅分别为 202.77%、174.64% 和 100.39%，AAGR 分别是 2.33%、2.13% 和 1.46%；

第三种情形，委内瑞拉陷入、跨越和重新陷入"中等收入陷阱"，委内瑞拉的人均GDP从1970年的15289美元波动上升至2013年的21429美元，2014年被世界银行宣布成为高收入国家。但是，随后委内瑞拉的人均GDP一路下滑，至2018年时仅为10710美元。

拉美六国的长期经济变迁过程不仅具有阶段性，而且每一个阶段中各个国家具有异质性，这是与欧洲六国长期经济增长过程所不同的。从阶段性来看，拉美六国的长期经济增长过程经历了平缓增长期（1820—1870年）、加速增长期（1870—1920年）、跨越式增长期（1920—1970年）和"中等收入陷阱"期（1970—2018年）四个阶段，在跨越式增长期尤其是1930年之后开始高速增长，在1970年之后陷入"中等收入陷阱"增速下降；从异质性来看，智利、乌拉圭、巴西、哥伦比亚和秘鲁的人均GDP在1970年进入中等收入国家行列之前都较为稳定，呈现较小程度的锯齿形波动，而委内瑞拉则呈现长时段、大幅度的波浪形上下波动。从"中等收入陷阱"期来看，智利、乌拉圭、巴西、哥伦比亚、秘鲁五国和委内瑞拉在波动特征方面的锯齿形和波浪形差别仍然存在，而长期经济增长过程的结果也有所不同。智利和乌拉圭摆脱"中等收入陷阱"，稳定地成为高收入国家；巴西、哥伦比亚和秘鲁陷入"中等收入陷阱"无法摆脱；委内瑞拉在进入高收入国家行列之后出现了断崖式的大幅度下跌，重新陷入"中等收入陷阱"。

通过上文的描述，拉美六国长期经济变迁过程的阶段性、异质性以及人均GDP跃迁过程均已得到揭示，但仍无法判断各个阶段人均GDP跃迁的原因以及不同国家陷入或者跨越"中等收入陷阱"的原因，仍需从经济增长和经济收缩两个方面予以详细分析。

二　1820年以来拉美国家的经济绩效、增长贡献与收缩损失

"中等收入陷阱"期之前，拉美六国的增长贡献增加对经济绩效改善起到重要作用，但跨越"中等收入陷阱"主要来源于收缩损失下降而非增长贡献增加，表4-8展示了拉美六国1820年以来的经济绩效、增长贡献和收缩损失。

表4-8　1820—2018年拉美六国经济绩效、增长贡献和收缩损失　　单位：%

国家①	指标	1820—1870年	1870—1920年	1920—1970年	1970—2018年
智利	经济绩效	1.72	1.87	1.93	2.17
	增长贡献	2.13	3.64	4.17	3.20
	收缩损失	-0.42	-1.77	-2.24	-1.03
乌拉圭	经济绩效	—	0.63	1.42	2.10
	增长贡献	—	5.21	3.49	3.01
	收缩损失	—	-4.59	-2.07	-0.91
巴西	经济绩效	1.36	0.30	2.90	2.53
	增长贡献	2.80	2.46	3.46	3.23
	收缩损失	-1.44	-2.15	-0.57	-0.71
哥伦比亚	经济绩效	—	0.94	2.27	2.19
	增长贡献	—	1.13	2.55	2.36
	收缩损失	—	-0.19	-0.28	-0.17
秘鲁	经济绩效	1.61	0.89	2.37	1.66
	增长贡献	3.37	3.48	3.23	2.89
	收缩损失	-1.76	-2.58	-0.86	-1.23
委内瑞拉	经济绩效	0.13	0.33	4.31	-0.38
	增长贡献	3.25	2.70	5.08	2.54
	收缩损失	-3.13	-2.37	-0.78	-2.92

注：本表中增长贡献＝正增长频率×平均增长率；收缩损失＝经济收缩频率×平均收缩率。

资料来源：MPD2020数据，根据人均GDP计算而得。

---

① 数据说明：委内瑞拉人均GDP始于1830年，巴西始于1850年，乌拉圭和哥伦比亚始于1870年。各个国家起始年份均没有人均GDP增长率，各个阶段的年份为除去起始年份之外的序数数值之和。需要注意的是，各个经济增长阶段中0%的经济增长率，按照定义既不为正增长也不为经济收缩，在计算经济收缩频次时不包含此项，在计算经济收缩频率时作为分母的年份之和也不包含这些年份。具体来讲，在1820—1870年中，智利人均GDP增长率在1841年为0%，经济收缩频率分母为49；巴西在1868年、1869年为0%，经济收缩频率分母为18；委内瑞拉在1844年、1848年为0%，经济收缩频率分母为38。在1870—1920年中，乌拉圭人均GDP增长率在1871年、1892年、1903年、1904年、1909年、1911年、1918年为0%，经济收缩频率分母为43；巴西在1871年、1894年为0%，经济收缩频率分母为49；委内瑞拉在1881年、1888年、1893年、1909年、1915年为0%，经济收缩频率分母为46年。在1920—1970年中，智利人均GDP增长率在1944年为0，经济收缩频率分母为50；乌拉圭在1936年、1965年为0%，经济收缩频率分母为49；巴西在1921年为0%，经济收缩频率分母为50；哥伦比亚在1925年为0%，经济收缩频率分母为50。在1970—2018年中，乌拉圭人均GDP增长率在1990年为0%，经济收缩频率分母为48。

第一，拉美六国经济绩效的动态特征。拉美六国的经济绩效有三种情形。第一种情形是四个经济增长阶段持续增长，包括智利和乌拉圭两国。智利的经济绩效从1820—1870年的1.72%上升为1870—1920年的1.87%，1920—1970年和1970—2018年分别上升至1.93%和2.17%。而乌拉圭的经济绩效从1870—1920年的0.63%上升至1920—1970年的1.42%，1970—2018年达到2.10%。智利和乌拉圭两国的经济绩效保持了四个阶段持续上升的态势。

第二种情形是第一至第四个经济增长阶段先降后升再降，包括巴西、哥伦比亚和秘鲁三国。巴西和秘鲁的经济绩效分别从1820—1870年的1.36%和1.61%下降到1870—1920年的0.30%和0.89%，1920—1970年上升至2.90%和2.37%，1970—2018年下降到2.53%和1.66%。哥伦比亚的经济绩效从1870—1920年的0.94%上升到1920—1970年的2.27%，1970—2018年下降到2.19%。

第三种情形是第一至第三个经济增长阶段持续增长但第四个经济增长阶段大幅下降，包括委内瑞拉。委内瑞拉从平缓增长进入高速增长的过程同智利和乌拉圭非常类似，其经济绩效在1820—1870年、1870—1920年、1920—1970年从0.13%、0.33%连续攀升至4.31%，但在1970—2018年出现了断崖式下滑，下降到－0.38%。

第二，拉美六国增长贡献的动态特征。拉美六国增长贡献具有五种情形。第一种情形，智利的增长贡献第一至第三阶段持续上升但第四阶段下降，即从2.13%上升为3.64%和4.17%，但1970—2018年下降到3.20%。第二种情形，乌拉圭的后三个阶段持续下降，即从5.21%下降到3.49%进而降至3.02%。第三种情形，巴西和委内瑞拉的增长贡献先下降后上升再下降，即巴西和委内瑞拉分别从1820—1870年的2.80%和3.25%下降到1870—1920年的2.46%和2.70%，1920—1970年上升至3.46%和5.08%，但1970—2018年下降为3.23%和2.54%。第四种情形，哥伦比亚的增长贡献后三个阶段先上升后下降，即从1870—1920年的1.13%上升到1920—1970年的2.55%，但1970—2018年下降为2.36%。第五种情形，秘鲁的增长贡献先上升后连续下降，即从1820—1870年的3.37%上升为1820—1920年的3.48%，但1920—1970年和1970—2018年分别下降为3.23%和2.89%。

尽管增长贡献的情形比较复杂，但是仍可看出两条规律。第一，1870—1920年加速增长期向1920—1970年快速增长期过渡中，智利、巴西、哥伦比亚和委内瑞拉的增长贡献都有所提高，但乌拉圭和秘鲁是下降的，说明增长贡献的提高对拉美国家从低收入向中等收入跃迁中经济绩效的改善起到了一定作用。第二，1920—1970年快速增长期向1970—2018年"中等收入陷阱"期的过渡中，拉美六国的增长贡献无一例外地呈现下降趋势，表明进入中等收入，尤其是中高收入且逼近高收入之后增长贡献下降是不可避免的客观规律，同时增长贡献不能再通过经济增长对经济绩效改善发挥作用。

第三，拉美六国收缩损失的动态特征。拉美六国的收缩损失幅度变动具有四种情形。第一种情形，智利和哥伦比亚的收缩损失幅度前三个阶段上升，第三至第四个阶段下降。智利的收缩损失幅度从1820—1870年的0.42%和1870—1920年的1.77%上升到1920—1970年的2.24%，1970—2018年下降到1.03%。哥伦比亚的收缩损失幅度从1870—1920年的0.19%上升到1920—1970年的0.28%，1970—2018年下降到0.17%。第二种情形，乌拉圭的收缩损失幅度后三个阶段持续下降，即从1870—1920年的4.59%下降到1920—1970年的2.07%和1970—2018年的0.91%。第三种情形，巴西和秘鲁的收缩损失幅度先上升后下降再上升，即巴西和秘鲁的收缩损失幅度从1820—1870年的1.44%和1.76%上升到1870—1920年的2.15%和2.58%，1920—1970年下降为0.57%和0.86%，1970—2018年上升至0.71%和1.23%。第四种情形，委内瑞拉的收缩损失幅度前三个阶段持续下降而第四个阶段上升，即从1820—1870年的3.13%下降到1870—1920年的2.37%和1920—1970年的0.78%，1970—2018年上升至2.92%。

尽管收缩损失幅度变动差异性较大，但仍可看出一定的规律性。

首先，1870—1920年加速增长期向1920—1970年快速增长期过渡中，乌拉圭、巴西、秘鲁和委内瑞拉的收缩损失幅度均有所下降，而智利和哥伦比亚是上升的，这说明收缩损失幅度下降对拉美国家从低收入向中等收入跃迁中经济绩效的改善有所贡献。其次，1970—2018年的"中等收入陷阱"阶段，成功跨越"中等收入陷阱"的智利和乌拉圭收缩损失幅度均有所下降，而巴西、秘鲁和委内瑞拉等国的经济绩效下降则伴随收缩损失幅度的上升。哥伦比亚是一个特例，但仍表现出一定的理论含义——哥伦比亚经济绩效下降幅度小于其他陷入"中等收入陷阱"的国家，而这伴随收缩损失幅度的上升。这说明，收缩损失幅度的降低对于拉美国家跨越"中等收入陷阱"有至关重要的作用。

总的来看，拉美国家从低收入向高收入跃迁中经济绩效改善来自增长贡献增加和收缩损失减小两个方面，而决定拉美国家能否跨越"中等收入陷阱"的关键因素还是收缩损失减小而非增长贡献增加。但是，经济绩效同增长贡献、收缩损失关系的分析尽管揭示了经济绩效改善的来源以及跨越"中等收入陷阱"的来源，但是仍存在两个问题：第一，低收入向高收入跃迁中的经济绩效改善增长贡献增加和收缩损失减小的贡献谁大谁小？第二，跨越或者陷入"中等收入陷阱"的国家中，增长贡献和收缩损失对经济绩效变化的贡献率究竟是多少？这需要通过更加科学而细致的分析，对经济增长和经济收缩的贡献进行准确度量。

三 1820年以来拉美国家的经济绩效、经济增长和经济收缩

拉美国家低水平徘徊阶段的绩效变化中，经济收缩发挥了重要作用，低收入向高收入迈进中的绩效改善主要来源是经济收缩的降低而非经济增长的提升，跨越"中等收入陷阱"的关键在于维持一定水平经济增长基础上减少经济收缩。

第一，1820—1870年至1870—1920年的阶段转换中，拉美国家在低收入水平徘徊，智利经济绩效变化的主要来源是经济增长，而

巴西、秘鲁和委内瑞拉经济绩效变化的主要来源是经济收缩,见表4-9。首先,智利经济绩效改善的主要来源是平均增长率增加抵消并扭转了经济收缩频率和平均收缩幅度增加带来的经济绩效下降趋势。具体来看,智利上升 3.12 个百分点的平均增长率带来 2.22 个百分点的绩效改善,而经济收缩频率增加 16.85 个百分点和平均收缩幅度增加 2.7 个百分点分别导致经济绩效损失了 1.29 个百分点和 0.78 个百分点,经济绩效改善超过经济绩效损失幅度,最终形成 0.15 个百分点的绩效改善。

其次,巴西、秘鲁和委内瑞拉的主要来源是经济收缩。委内瑞拉经济绩效改善的主要来源是经济收缩降低,其平均增长率下降了 1.33 个百分点造成经济绩效损失了 0.68 个百分点,而经济收缩频率和平均收缩幅度分别下降 2.17 个百分点和 1.3 个百分点,分别带来 0.25 个百分点和 0.64 个百分点的经济绩效改善,经济收缩降低带来经济绩效改善抵消甚至扭转了经济增长下降带来的经济绩效下降趋势。巴西经济绩效下降的主要来源是经济收缩增加,虽然平均增长率增加 0.23 个百分点带来 0.13 个百分点的经济绩效改善,但是经济收缩频率和平均收缩幅度增加 10.09 个百分点和 0.70 个百分点,分别造成经济绩效损失了 0.88 个百分点和 0.31 个百分点,将平均增长率增加带来的经济绩效改善抵消并造成经济绩效的下降。秘鲁经济绩效下降的主要来源是平均收缩幅度变大,秘鲁平均增长率下降 1.04 个百分点造成经济绩效损失了 0.62 个百分点,经济收缩两因素的变化方向不同,平均收缩幅度增加 3.91 个百分点导致经济绩效损失了 1.55 个百分点,而经济收缩频率下降 12.67 个百分点带来 1.46 个百分点的经济绩效改善未能成功抵消平均增长率下降和平均收缩幅度增加所带来的经济绩效损失。如果仅从经济绩效改善的角度来看,智利和委内瑞拉经济绩效改善的主要来源分别是平均增长率增加和经济收缩减少。

表 4-9　　拉美六国 1820—1870 年、1870—1920 年经济绩效变化来源及贡献率　　单位：%

指标		智利	乌拉圭	巴西	哥伦比亚	秘鲁	委内瑞拉
经济绩效变化情况（ΔEP）		0.15	—	-1.06	—	-0.72	0.20
经济收缩频率变化（Δf_-）		16.85	—	10.09	—	-12.67	-2.17
平均增长率变化（Δg_+）		3.12	—	0.23	—	-1.04	-1.33
平均收缩率变化（Δg_-）		-2.70	—	-0.70	—	-3.91	1.30
经济绩效变化渠道	经济收缩频率	-1.29	—	-0.88	—	1.46	0.25
	平均增长率	2.22	—	0.13	—	-0.62	-0.68
	平均收缩率	-0.78	—	-0.31	—	-1.55	0.64
各渠道贡献率	经济收缩频率	-836.07	—	83.49	—	-203.77	121.36
	平均增长率	1442.02	—	-12.46	—	87.21	-332.34
	平均收缩率	-505.96	—	28.98	—	216.56	310.99

注：绩效变化是指 1870—1920 年与 1820—1870 年相比的经济绩效变化。各渠道对绩效改变的贡献根据式（3-12）计算，权重为本组与收入水平低一组的平均值。各绩效改变渠道贡献率是指各改善渠道贡献在三个渠道贡献总和中的占比。

资料来源：MPD2020 数据，使用人均 GDP 数据，依据式（3-12）计算而得。

第二，1870—1920 年至 1920—1970 年的阶段转换中，拉美国家实现了从低收入向中高收入的跃迁，经济绩效改善的主要来源是经济收缩的减少而非经济增长的增加，但经济增长维持在一定水平，见表 4-10。这一阶段经济绩效的改善，具体来讲可以分为三种不同情形。第一种情形，平均收缩幅度增加带来经济绩效损失，但是经济收缩频率下降和平均增长率提升带来的经济绩效改善弥补了损失并形成最终的经济绩效改善，包括智利和哥伦比亚。智利的平均收缩幅度增加 2.73 个百分点导致经济绩效损失了 0.92 个百分点，而经济收缩频率下降 7.25 个百分点和平均增长率增加 0.16 个百分点给经济绩效带来的改善分别是 0.87 个百分点和 0.11 个百分点，由此弥补了平均收缩幅度增加带来的经济绩效损失，且经济收缩频率下降的贡献更大。哥伦比亚的平均收缩幅度增加1.07个百分点导致绩效损失了0.30个百分点，而经济收缩频率下降20个百分点和平均增长率增加1.30个百分点带来的经济绩效改善分别是0.70个百分点和0.94个百分点，弥补了平均收缩幅度增加带来的绩效损失，且平均增长率增加的贡献更大，但差别不大。

表4-10　　　　　　　　拉美六国1870—1920年、1920—1970年
绩效变化来源及贡献率　　　　　单位:%

指标		智利	乌拉圭	巴西	哥伦比亚	秘鲁	委内瑞拉
经济绩效变化情况（ΔEP）		0.06	0.80	2.59	1.34	1.48	3.98
经济收缩频率变化（Δf_-）		-7.25	-5.41	-26.98	-20.00	-5.88	-26.26
平均增长率变化（Δg_+）		0.16	-3.64	-0.37	1.30	-0.76	1.31
平均收缩率变化（Δg_-）		-2.73	5.04	1.81	-1.07	4.62	1.34
绩效变化渠道	经济收缩频率	0.87	0.83	2.19	0.70	0.60	2.65
	平均增长率	0.11	-2.13	-0.24	0.94	-0.53	0.86
	平均收缩率	-0.92	2.09	0.64	-0.30	1.40	0.47
各渠道贡献率	经济收缩频率	1472.64	104.53	84.43	52.31	40.84	66.72
	平均增长率	182.17	-267.53	-9.21	70.05	-35.65	21.55
	平均收缩率	-1554.80	262.99	24.78	-22.36	94.82	11.73

注：绩效变化是指1920—1970年与1870—1920年相比的经济绩效变化。各渠道对绩效改变的贡献根据式（3-12）计算，权重为本组与收入水平低一组的平均值。各绩效改变渠道贡献率是指各改善渠道贡献在三个渠道贡献总和中的占比。

资料来源：MPD2020数据，使用人均GDP数据，依据式（3-12）计算而得。

第二种情形，平均增长率下降带来经济绩效损失，但是经济收缩频率和平均收缩幅度同时下降弥补并扭转了经济绩效下降趋势，包括乌拉圭、巴西和秘鲁。乌拉圭、巴西和秘鲁的平均增长率分别下降了3.64个百分点、0.37个百分点和0.76个百分点，导致经济绩效分别损失了2.13个百分点、0.24个百分点和0.53个百分点。经济收缩的下降抵消了经济绩效损失，乌拉圭、巴西和秘鲁经济收

缩频率分别下降5.41个百分点、26.98个百分点和5.88个百分点，带来经济绩效改善为0.83个百分点、2.19个百分点和0.60个百分点。而乌拉圭、巴西和秘鲁平均收缩幅度分别下降5.04个百分点、1.81个百分点和4.62个百分点，带来经济绩效改善2.09个百分点、0.64个百分点和1.40个百分点，经济绩效改善之和分别为2.92个百分点、2.83个百分点和2.00个百分点，完全抵消了平均增长率下降带来的绩效损失。

第三种情形，平均增长率增加、经济收缩频率和平均收缩幅度同时下降下经济绩效改善，仅有委内瑞拉一国。委内瑞拉的平均增长率增加1.31个百分点、经济收缩频率和平均收缩幅度下降26.26个百分点和1.34个百分点，分别带来经济绩效改善为0.86个百分点、2.65个百分点和0.47个百分点。

总体来看，这一阶段经济绩效改善的主要来源在于经济收缩下降，而非经济增长增加，因为经济增长在这一个经济增长阶段的表现是下降的，如乌拉圭、巴西和秘鲁三国，即使智利、哥伦比亚和委内瑞拉的经济增长是上升的，但是智利和委内瑞拉经济增长带来经济绩效改善的贡献远小于经济收缩下降，而哥伦比亚经济收缩下降对经济绩效改善的贡献则比经济增长增加仅仅低0.24个百分点。

第三，1970年之后跨越"中等收入陷阱"国家和深陷"中等收入陷阱"国家的经济绩效差异主要来源于经济收缩，见表4-11。首先，跨越"中等收入陷阱"国家和深陷"中等收入陷阱"国家平均增长率在这一阶段同时下降，前者下降幅度甚至更大，中等收入向高收入跃迁过程中平均增长率下降不可避免。具体来看，智利和乌拉圭平均增长率分别下降了2.04个百分点和1.79个百分点，而巴西、哥伦比亚、秘鲁和委内瑞拉的平均增长率分别下降0.58个百分点、0.49个百分点、0.63个百分点和1.29个百分点。出人意料的是，作为跨越"中等收入陷阱"国家的智利和乌拉圭，其平均增长率下降幅度远高于陷入"中等收入陷阱"的巴西、哥伦比亚和秘鲁，甚至远高于战乱频繁的委内瑞拉。这一方面说明中等收入向高收入跃迁中平均增长率下降不可避免；另一方面也说明经济增长对于收入跃迁的重要性并没有以往理论认识那么重要。

其次，成功跨越"中等收入陷阱"的智利和乌拉圭，经济绩效改善的主要来源是经济收缩下降，尤其是经济收缩频率大幅下降。智利和乌拉圭平均增长率下降分别导致经济绩效损失了1.55个百分点和1.24个百分点，智利的经济收缩频率和平均收缩幅度分别下降11.63个百分点和1.85个百分点，带来的经济绩效改善分别为1.34个百分点和0.45个百分点，经济绩效改善之和为1.79个百分点。乌拉圭的经济收缩频率和平均收缩幅度分别下降15.86个百分点和1.36个百分点，分别带来的经济绩效改善为1.50个百分点和0.42个百分点，经济绩效改善之和为1.92个百分点。由此，智利和乌拉圭的经济收缩下降抵消甚至扭转了不可避免的平均增长率下降带来的经济绩效下降趋势，实现了经济绩效改善。

最后，深陷"中等收入陷阱"国家经济绩效变差的主要来源是平均增长率下降和平均收缩幅度增加，但主要原因是经济收缩频率下降幅度不够，因为平均增长率下降趋势不可避免。巴西、哥伦比亚和秘鲁的平均增长率分别下降了0.58个百分点、0.49个百分点和0.63个百分点，导致经济绩效分别损失了0.47个百分点、0.42个百分点和0.47个百分点；平均收缩幅度分别增长了1.76个百分点、0.11个百分点和1.88个百分点，导致经济的经济绩效分别损失了0.34个百分点、0.02个百分点和0.49个百分点。平均增长率下降和平均收缩幅度增加导致巴西、哥伦比亚和秘鲁三国经济绩效损失了0.81个百分点、0.44个百分点和0.96个百分点。巴西、哥伦比亚和秘鲁三个国家经济收缩频率分别下降5.67个百分点、7.80个百分点和2.96个百分点，带来的经济绩效改善分别为0.43个百分点、0.35个百分点和0.24个百分点，同智利和乌拉圭的经济收缩频率大幅度下降带来更大的经济绩效改善相比，这些国家经济收缩频率下降带来的经济绩效改善程度偏小，难以抵消平均收缩幅度增加和不可避免的平均增长率下降带来的经济绩效下降。委内瑞拉的情况更糟糕，其-4.68个百分点的经济绩效变化是在平均增长率下降、经济收缩频率增加和平均收缩幅度增加同时发生的情况下出现的，它们分别导致经济绩效损失了0.82个百分点、3.09个百分点和0.77个百分点。值得注意的是，经济收缩频率增加造成的经济绩效损失最大，主要原因是经济收缩频率增加幅度过大，也就是说委内瑞拉同上一个经济增长阶段相比的经济收缩比其他国家发生得更为频繁。

表4-11 拉美六国1920—1970年、1970—2018年经济绩效变化来源及贡献率 单位：%

指标		智利	乌拉圭	巴西	哥伦比亚	秘鲁	委内瑞拉
经济绩效变化情况（ΔEP）		0.24	0.68	-0.37	-0.09	-0.71	-4.68
经济收缩频率变化（Δf_-）		-11.63	-15.86	-5.67	-7.80	-2.96	29.45
平均增长率变化（Δg_+）		-2.04	-1.79	-0.58	-0.49	-0.63	-1.29
平均收缩率变化（Δg_-）		1.85	1.36	-1.76	-0.11	-1.88	-2.12
绩效变化渠道	经济收缩频率	1.34	1.50	0.43	0.35	0.24	-3.09
	平均增长率	-1.55	-1.24	-0.47	-0.42	-0.47	-0.82
	平均收缩率	0.45	0.42	-0.34	-0.02	-0.49	-0.77
绩效变化渠道	经济收缩频率	559.46	220.17	-116.34	-396.83	-34.07	66.02
	平均增长率	-647.25	-181.75	125.57	479.03	65.55	17.58
	平均收缩率	187.79	61.58	90.76	17.81	68.53	16.40

注：绩效变化是指1970—2018年与1920—1970年相比的经济绩效变化。各渠道对绩效改变的贡献根据式（3-12）计算，权重为本组与收入水平低一组的平均值。各绩效改变渠道贡献率是指各改善渠道贡献在三个渠道贡献总和中的占比。

资料来源：MPD2020数据，使用人均GDP数据，依据式（3-12）计算而得。

表4-12对拉美六国的经济收缩频次和频率进行了比较。1920—1970年至1970—2018年的阶段转换中，委内瑞拉的经济收缩频次从11次增加到了25次，从上文的分析中可以看出这种变化给经济绩效带来了巨大损失。除委内瑞拉外，拉美五国的经济收缩频

次均有所下降，但成功跨越"中等收入陷阱"的智利和乌拉圭与深陷收入陷阱的巴西、哥伦比亚和秘鲁有明显的区别。智利和乌拉圭从 15 次和 19 次分别下降到了 9 次和 11 次，仅分别下降了 6 次和 8 次，从前文的分析中可以看出这种变化为抵消经济绩效损失做出了绝大部分贡献。而巴西、哥伦比亚和秘鲁则仅从 11 次、9 次和 14 次分别下降到了 8 次、5 次和 12 次，仅分别下降了 3 次、4 次和 2 次，这带来的经济绩效改善不足以抵消经济绩效损失。

表 4-12　1820—2018 年拉美六国经济绩效、收缩频次和收缩频率

国家	指标	1820—1870 年	1870—1920 年	1920—1970 年	1970—2018 年
智利	经济绩效（%）	1.72	1.87	1.93	2.17
	经济收缩频次（次）	10	19	15	9
	经济收缩频率（%）	20.41	37.25	30.00	18.37
乌拉圭	经济绩效（%）	—	0.63	1.42	2.10
	经济收缩频次（次）	—	19	19	11
	经济收缩频率（%）	—	44.19	38.78	22.92
巴西	经济绩效（%）	1.36	0.30	2.90	2.53
	经济收缩频次（次）	7	24	11	8
	经济收缩频率（%）	38.89	48.98	22.00	16.33
哥伦比亚	经济绩效（%）	—	0.94	2.27	2.19
	经济收缩频次（次）	—	19	9	5
	经济收缩频率（%）	—	38.00	18.00	10.20
秘鲁	经济绩效（%）	1.61	0.89	2.37	1.66
	经济收缩频次（次）	23	17	14	12
	经济收缩频率（%）	46.00	33.33	27.45	24.49
委内瑞拉	经济绩效（%）	0.13	0.33	4.31	-0.38
	经济收缩频次（次）	19	22	11	25
	经济收缩频率（%）	50.00	47.83	21.57	51.02

注：因为正增长频次与经济收缩频次、正增长频率与经济收缩频率具有此消彼长的关系，所以只列出了经济收缩频次和经济收缩频率以便讨论。

资料来源：MPD2020 数据，根据人均 GDP 计算而得。

从 1820 年以来拉美六国长期经济增长过程以及经济绩效的分解，可以得出以下结论。第一，拉美六国从低收入向中等收入跃迁以及跨越"中等收入陷阱"的过程中，伴随经济绩效的改善，反过来说只有经济绩效改善了，才能成功实现收入层级的跨越。第二，低收入向中等收入跨越过程中平均增长率下降趋势不明显，仍然支撑着收入跃迁中的经济绩效改善。但是，中等收入向高收入的迈进过程中，平均增长率也出现了不以人的意志为转移的、不可避免的下降。第三，成功跨越"中等收入陷阱"国家经济绩效改善的主要来源是经济收缩的下降，而不是经济增长的增加，但经济增长也维持在一定水平上。第四，中等收入国家跨越"中等收入陷阱"的关键，是在适应平均增长率下降趋势的基础上努力降低经济收缩频率和平均收缩幅度。

第四节 小结

在比较 1950 年以来不同收入组国家经济绩效差异及其来源的基础上，通过对率先进入现代经济增长的老牌资本主义发达国家、移植发达国家制度安排和发展路径的拉美国家（包括成功跨越"中等收入陷阱"的国家、陷入"中等收入陷阱"的国家以及跨越但又掉回"中等收入陷阱"的国家三种类型）自 1820 年以来的长期经济增长过程中人均 GDP、经济绩效、经济绩效差异及其分解的详细研究，本书得出以下结论。

第一，经济绩效的维持和改善主要来源于经济收缩（经济收缩频率和平均收缩幅度）的下降，可以分为三种情况。一是经济收缩（经济收缩频率和平均收缩幅度）下降的同时经济增长（平均增长率）有所提升，但是前者的贡献率大于后者。二是经济收缩（经济收缩频率和平均收缩幅度）下降的同时经济增长（平均增长率）略有下降，前者的贡献扭转了后者造成的经济绩效下降趋势。三是经济收缩（经济收缩频率和平均收缩幅度）下降的同时经济增长（平均增长率）略有下降，前者的贡献抵消了一部分后者造成的下降趋势。因此，本书强调降低经济收缩比提高经济增长更为重要。

第二，中等收入向高收入迈进的过程中，经济增长（平均增长率）会出现不可变的、不以人的意志为转移的客观的下降趋势。横向来看，不同收入等级国家的经济绩效分析表明，低收入组向高收入组的逐级跃迁过程中平均增长率总体上呈下降趋势，尤其是高收入组的平均增长率比中等偏上收入组低得多，高收入组国家实现了高增长向中速甚至低速增长的回归。纵向来看，实现现代经济增长的欧洲六国和跨越"中等收入陷阱"的拉美六国从中等收入向高收入迈进的过程中，正增长年份的平均增长率也出现了规律性的下降趋势，但这些国家通过经济收缩的下降克服甚至扭转了经济增长下降带来的经济绩效下降趋势。

第三，经济收缩的降低，要建立在一定水平经济增长前提下。虽然一国经济长期经济变迁过程中实现收入跃迁的同时，往往伴随经济绩效的改善。但是，一国在中等收入迈向高收入并且稳定在高收入阶段的过程中，正增长年份的平均增长率会出现不可避免的、不以人的意志为转移的客观的下降趋势，从这个意义上来讲经济绩效改善的来源是经济收缩（经济收缩频率和经济收缩幅度）的下降，而不是经济增长（平均增长率）的提升。必须强调的是，平均增长率虽然出现下降，但仍维持在一定水平之上，这是经济绩效改善的前提条件。

因此，本书认为经济绩效维持和改善主要来源于经济增长维持一定水平前提下经济收缩的降低，这是理解欧洲先发国家进入现代经济增长和拉美追赶国家跨越或陷入"中等收入陷阱"的关键所在。

第五章

中国发展"双奇迹"及其经济绩效分析

本章是经济绩效及其分解理论在中国分析中的应用。承接第四章世界各国长期经济变迁过程中经济绩效及其来源的分析，本章将运用经济绩效及其分解理论对中国发展"双奇迹"进行分析，揭示中国发展"双奇迹"的表现、中国七十余年来的经济绩效以及改革开放前后经济绩效的差异及其来源。在此基础上，本书将在第六章和第七章运用经济绩效体制分析的理论框架，解释中国改革开放前后经济绩效差异的体制原因和秩序根源，揭示改革开放前中国体制避免崩溃和改革开放后中国体制避免失序的关键所在。

在世界历史上，许多国家都经历过高增长时期，但它们往往因为增长不可持续而无法实现由穷变富的转变。改革开放40多年来，中国人均产出持续增长，尽管其中有增速波动，但增长趋势从未被打断。无论是从纵向的历史比较还是横向的国际比较来看这都是罕见的，这恰恰是改革开放以来中国人均国内生产总值快速提升的主要原因。《中共中央关于坚持和完善中国特色社会主义制度　推进国家治理体系和治理能力现代化若干重大问题的决定》和《中共中央关于党的百年奋斗重大成就和历史经验的决议》，将中国的发展成就科学地概括为中国发展"双奇迹"①，这一概括为准确分析"中国奇迹"的特征和来源提供了方向。据此可知，中国发展"双奇迹"应当包括两个方面的内容。一方面，中国创造了经济快速发展的奇迹。但是，中国的经济发展奇迹又不完全等同于经济高增长奇迹。从理论上看，以高增长为主要内容的中国经济奇迹论在主流经济学理论看来是一种不可持续的"中国困惑"，而将经济奇迹归于中国模式独特性更是被西方主流意识形态视为"中国威胁"。另一方面，中国还创造了社会长期稳定的奇迹。现有研究大多将经济稳定片面等同于经济周期波动率低，并将研究的重点局限于如何降低周期性波动，因此忽视了增长趋势本身的可持续性。

第一节　中国经济快速增长奇迹

新中国成立七十余年来，中国共产党领导人民创造了中国发展"双奇迹"，实现了从站起来、富起来到强起来的伟大飞跃。截至2020年，中国国内生产总值达到101.6万亿元，比1952年增长了189倍②。同时，中国人均国内生产总值从新中国成立初期的几十美元增加到2020年的超过1万美元，实现了从低收入国家向中低收入国家、再到中高收入国家的跃升。

---

① 党的十九届四中全会指出："新中国成立七十年来，我们党领导人民创造了世所罕见的经济快速发展奇迹和社会长期稳定奇迹，中华民族迎来了从站起来、富起来到强起来的伟大飞跃。"（《中共中央关于坚持和完善中国特色社会主义制度　推进国家治理体系和治理能力现代化若干重大问题的决定》，人民出版社2019年版，第2页）；党的十九届六中全会指出："一百年来，党领导人民不懈奋斗、不断进取，成功开辟了实现中华民族伟大复兴的正确道路。中国……仅用几十年时间就走完发达国家几百年走过的工业化历程，创造了经济快速发展和社会长期稳定两大奇迹。"（《中共中央关于党的百年奋斗重大成就和历史经验的决议》，人民出版社2021年版，第63页）

② 数据来源：笔者根据统计数据计算而得，数据来自国家统计局网站（https://data.stats.gov.cn/easyquery.htm?cn=C01）。

分阶段来看，面对新中国成立初期严峻复杂的国内外环境，党中央通过实施集中的计划经济体制，使用以农补工、以轻补重的强制性积累方式实现了国家工业化，为中国后续的经济发展奠定了基础。改革开放以后，中国经济迸发出高速增长的活力，创造了世所罕见的经济增长奇迹。1978—2020年，中国年均GDP增长率达到9.3%，中国GDP总量占世界的比重也从1.7%上升至17.4%，发展成就巨大。

一 全球视角下的中国经济增长奇迹

从全球视角来看，中国经济增长奇迹的主要特点是增速快和增长稳。首先，增速快。事实上，中国经济发展的起点是非常低的。中国在改革开放之初的人均GDP和撒哈拉以南的非洲国家在1978年的人均GDP，分别是156美元和486美元。从横向比较来看，当今世界最贫穷国家在1978年的整体发展水平，竟然达中国改革开放之初人均GDP的三倍多。但是，到了2020年中国人均GDP为10500美元，撒哈拉以南的非洲国家的人均GDP仅为1484美元，前者为后者的七倍。经过计算可以得出，改革开放以来中国维持了年均9%的增长速度。依靠着这一"中国速度"，中国的经济总量在2010年超过日本跃居世界第二位，并进入了中等偏上收入国家行列，正在迈向高收入。

其次，增长稳。大量后发国家在经济发展过程中会陷入停滞，世界银行在2006年的《东亚经济发展报告》中将其称为"中等收入陷阱"[①]。实际上许多经济体，例如前文中分析的拉美国家尽管在某一阶段实现了快速经济增长，但从长期来看深陷"中等收入陷阱"，难以进入高收入国家行列。反观中国，图5-1表明，21世纪以来中国人均GDP保持着年均8.1%的速度，远高于同期的巴西（1.0%）、

---

① 具体是指当一个国家的人均收入达到世界中等水平后，由于不能顺利实现经济发展方式的转变，导致新的增长动力不足，最终出现经济停滞徘徊的状态。

阿根廷（0.5%）、墨西哥（0.1%）、哥伦比亚（2.0%）、智利（2.1%）、马来西亚（2.6%）等中等收入国家。

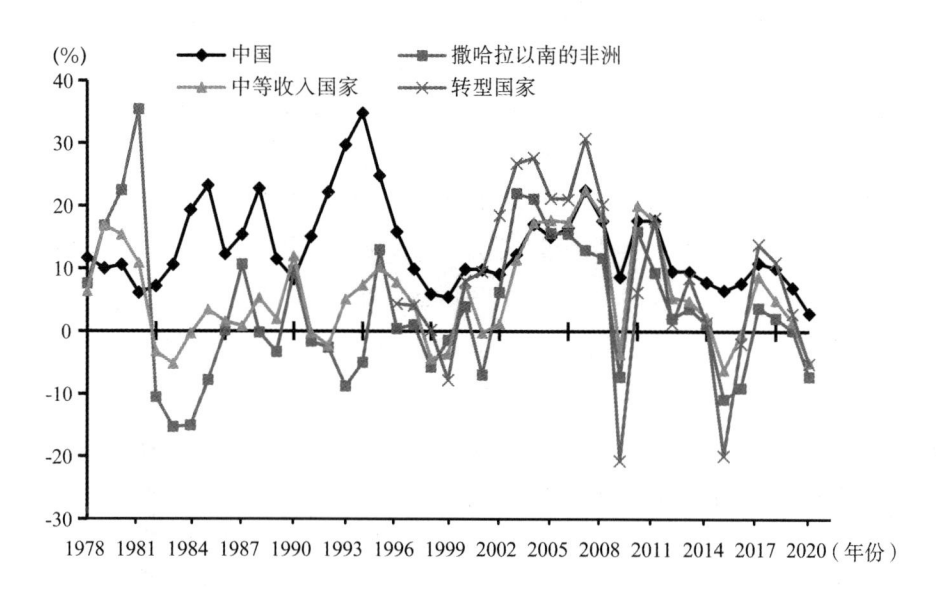

图 5-1　全球视角下的中国人均 GDP 增长率

资料来源：中国数据来自国家统计局网站，撒哈拉以南的非洲、中等收入国家和转型国家数据来自世界银行网站。

更重要的是，中国作为世界上最大的转型国家，在与其他后发国家的对比中，不仅展现出较好的增长态势，而且走出了一条中国特色的转型道路。20 世纪 80 年代末，一些转型国家移植英美等先发国家的经济制度甚至是政治制度，企图以所谓的"华盛顿共识"实现快速经济发展，但由于盲目照搬西方经验，最终导致政治动荡、经济衰退，人民生活水平急剧下降。同样作为后发国家，中国没有盲从西方经验，而是立足于本国国情，渐进式地朝着市场经济转型，走出了一条属于自己的发展道路。经济发展的绩效证明了这一点，21 世纪以来中国人均 GDP 保持了年均 8.1% 的增速，远高于同期的俄罗斯（3.1%）、乌克兰（2.9%）、匈牙利（2.4%）、爱沙尼亚（3.7%）、拉脱维亚（4.5%）和白俄罗斯

(4.5%)等转型国家。

二 中国经济增长动态过程

第一,从供给端看改革开放后的中国经济增长。改革开放通过体制创新和对外开放,实现了要素的自由流动,从而增加了劳动力、资本等要素的积累和投入,提高了要素配置效率,支撑了中国经济的快速增长。首先,从劳动力投入的数量和质量来看。改革开放放松了人口流动限制,将中国的人口潜力变为了人口红利。具体来讲,1978年中国劳动年龄人口(15—64岁)的规模为5.5亿人,2013年达到10.1亿人,之后开始下降并在2020年回落至约9.7亿人。不过,目前中国仍然是全球劳动年龄人口规模最大的国家。因此,中国劳动年龄人口比重处于世界较高水平,人口红利明显。中国劳动力年龄人口(15—64岁)占总人口的比重在1978年为57.8%,在2010年达到最高值73.3%,之后虽有下降但仍保持在70%以上。总体来看,充足的劳动人口带来的人口红利,为中国提供了充足的劳动力,是中国经济快速增长的重要因素。从质量上来看,随着高等教育的普及和职业教育的快速发展,中国的人力资本也得到很大提高。中国劳动力人口的平均受教育程度在1985年为6.2年,到2018年增长至10.4年,33年间增长了4.2年。[1] 中国每10万人中具有大专及以上文化程度的人数由1982年的615人上升为2020年的15467人,文盲率由22.80%下降为2.67%。[2]

其次,从资本积累来看。改革开放以来,中国的储蓄率一直位于世界较高水平,由改革开放之初的40%以下上升至20世纪90年代后的40%以上,并于2010年达到峰值50.7%,远高于其他国家。因此,中国经济增长是典型的"投资拉动型"。具体来讲,

---

[1] 中央财经大学人力资本与劳动经济研究中心:《中国人力资本报告2020》,https://humancapital.cufe.edu.cn/en/2020/Chinese_report2020.pdf。

[2] 《第七次全国人口普查公报(第六号)》,https://www.stats.gov.cn/sj/tjgb/rkpcgb/qgrkpcgb/202302/t20230206_1902006.html。

1980—2014 年，资本投入对中国经济增长的贡献率接近 60%。因此，资本积累是创造改革开放以来中国快速经济增长奇迹的重要因素。

最后，从全要素生产率来看。改革开放以来中国经济的快速增长，也是全要素生产率不断提高的结果。研究表明，改革开放前全要素生产率对经济增长的贡献率仅为 7%[1]，而改革开放之后全要素生产率对经济增长的贡献可以达到 30%[2]。综合以上分析来看，1978 年以来中国的经济快速增长奇迹是通过促进高投入（劳动力、资本）和实现高效率（人力资本、全要素生产率）两方面来实现的。当前，社会老龄化加剧，人均受教育年限上升空间也不大，中国的"人口红利"已经消失，再加上中国的储蓄率自 20 世纪 70 年代至今一直处在世界较高水平，提升空间不大，"投资拉动型"增长方式难以为继，未来中国增长的动力源泉主要依靠全要素生产率的提升。

第二，从需求端看改革开放后的中国经济增长。从投资需求角度来看，中国是典型的"投资拉动型"经济。改革开放之初，中国主要依靠投资拉动经济，投资的变动和中国经济周期的波动高度相关，且呈现投资增长在前、经济增长在中、消费增长在后的先后顺序。因此，中国经济增长是由投资拉动来实现的，并体现在下一期的消费中。

改革开放包含体制改革和对外开放两个方面的内容。改革开放以来，出口成为拉动中国经济增长的重要需求。基于劳动力丰富且廉价的优势，中国承接了大量在发达国家产业重组和产业链调整的情况下向外转移的劳动密集型产业。中国利用这样的机会成为世界制造工厂，开启了大规模出口和外向型经济的发展。由此，出口成

---

[1] 张军：《增长、资本形成与技术选择：解释中国经济增长下降的长期因素》，《经济学》（季刊）2002 年第 1 期。

[2] Bosworth, B. and S. M. Collins, "Accounting for Growth: Comparing China and India", *Journal of Economic Perspectives*, Vol. 22, No. 1, 2008.

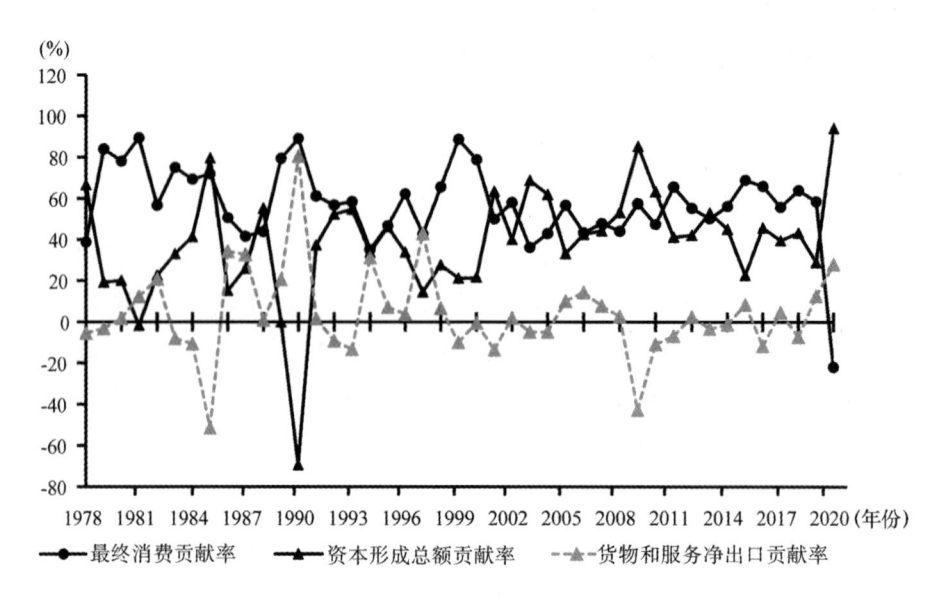

图 5-2 三大需求对中国经济增长的贡献率（1978—2020 年）

资料来源：国家统计局网站。

为中国经济高速增长的重要推动力。20 世纪 90 年代以后，净出口对 GDP 增长率的贡献逐渐显现，尤其是 2001 年中国加入世界贸易组织之后，外需对经济的拉动作用更加明显。受新冠疫情影响，逆全球化抬头，国际大循环动能明显减弱。2020 年世界经济萎缩 3.3%，全球货物贸易下降 7.6%，国际直接投资下降 42%。面对这一情况，加快构建"以国内大循环为主体、国内国际双循环相互促进"的新发展格局，将重塑中国国际合作和竞争新优势，增加经济回旋余地，维护中国经济安全。

随着中国经济体量的逐渐增大以及外部环境的变化，未来中国的外部需求会相对下降，依靠外需拉动经济的模式难以为继，中国将更多地依靠内需拉动经济。2014—2019 年，消费连续六年成为拉动中国经济增长的第一"主引擎"，这主要是由进入经济新常态后中国投资回报率大幅下降所导致的。中国拥有广阔的国内市场，在世界百年未有之大变局的情况下中国经济增长只有依赖国内市场和国内消费，才能形成经济增长可持续性的内生动力。

第二节　中国长期稳定的奇迹

无论从历史经验还是国别经验都可以看出，一个经济体一段时期的高增长并不少见，但是为什么成功迈入高收入经济体的国家寥寥无几？问题的答案不在于这些国家能够提高经济增长，而在于这些国家能够降低经济收缩。从前文的经济绩效理论及其分解可以看出，国家或经济体之间经济绩效的差异并不仅仅取决于经济增长，更取决于经济收缩。也就是说，一个国家或者经济体想要实现较高的经济绩效，必须在提高经济增长（平均增长率）的同时，降低经济收缩（经济收缩频率和平均收缩幅度）。更进一步，秩序是影响经济收缩的关键因素，降低经济收缩（经济收缩频率和平均收缩率）的关键是谋求稳定，包括实现政治稳定、经济稳定和社会稳定。

一　中国的政治稳定

政治稳定是一个政治学的概念，包含秩序性和继承性两个基本要素[1]，也就是说政治稳定就是要避免大范围的政治失序和国家动乱。事实上，西方的政治学理论认为，发展中国家的高速经济增长和快速社会转型，这些重要的经济、社会变革都会带来社会阶级关系的急剧变化和重新组合，从而威胁现有的政治秩序，所以往往伴随政治动荡、社会撕裂、国家失能和革命浪潮。从世界各国的发展历史来看，东欧剧变、苏联解体、阿拉伯之春等例子，无不印证着这一点。然而，中国在经济腾飞、社会现代化的过程中仍然保持了政治的稳定。具体来讲，无论是面临东欧剧变、苏联解体的国际政

---

[1] ［美］塞缪尔·P. 亨廷顿：《变化社会中的政治秩序》，王冠华、刘为等译，上海人民出版社2021年版，第70页。

治风波，还是面对东南亚金融危机、国际金融危机等国际经济冲击，抑或是应对特大洪水、汶川地震等国内自然灾害挑战，中国共产党领导下的具有中国特色的政治体制实际上开创了一条中国特色社会主义的维持政治稳定的独特道路，最终创造了世所罕见的政治稳定奇迹。

首先，这种来之不易的政治稳定，最核心的原因是中国共产党的领导。在中国共产党的领导下，全国各族人民始终坚定不移地坚持中国特色社会主义的政治稳定和经济发展道路，并且随着具体情况的变化适时适当地进行体制变革和制度创新，维系了政治的稳定。同时，这种长期的政治稳定与中国共产党坚持解放思想、实事求是、与时俱进、求真务实的工作方针是分不开的。改革开放之初，全党上下都深刻地认识到，稳定是中国发展的先决条件。中国共产党的历代领导人不断强调以下观点：必须保持国内安定团结、大局稳定的政治局面，必须正确处理好改革、发展和稳定之间的关系，等等。中国发展壮大的历史足以证明，没有一个强有力的执政党不可能实现政治稳定，没有政治稳定就没有经济的稳定、持续性的增长和社会的长治久安，没有经济稳定增长和社会稳定发展，即便是现在已经取得的成就也会丢失掉。因此，中国在中国共产党的坚强领导下创建了政治稳定的大局面，实际上为经济快速增长和社会长期稳定提供了前提条件和宏观环境。

其次，是"自上而下"和"自下而上"相结合的治理机制。自上而下，主要是指以试点制为代表的政策试验机制。在改革开放之初，面临错综复杂的国内外形势，如何在没有经验可以借鉴的情况下，建设中国特色社会主义，成为全党上下所面临的重要难题。在这种情况下，中国共产党人探索出了一套以试点制为代表的政策试验机制，这一机制在保证整体稳定的基础上实现了制度的创新和扩散，有效地解决既得利益消散阻碍发展和增量利益分配引起矛盾等问题，避免了体制转型过快过急造成的失序风险。这不仅被认为是中国改革开放以来推动经济社会快速发展的重要制度之一①,同样也被认为是中国共产党治国理政的重要方式。

自下而上,则是指改革最初由基层发端,逐渐向上扩散,最终全面铺开的政策扩散机制。事实上,从家庭联产承包责任制的确立到经济特区和沿海开放区,再到价格双轨制改革进而过渡到社会主义市场经济,中国改革开放以来的伟大成就就是通过不断的试点、不断的提炼,进而不断地形成体制变革和制度创新实现的。因此,改革开放在认识和实践上的每一次突破和发展、每一个方面经验的创造和积累,都是来自广大劳动群众和经济活动参与者的探索与创造,都是在此基础上将基层实践、有益经验进行提炼总结并最终上升为顶层设计的结果。对此,习近平总书记也多次指出,"把鼓励基层改革创新、大胆探索作为抓改革落地的重要方法"②,"鼓励和允许不同地方进行差别化探索"③,正是对这一治理机制的绝佳注解。

最后,中国实现政治稳定的关键因素是实现了体制转型过程中的秩序维持。秩序的维持是中国在40多年波澜壮阔的改革过程中保持稳定的重要原因,其关键在于处理好体制转型中的新旧利益关系以及体制适配性。这主要体现为中国在体制转型过程中不断通过经济调整来维持秩序稳定。一方面,为了应对各种失序风险引起的经济绩效下滑,中国在朝向权利开放的体制转型过程中不断进行调整和干预;另一方面,转型过程中如果发生治理方式不适配或者体制效率和秩序结构转型不协调,也会导致严重的绩效损失,从而导致秩序混乱、局势不稳。例如,1979 年为防止经济过热进行的"调

---

① Roland, G., *Transition and Economics: Politics, Markets, and Firms.* Massachusetts: MIT Press, 2000.
② 《鼓励基层改革创新大胆探索 推动改革落地生根造福群众》,《人民日报》2015 年 10 月 14 日第 1 版。
③ 《鼓励基层改革创新大胆探索 推动改革落地生根造福群众》,《人民日报》2015 年 10 月 14 日第 1 版。

整、改革、整顿、提高";1985—1986年针对再次出现的经济过热进行"调整、整顿、充实、提高";1993年6月党中央下发旨在扭转当年经济过热、抑制通货膨胀的"十六条"等措施,都体现了这一点。

二 中国的经济稳定

新中国成立70多年来,中国已经快速成长为世界第二大经济体,同时中国经济也已经转向高质量发展的阶段。回望中国经济发展的历程,中国的经济稳定应从以下两个方面去理解。第一,中国过去40年的变迁不仅仅是一个高增长的故事,更是一个经济收缩频率和平均收缩幅度降低的故事[①]。第二,中国经济增长的稳定性不仅体现在极低的经济收缩频率和平均收缩幅度,还体现在波动性的急速降低。表5-1展示了5类不同收入水平国家1950—2011年的经济增长情况。从第3列可以看出,低收入国家的平均增长率并不比高收入国家低,最低收入国家的平均增长率甚至要高于最高收入国家的。类似地,在第5列中可以看到,低收入国家的经济收缩率也同样比高收入国家的要高。同时,从第2列和第4列中可以发现,越高收入水平的国家,拥有越高的经济增长的频率,人均收入2万美元的国家平均84%的年份是增长的,而收入水平最低的国家只有62%的年份实现了增长,这也就意味着在38%的年份中,最穷的国家都出现了经济收缩。这说明一个国家经济发展的长期绩效,其实并不取决于经济增长速度有多快,关键在于经济收缩的频率和幅度要尽可能低。

---

① 刘守英、汪广龙:《中国奇迹的政治经济逻辑》,《学术月刊》2021年第1期。

表5-1　不同收入水平国家的增长和收缩（1950—2011年）

2000年人均收入	经济增长频率（%）	平均增长率（%）	经济收缩频率（%）	平均收缩率（%）
大于20000美元	0.84	3.85	0.16	-2.22
10000—20000美元	0.80	4.85	0.20	-4.25
5000—10000美元	0.78	5.15	0.22	-4.89
2000—5000美元	0.72	4.72	0.28	-4.29
小于2000美元	0.62	3.99	0.38	-4.32

资料来源：Broadberry, S. and J. Wallis, "Growing, Shrinking, and Long Run Economic Performance: Historical Perspectives on Economic Development", *NBER Working Paper*, No. 23343, 2017。

表5-2展示了转型国家和发达国家1980—2020年的经济增长和经济收缩，我们同样发现了类似规律。相比英、美、法、德等传统发达国家，转型国家的增长速度其实要远高于发达国家，但是经济收缩的频率和幅度都要远高于发达国家。因此，中国作为世界上最大的转型国家，其成功的秘诀在于两个方面，一是长期保持了较高的平均增长率，二是实现了较低的经济收缩频率和幅度。

表5-2　发达国家和转型国家的增长和收缩（1980—2020年）

国家	国家	经济增长频率（%）	平均增长率（%）	经济收缩频率（%）	平均收缩率（%）
发达国家	英国	0.85	2.69	0.15	-3.03
	美国	0.85	3.15	0.15	-1.39
	法国	0.93	2.00	0.07	-3.9
	德国	0.85	2.17	0.15	-2.21
中国		1.00	9.25	—	—
转型国家	保加利亚	0.71	4.05	0.29	-6.95
	乌克兰	0.61	4.92	0.39	-9.09
	白俄罗斯	0.79	5.59	0.21	-6.28
	俄罗斯	0.71	4.66	0.29	-5.91
	波兰	0.83	4.08	0.17	-5.44

资料来源：Wind数据库。

如果聚焦中国经济发展的时序特征,我们会发现随着中国经济的高速增长,经济的波动性也在逐渐降低。为了考察中国自1949年以来的人均GDP变动情况,本书以1978年改革开放为界,将其分为两个部分。对比1978年以前与以后中国经济的发展过程,我们可以发现：1978年以前,中国经济的增长是十分缓慢的,以2011年不变价计算,1950年中国人均GDP为799美元,而1977年中国人均GDP为1583美元,人均GDP仅增长了1倍左右。1978年之后,中国经济的增长速度明显加快,2018年中国人均GDP为13102美元,比1977年增加了728%。

但是,如果从单个年份的增长率来看,1978年以前年增长率达到10%以上的年份也并不少,但是与1978年以后相比,一个明显的特征是,改革开放以前中国经济增长的波动明显更大。文献中通常使用一段时间内GDP增长率的标准差来度量宏观经济的波动程度[1],按照文献中的通常做法,本书选取了$(t-4)—(t+4)$年共9年窗口期的GDP增长率标准差[2],具体的构造公式如下：

$$Vol_{it} = \sqrt{\frac{1}{9}\sum_{t-4}^{t+4}(GR_{it} - \overline{GR_{it}})^2} \qquad (5-1)$$

其中,GR_{it}是GDP增长率（经过价格平减之后的实际GDP增长率）,$\overline{GR_{it}}$是$(t-4)—(t+4)$年间GDP增长率的平均值,即$\overline{GR_{it}} = \frac{1}{9}\sum_{t-4}^{t+4}GR_{it}$。经济波动程度是以第$t$年为中心的时间窗口期内标准差,尽管它是一个时间窗口期内的数值,仍然逐年变动。

图5-3展示了中国和发达国家的代表——美国1960—2011年

---

[1] Jaimovich N., H. E. Siu, "The Young, the Old, and the Restless: Demographics and Business Cycle Volatility", *American Economic Review*, Vol. 99, No. 3, 2009; Brückner M., M. Gradstein, "Exogenous Volatility and the Size of Government in Developing Countries", *Journal of Development Economics*, Vol. 105, 2013.

[2] 郭婧、马光荣：《宏观经济稳定与国有经济投资：作用机理与实证检验》,《管理世界》2019年第9期。

的经济波动情况，本书发现美国的经济波动基本上都稳定在4以下。由此可见，经济波动稳定在一个较低且平稳的状态，是国家经济持续增长的必要条件。同时，我们可以看到中国1960—2011年的经济波动情况，可以分为三个比较明显的时间段。第一，1978年以前的经济波动剧烈阶段。虽然中国的经济波动在20世纪60年代中期出现了明显的下降趋势，但是从绝对数值上来看，依然远高于同期的美国。第二，1978—1992年经济波动趋于平稳阶段。改革开放以后，中国经济波动率维持在4左右，说明经济在这一段时间内趋于平稳，但是对比同期的美国，中国的经济波动程度仍然是明显偏高的，尤其是在20世纪80年代中期至90年代中期，中国经济波动出现了一个小幅上涨的阶段，这一时期中国经济波动程度是美国的两倍左右。第三，1992年以后经济波动的持续降低阶段。1992年以后，中国经济波动出现了急剧下降，到20世纪、21世纪之交时中国经济波动的表现甚至已经好于大部分主要发达国家。从图5-3可以看出，2002年以后中国经济波动率几乎已经成为一条直线，其说明这一时期中

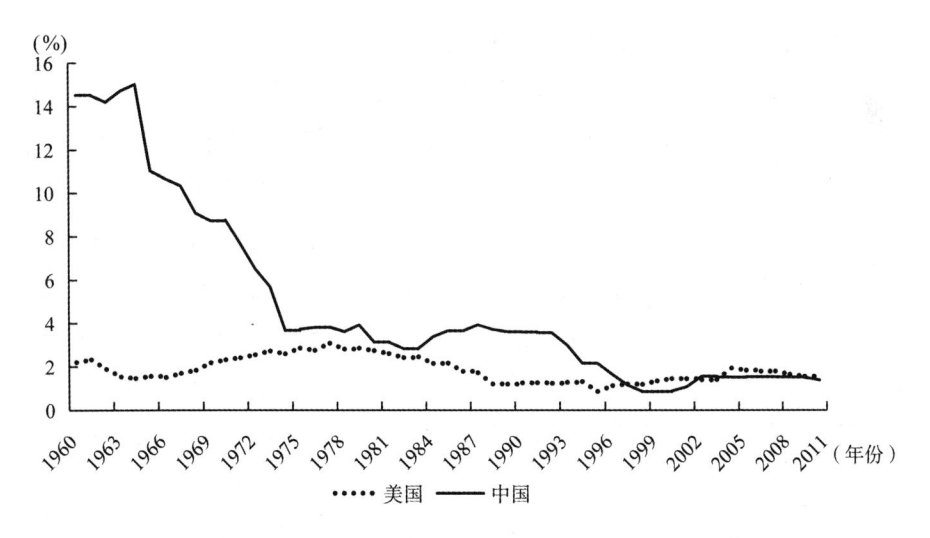

图5-3 中国的经济波动情况（1960—2011年）

资料来源：Wind数据库。

国经济以十分稳定的速度进行快速增长。截至 2010 年前后，中国已经成为世界上经济波动程度最低的国家之一。

三 中国的社会稳定

中国社会稳定的奇迹主要表现为两个方面：一方面，与世界众多发展中国家相比，中国是唯一一个打破"亨廷顿悖论"的大国。"亨廷顿悖论"是美国政治学家、社会学家亨廷顿提出的关于社会稳定方面的一个重要悖论。"亨廷顿悖论"指的是，如果一国维持在原有的传统的社会秩序之下，往往能够实现社会的稳定，但必须忍受贫困。但是，每个国家都想要实现现代化，失序和混乱恰恰是在现代化转型的过程中滋生的[1]。事实上，不仅仅英、美等发达国家的现代化过程中充满着动荡，拉美、东亚、北非众多国家都陷入了政局不稳、社会动荡的"现代化陷阱"。然而，中国的经济发展历程打破了这一悖论。另一方面，改革开放以来，作为一个拥有世界 1/4 人口的大国，中国在保持了高速增长的同时，并未出现明显的社会动荡，这一稳定发展的局面难能可贵。

中国的社会稳定体现在如下三个方面。第一，中国民众对政府的信任程度全世界最高。根据全球最大的公关咨询公司——爱德曼公司发布的 2021 Edelman Trust Barometer，该报告对全世界 28 个主要经济体的 3.4 万名受访者进行了信任度调查，结果显示中国民众对本国政府信任度高达 82%（见图 5 - 4），已经连续 4 年蝉联世界首位。[2] 相比之下，美国民众对美国政府的信任度是很低的，只有 42%，甚至达不到全球的平均水平。中国政府之所以在民众中拥有如此高的信任程度，是因为中国共产党全心全意为人民服务的根本宗旨和立党为公、执政为民的执政理念。自中国共产党成立伊始，

---

[1] ［美］塞缪尔·P. 亨廷顿：《变化社会中的政治秩序》，王冠华、刘为等译，上海人民出版社 2021 年版，第 31 页。

[2] 2021 Edelman Trust Barometer，https：//www.edelman.com/trust/2021 - trust - barometer。

就一直将人民群众的根本利益放在首位，改革开放之前国家工业化就是为了为人民群众的幸福生活奠定良好的物质基础以及争取和平发展的国际环境，改革开放以来以经济建设为中心和追求内涵更广泛、权利更包容的现代化更是直接致力于提高人民群众的收入、为人民群众创造更好的生活条件和富裕的物质条件。不仅如此，党和政府一直以来坚持发展为了人民、发展依靠人民、发展成果由人民共享，推动改革发展成果更多更公平地惠及全体人民，推动共同富裕取得更为明显的实质性进展。党的十九届五中全会更是将"全体人民共同富裕取得更为明显的实质性进展"确立为2035年基本实现社会主义现代化的远景目标之一。

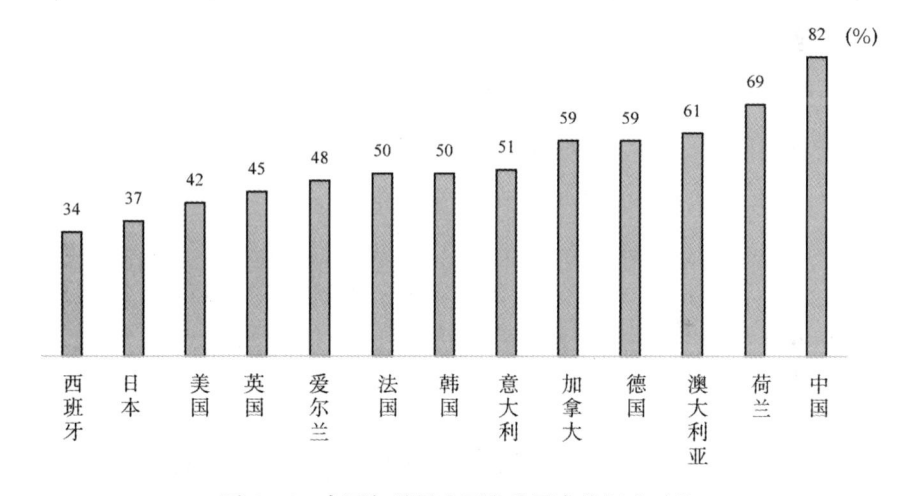

图5-4 中国与世界主要发达国家信任度对比

资料来源：*2021 Edelman Trust Barometer*，https://www.edelman.com/trust/2021-trust-barometer。

第二，中国能够充分应对各种风险和挑战。21世纪以来，全球已经经历了两次较大的全球性危机，一次是2008年国际金融危机，另一次是2019年暴发的新冠疫情带来的全球社会稳定危机。面对2008年国际金融危机，中国依靠政府强有力的宏观调控和一系列刺激计划，2008年、2009年、2010年分别保持了9.6%、

9.2%和10.4%的高速增长，并借此机会进行了产业结构的优化升级。面对人类历史上最为棘手的全球性传染病，中国是对新冠疫情控制最为成功的国家之一。

第三，中国是全世界最安全的国家之一。近期，美国权威民调机构盖洛普（Gallup）公布了《2020年全球法律与秩序报告》（*The 2020 Global Law and Order Report*）①。该报告是该公司在2019年通过线上或线下采访的方式，对全球144个国家和地区的近18万名15岁以上的受访者采访完成的。该报告的综合评分包含了当地居民对于当地警察的信任程度，当地居民对个人和家庭安全程度的感受以及过去一年中刑事案件发案率等因素。在144个接受调查的国家和地区中，中国以94分排名第三，新加坡以97分排名第一，中国也是排名前十中唯一人口过亿的大国。从每十万人中服刑人员比例来看，中国已经接近发达国家水平，并且这一数值还在不断下降。与之形成对比的是，2019年美国每十万人中的在押人员为630人，几乎是中国的3倍多。类似地，中国的故意杀人事件发生率也是世界最低的国家之一。事实上，东亚是世界上故意杀人事件发生率最低的地区之一，美国这一指标远高于东亚，2019年美国每十万人中故意杀人事件为5起，而东亚地区仅为0.5起，相差9倍。

第三节　中国发展"双奇迹"的经济绩效分析

新中国成立70余年来，中国实现了发展"双奇迹"的伟大成就。简单地用经济增长（正增长）而产生的分析不能展现中国发展"双奇迹"的全貌，必须从经济绩效、经济增长和经济收缩的

---

① *The 2020 Global Law and Order Report*, https://www.gallup.com/file/analytics/322256/Gallup_Global_Law_and_Order_2020_Report.pdf。

角度予以综合考察。20世纪50年代以来，中国经济绩效表现出四个方面特征。第一，整体来看，自20世纪50年代以来中国经济绩效处于较高水平；第二，改革开放之前中国经济绩效表现为"高增长、高收缩和低绩效"特征；第三，改革开放之后中国经济绩效呈现"高增长、低收缩和高绩效"特征；第四，改革之后中国经济绩效的改善主要依靠的是在将经济增长（平均增长率）维持在较高水平的前提下实现了经济收缩（经济收缩频率和平均收缩幅度）的降低。

一 长期动态：处于发展中国家的较高水平

改革开放以来，中国创造了经济快速增长和社会长期稳定的发展"双奇迹"。然而，学术界仅从经济增长（正增长）的角度研究中国改革开放之后40余年的发展成就和经济表现，忽略了更长时间内中国经济绩效的变化及其特征。利用经济绩效的概念，本书考察了1952—2017年中国的经济绩效、经济增长和经济收缩。进一步地，本书在将经济绩效进行分解和国际比较的基础上，以此探究和总结1952—2017年中国经济绩效的特征。

自1952—2017年，中国经济绩效整体在新兴市场国家和发展中国家中处于较高水平（见表5-3）。以2017年美元购买力平价计算，1952年中国人均GDP为963美元，2017年达到13854美元，在此期间中国的经济绩效为4.34%。在同期的代表性发展中国家和新兴市场国家中，韩国、马来西亚、巴西和阿根廷的经济绩效分别是5.96%、3.94%、3.39%和3.64%。20世纪50年代初以来中国的经济绩效在发展中国家与新兴市场国家中整体处于较高水平，在较大型的新兴经济体中仅次于韩国，比马来西亚整体也高出0.4个百分点，远超印度和拉美国家。

表5-3　　　　代表性国家经济绩效比较（1953—2017年）

国家	1952年人均GDP*（2017年购买力平价美元）	2017年人均GDP（2017年购买力平价美元）	经济绩效（%）	经济收缩频率（%）	平均增长率（%）	平均收缩率（%）	收缩损失（%）	收缩对绩效的影响率（%）
中国	963	13854	4.34	20.00	6.51	-4.35	-0.87	-20.07
印度	986	6188	2.95	21.54	4.56	-2.92	-0.63	-21.29
韩国	1112	40875	5.96	17.19	7.86	-3.19	-0.55	-9.20
马来西亚	2432	24159	3.94	16.13	5.85	-6.01	-0.97	-24.62
巴西	1791	14285	3.39	27.69	5.69	-2.64	-0.73	-21.56
阿根廷	2630	23272	3.64	27.69	6.61	-4.12	-1.14	-31.36
墨西哥	5402	18940	2.02	27.69	3.80	-2.64	-0.73	-36.19
智利	4820	22864	2.63	30.77	5.80	-4.50	-1.39	-52.68
美国	17095	60117	1.98	16.92	2.75	-1.82	-0.31	-15.57
日本	3311	39598	3.97	21.54	5.50	-1.60	-0.34	-8.69
德国	6252	51253	3.34	12.31	4.06	-1.84	-0.23	-6.79

注：*韩国为1953年值、马来西亚为1955年值。各国经济绩效为样本期间内人均GDP年度变化率的平均值，平均增长率为增长年份的平均增长率，平均收缩率为收缩年份的年度收缩率的平均值，各平均值均为算术平均值。收缩损失＝平均收缩率×经济收缩频率，收缩对绩效的影响率＝收缩损失/经济绩效。

资料来源：本表根据PWT 10.0计算，人均GDP由实际GDP总量和人口总数相除得到，以2017年购买力平价美元计价。

发展中国家的经济绩效具有明显的地区性差异，亚洲国家的经济绩效明显高于拉丁美洲国家。第二次世界大战之后，拉丁美洲一些国家实现了短暂的高增长，甚至有少量国家迈入了高收入国家行列，但大多数国家在此后无法摆脱"中等收入陷阱"，甚至有国家（如委内瑞拉）在迈入高收入国家行列之后重新跌入"中等收入陷阱"。例如，墨西哥和智利人均GDP在1952年已经超过4000美元，超过样本亚洲国家的4倍；2017年墨西哥和智利两国的人均GDP为18940美元和22864美元，大致相当于中国人均GDP的1.4倍和1.7倍，样本期间内经济绩效仅为2.02%和2.63%，显著低于亚洲国家。与拉丁美洲国家相比，亚洲国家经济绩效高的原因不在于更高的平均增长率，而在于更低的经济收缩频率。亚洲国家的经济收缩频率都在20%左右，而拉丁美洲国家的经济收缩频率约接近30%。

与发展中国家相比，样本期间内发达国家的经济绩效并不具备明显的优势。以美国、日本和德国为例，经济绩效低于亚洲新兴市场国家，但高于拉丁美洲国家。发达国家的经济收缩频率和平均收缩率指标明显优于发展中国家。样本期间内，德国的经济收缩频率为12.31%，美国为16.92%，追赶型国家中只有韩国与此相当。样本期间内，美国、德国和日本的平均收缩率分别为1.82%、1.84%和1.60%，显著低于发展中国家的水平。从经济收缩对经济绩效造成的损失来看，发达国家显著低于发展中国家。从发展中国家内部的比较来看，亚洲发展中国家的经济收缩频率和幅度也显著低于拉美的发展中国家。因此，无论从发展中国家内部还是发展中国家与发达国家的比较都可以看出，降低经济收缩频率和平均收缩率对于一国提高经济绩效具有重要意义。

二 改革开放前后中国经济绩效的比较

改革开放以来，中国的人均GDP获得了快速的大幅度提升。那么改革开放前后中国经济绩效的表现究竟如何呢？以1978年为界将整个样本（1953—2017年）划分为两个子样本，前者代表计划经济时期，后者代表市场经济时期。

第一，1978年之前中国的经济绩效表现出"高增长、高收缩和低绩效"的特征。1953—1978年，中国的经济绩效仅仅为2.25%。在此期间共发生了9次经济收缩，发生经济收缩的频率为34.62%，其中50年代、60年代和70年代分别发生3次、3次和3次收缩，见表5-4和表5-5。正增长年份的平均增长率为6.43%，经济收缩频率、平均收缩率及收缩损失分别为34.62%、-5.63%和-1.95%。经济收缩对绩效的影响达到-86.48%，如果能够全部消除经济收缩的话，经济绩效将会提高将近一倍。

表5-4　　　　　　　中国改革开放前后的历次经济收缩　　　　　　单位：%

年份	1954年	1958年	1959年	1960年	1961年	1968年	1972年
经济收缩率	-8.8	-0.08	-5.57	-5.47	-14.21	-5.52	-5.2
年份	1974年	1976年	1981年	1989年	1990年	1998年	
经济收缩率	-0.33	-5.52	-0.65	-1.62	-3.21	-0.43	

资料来源：根据PWT 10.0计算。

表5-5　　　　　　　中国改革开放前后的经济绩效比较　　　　　　单位：%

指标	1953—1978年	1979—2017年
经济绩效：EP	2.25	5.73
经济收缩频率：f_-	34.62	10.26
平均增长率：g_+	6.43	6.55
平均收缩率：g_-	-5.63	-1.48
收缩损失：$(f_-) \times (g_-)$	-1.95	-0.15
收缩对绩效的影响：$\dfrac{(f_-) \times (g_-)}{EP}$	-86.48	-2.65

资料来源：根据PWT 10.0计算。

这一时期无论与亚洲还是拉丁美洲的代表性新兴市场国家相比，中国经济绩效的绝对水平都处于中等水平。1953—1978年中国经济绩效为2.25%，马来西亚和印度分别为4.52%和1.51%；巴西、墨西哥、阿根廷和智利分别为4.66%、3.20%、2.01%和1.45%。中国的经济绩效介于马来西亚、巴西、墨西哥、阿根廷与印度、智利两组代表性国家之间。

第二，1979年市场化改革之后中国经济绩效得到大幅改善。1979—2017年中国的经济绩效表现出"高增长、低收缩和高绩效"的特征。在此期间，中国经济绩效为5.73%，比改革开放前上升3.48个百分点。这一时期与亚洲和拉美代表性新兴市场国家相比，中国经济绩效的绝对水平以及绩效的改善水平都是最高的①，见表5-7。1979—2017年，印度和马来西亚的经济绩效分别为3.91%和3.60%；拉美国家中巴西、墨西哥、阿根廷和智利的经济绩效分别为2.54%、1.23%、4.72%和3.42%。与前一个时期相比，印度、阿根廷和智利的绩效改善较为明显，分别提升了2.40个、2.71个和1.97个百分点；而巴西、墨西哥和马来西亚则出现了绩效恶化，分别下降了2.12个、1.97个和0.92个百分点。

三 经济绩效改善的来源：经济收缩频率和幅度的降低

改革开放以来的市场经济时期，超过95%的经济绩效改善来源于降低经济收缩频率和收缩幅度，这是中国经济绩效改善的主要来源，见表5-6。与计划经济时期相比，平均增长率为6.55%，提升0.12个百分点；经济收缩频率为10.26%，大幅下降24.36个百分点；平均收缩率为-1.48%，收缩幅度下降4.15个百分点。进一步根据式（3-12）得到，降低经济收缩频率使得经济绩效提升了2.45个百分点，对经济绩效提升的贡献率达到70.42%；降低平均收缩幅度使得经济绩效提升了0.93个百分点，对经济绩效提升的贡献率达到26.82%，两项合计为97.24%。提高平均增长率提升经济绩效仅0.1个百分点，对经济绩效提升的贡献率为2.75%。

降低收缩频率和收缩幅度可以为提高平均增长率的效果起到抵消或放大效应，见表5-8。以新兴市场国家为例，正面的案例如印度和智利。1979—2017年与1953—1978年相比，印度和智利的经济绩效分别上升了2.40个和1.97个百分点，其中收缩降低频率对绩效改善的总贡献占比分别是52.94%、89.68%，见表5-7。尤其是智利，经济绩效改善接近90%的份额都来自收缩的改善。负面的案例如巴西和墨西哥，在两个时期中经济绩效分别下降了2.12个百分

---

① 由于印度和越南在20世纪90年代初开始市场化改革。在此之后两国与中国的经济绩效水平相当。

点和1.97个百分点，其中经济收缩频率和平均收缩幅度的恶化对经济绩效下降的贡献率分别是144.09%和96.46%。虽然两个国家平均增长率都有所提高，但平均增长率提高的正面贡献完全被经济收缩频率的恶化所抵消。除此之外，尽管阿根廷的经济绩效在两个时期之间实现了较大改善，但是对经济收缩频率恶化所抵消的份额达到56.96%，导致经济绩效改善事倍功半。由此可见克服经济收缩对改善经济绩效的重要意义。

表5-6　　　　　　　中国改革开放后经济绩效改善来源　　　　　　单位：%

经济绩效改善来源	改进规模	权重	绩效贡献	绩效贡献占比
降低经济收缩频率 Δf_-	-24.36	-10.05	2.45	70.42
提高平均增长率 g_+	0.12	77.56	0.10	2.75
降低平均收缩率 g_-	4.15	22.44	0.93	26.82

资料来源：根据PWT 10.0计算，其中权重根据式（3-12）由前后两个时期权重的平均值得到。

表5-7　　　　　　　新兴市场国家的经济绩效比较　　　　　　单位：%

年份	指标	印度	马来西亚	巴西	阿根廷	智利	墨西哥
1953—1978年	经济绩效（g）	1.51	4.52	4.66	2.01	1.45	3.20
	经济收缩频率（f_-）	34.62	13.04	7.69	19.23	38.46	11.54
	平均增长率（g_+）	3.58	5.64	5.09	3.41	5.61	3.85
	平均收缩率（g_-）	-2.38	-2.94	-0.55	-3.88	-5.21	-1.76
1979—2017年	经济绩效（g）	3.91	3.60	2.54	4.72	3.42	1.23
	经济收缩频率（f_-）	12.82	17.95	41.03	33.33	25.64	38.46
	平均增长率（g_+）	5.05	5.98	6.32	9.19	5.91	3.76
	平均收缩率（g_-）	-3.88	-7.33	-2.90	-4.21	-3.80	-2.82

表 5-8　　新兴市场国家经济绩效改善及各来源贡献率

年份	指标	印度	马来西亚	巴西	阿根廷	智利	墨西哥
	经济绩效改善	2.39	-0.92	-2.12	2.71	1.97	-1.97
经济绩效改善来源贡献率	平均增长率	47.06	-32.02	-44.09	156.96	10.32	3.54
	经济收缩频率	67.78	58.21	117.02	-53.74	66.67	83.07
	平均收缩率	-14.84	73.81	27.07	-3.22	23.01	13.39
	收缩降低的总贡献	52.94	132.02	144.09	-56.96	89.68	96.46

资料来源：根据 PWT 10.0 计算，根据式（3-12）计算而得。

改革开放之后中国经济改善最大的来源不是经济增长（平均增长率）的提升，而是在经济增长（平均增长率）维持在一定水平前提下经济收缩（经济收缩频率和平均收缩幅度）的降低。因此，研究中国发展"双奇迹"背后的经济绩效的根源，除了研究如何实现较高水平的经济增长（平均增长率），还要研究为什么改革开放之后经济收缩（经济收缩频率和平均收缩幅度）得以降低。

第四节　小结

首先，本章阐述了中国发展"双奇迹"的表现，即从全球视角下的中国经济增长奇迹和中国经济增长动态过程来阐释中国经济增长奇迹，从中国的政治稳定、经济稳定和社会稳定来阐释中国长期稳定的奇迹。

其次，本章利用中国 1952—2017 年的人均 GDP 数据对中国发展"双奇迹"进行经济绩效分析，从总体上阐释了中国长期动态过程中的经济绩效处于发展中国家较高水平，按照改革开放前后的阶段划分展现了改革开放前的"高增长、高收缩和低绩效"的经济绩效特征和改革开放后的"高增长、低收缩和高绩效"的经济绩效特征。

最后，通过经济绩效分解以及经济绩效变化贡献率测算，本章展现了经济绩效改善的来源中经济收缩频率和平均收缩幅度降低的贡献率大于平均增长率提高的贡献率，由此说明中国改革开放后经济绩效改善的主要来源是将经济增长维持在一定水平前提下经济收缩的降低。

第六章

封闭型体制：高收缩、秩序调适与避免崩溃

正如前文的理论框架所述，经济绩效是一定建构秩序下体制效率、秩序结构及两者相互作用的结果。本章是经济绩效体制分析理论框架的具体运用。本章将从一定体制下效率与秩序互动的角度，一方面阐释计划经济时期国家如何运用体制建构来安排经济活动以及为这种经济活动提供秩序基础，以此实现国家安全和国家工业化的体制目标；另一方面探究封闭型体制下的经济体制与治理体制、体制效率与秩序结构及两者互动如何形成了改革开放之前"高增长、高收缩和低绩效"特征。另外，本章还阐释了中国独特的体制调适如何避免了经济绩效持续过低可能带来的体制崩溃风险。

新中国成立后，在复杂的国际安全局势下中国效仿苏联模式建立起高度集中的计划经济体制，实行以重工业为导向的经济发展战略。[1] 秩序建构者必须兼顾稳定和发展：一方面，安全目标以及由此

---

[1] 刘国光、张卓元、冒天启：《孙冶方经济体制改革理论的几个问题》，《经济研究》1983年第8期。

导出的结构性目标在这一时期具有更高的优先级①，长期经济发展绩效在这一时期众多的发展目标中并不具有排他的优先性。国家安全目标与经济绩效在一定程度上存在矛盾，一个明显例证就是出于国家安全目标优先而实施的重工业发展战略与中国在劳动力密集产业的比较优势之间存在明显冲突，国家安全目标的实现往往是以牺牲经济绩效为代价的。另一方面，国家肩负着发展生产力和改善人民生活水平的责任，这既是马克思主义政党的应有之义②，也是新中国政权合法性的重要基础。如果人民生活水平长期得不到改善甚至出现倒退，将会面临社会动荡的潜在风险。因此，本书将改革开放前秩序构建者的目标函数描述为通过封闭型体制推动国家工业化以最大化国家安全收益，并依靠体制调适保证经济绩效高于确保稳定的某一临界值。经济绩效临界值并非一成不变的，它取决于社会对经济绩效下降的容忍度。

基于此，秩序构建者并未选择最大化经济绩效的体制效率和秩序结构组合，而是选择能最大化安全目标并能将经济绩效保持在临界值之上的组合，即集权计划经济体制和集中管控治理体制的组合。更为特殊的是，这一时期的秩序结构并非僵化的、一成不变的，而是能够通过积极的秩序调适尽可能将经济绩效维持在临界值水平之上。当经济增速出现严重下滑时，中央政策制定者一方面会对原有经济体制进行调适，扩大地方和经济主体的自主权，借以提升体制效率$f(S_{1,1}|g_2)$；另一方面会对秩序结构$g_1(S_{2,1})$及其与体制效率的互动方式$g_2(S_{2,1})$进行调适，在封闭型体制下保持必要的弹性，以达到维持秩序进而阻止经济绩效持续下滑的目的。

改革开放前，中国效仿苏联模式，制定了高度集中、以行政管理为主、排斥市场机制，集中全国人力、物力和财力，保证重点建

---

① 国家安全目标是多元的概念，既包括国家独立、领土完整、政权稳固、完整的工业体系，也包括意识形态方面的安全等；结构性目标是指，一定时期内以结构转变，如重工业为主的国家工业化为目标，这是由国家安全目标而衍生的。

② 《邓小平文选》第三卷，人民出版社1993年版，第28页。

设，单纯依靠投资新建企业来实现扩大再生产，实现以重工业为中心的高速工业化的经济发展战略。① 集权计划经济体制导致国民经济运行不畅通，影响了资源配置效率，丧失了微观主体活力，导致经济绩效下降。需要说明的是，封闭型体制创造了奇迹般的结构转变，但也酝酿着经济崩溃的风险。但是，中国在集权计划经济体制建立后不久即从"以苏为师"转到"以苏为鉴"，尤其是在封闭型体制的运行和体制效率出现问题导致经济绩效不佳时，采取了不同程度的下放权力、提升微观活力和积极性等维系秩序的策略，由此避免了苏联式的政治经济崩溃。

第一节 中国式封闭型体制下的体制目标、经济体制和治理体制

1950—1952年中国国民经济恢复之后，重工业优先发展战略在"一五"计划中得到集中体现。资本稀缺的农业国优先发展资本密集型重工业困难重重，通过封闭型体制实现对生产要素有计划的集中配置、将国民经济各环节甚至微观经营活动都纳入国家控制中，经苏联实践后成为落后国家落实重工业优先发展战略、赢得政治竞赛和实现经济赶超的有效路径。

一 封闭型体制的体制目标：国家安全和国家工业化

新中国成立以来，面临国内外严峻的政治经济形势。在国际上面临帝国主义封锁和制裁的困境，在国内面临反对派破坏政治经济稳定的危险。同时，中国在经济文化落后和生产力落后的情况下建立和建设社会主义，必须优先发展有利于增强国防实力、保证国家

---

① 刘国光、张卓元、冒天启：《孙冶方经济体制改革理论的几个问题》，《经济研究》1983年第8期。

安全的重工业和国防工业,由此采取了国家工业化战略。

(一)改革开放前的国家安全和国家工业化目标

中国经济结构转型的目标和逻辑是在拔除传统乡土结构之根的基础上,一以贯之地以快速度和赶超战略追求以工业化为主的现代化,进而转变为追求内涵更明晰、涵盖更广泛的结构现代化。新中国成立前后,中国通过新民主主义制度从半殖民地半封建社会的经济结构中脱离出来并为社会主义经济结构奠定了基础,社会主义改造使新民主主义经济结构转变为社会主义经济结构,由此开始了社会主义基础上的结构转型和现代化进程,从农业国向工业国的转变以及社会主义现代化国家是一以贯之的结构转型目标。

第一个阶段(1949—1953年):建设工业国和奠定社会主义物质基础。1945年党的七大和1949年党的七届二中全会在谋划新中国成立之后的国家发展战略时,强调新中国的建设目标是实现由农业国向工业国的转变,把中国建设成一个伟大的社会主义国家,工业化目标可以被视为结构转型现代化的肇始。战后中国,不仅深陷半殖民地半封建社会,而且面临的是濒于崩溃的国民经济,这一阶段结构转型的目标有两个:一是由农业国转变为工业国的工业化,二是积累社会主义因素和条件实现向社会主义经济结构转变。毛泽东提出了这一阶段实现结构转型目标的两步走战略:第一步,通过工业化发展生产力恢复国民经济,由半殖民地半封建经济过渡到新民主主义经济,奠定生产力基础和物质基础。第二步,社会主义因素积累到一定程度,各项条件具备之后通过互助合作、集体化等途径实现新民主主义经济向社会主义经济的跃迁。[①] 毛泽东等领导人设想实现这两个转变的过渡时期为15—20年。

第二阶段(1953—1978年):国家工业化和社会主义建设。原定15—20年的新民主主义过渡期及10—15年的社会主义改造过渡

[①] 毛泽东:《做一个完全的革命派(一九五〇年六月二十三日)》,载《建国以来重要文献选编》(第一册),中央文献出版社1992年版,第323页。

期被极大缩短，中国于1956年正式进入社会主义社会，开始了社会主义国家工业化和现代化建设。一是赶超战略。为了尽快缩短中国与资本主义国家的差距，避免落后就要挨打的被动局面，毛泽东提出了赶超战略，他指出新中国的工业化和技术发展不能亦步亦趋，不能按照常规方式遵循各个国家已经走过的路径。也就是说，中国的社会主义建设，尤其是工业化和技术发展应当走超常规的道路，应当吸收和引进世界上的先进技术，利用外部生产力在短时间内完成社会主义现代化，尤其是构建中国的工业基础。[1]

二是国家工业化和重工业优先发展战略。中国的工业基础十分薄弱，20世纪30年代以前中国的现代化大工业仅占10%左右，而落后的分散的传统农业和传统手工业占到了90%左右[2]。因此，工业化成为社会主义建设的重点。1953年夏，中央政治局会议制定了"一化三改造"的过渡时期总路线，实现国家的社会主义工业化是其重要组成部分。关于实现社会主义工业化的时间，党中央对过渡时期总路线所规定的"相当长的时期"的具体解释是："要完成这个任务，大约需要经过三个五年计划，就是大约十五年左右的时间（从一九五三年算起，到一九六七年基本上完成，加上经济恢复时期的三年，则为十八年，这十八年中已经过去了四年），那时中国就可以基本上建设成为一个伟大的社会主义国家。"[3] 同时，关于实现社会主义工业化的标准，李富春在1954年5月12日第二次全国宣传工作会议上所作的《关于社会主义工业化问题的报告》中指出："我国实现社会主义工业化，要经过逐步的、相当的时间，毛泽东提出大致15年左右。实现社会主义工业化的标志，从数量上看是社会主义工业产值占工农业总产值的60%左右；从质量上看，要有独立

---

[1] 《毛泽东文集》第八卷，人民出版社1999年版，第341页。
[2] 《毛泽东选集》第四卷，人民出版社1991年版，第1430页。
[3] 《为动员一切力量把我国建设成为一个伟大的社会主义国家而斗争——关于党在过渡时期总路线的学习和宣传提纲（中共中央宣传部一九五三年十二月制发，经过中共中央批准)》，载《建国以来重要文献选编》（第四册），中央文献出版社1993年版，第702页。

的工业体系和农业相应的协调发展。"① 1954年,毛泽东首次提出了实现工业化目标两步走的设想,即"实现社会主义工业化,要实现农业的社会主义化、机械化,要建成一个伟大的社会主义国家,究竟需要多少时间?现在不讲死,大概是三个五年计划,即十五年左右,可以打下一个基础。到那时,是不是就很伟大了呢?不一定。我看,我们要建成一个伟大的社会主义国家,大概经过五十年即十个五年计划,就差不多了,就像个样子了,就同现在大不一样了。"② 1955年10月11日,毛泽东再次延长社会主义工业化的时间为大约十个五年计划至十五个五年计划,也就是50—70年。

工业化是实现赶超战略的动力,中国的工业化道路则选择了苏式的优先发展重工业战略。毛泽东强调重工业是中国社会主义建设的重点,必须优先发展作为发展生产力的基础的生产资料的生产。③重工业优先发展可以解决生产资料、原料等问题,而工业化尤其是重工业化所需的资本积累则来自从农业部门中汲取的农业剩余,这在国民经济基础薄弱的新中国成立初期是必要的,原因在于:"中国是个农业国,工业化的投资不能不从农业上打主意。搞工业要投资,必须拿出一批资金来,不从农业打主意,这批资金转不过来。"④ 因此,国家工业化和重工业优先发展战略必然要求社会主义体制偏向集权的计划经济体制和农业集体化体制,集权的计划经济体制和农业集体化体制为国家工业化和重工业优先发展战略提供了体制保障,如此进行的体制选择在国家工业化和重工业优先发展战略已定的情况下无可避免。

三是社会主义现代化和"两步走"战略。1954年9月15日,毛泽东首次提出了和社会主义现代化建设相关的概念——把我国建

---

① 《当代中国的计划工作》办公室编:《中华人民共和国国民经济和社会发展计划大事辑要(1949—1985)》,红旗出版社1987年版,第54页。
② 《毛泽东文集》第六卷,人民出版社1999年版,第329页。
③ 《毛泽东文集》第七卷,人民出版社1999年版,第24页。
④ 《陈云文选》第二卷,人民出版社1995年版,第97页。

设成为一个工业化的具有高度现代文化程度的伟大的国家，同年的政府工作会议首次提出了更加全面、更加精准的现代化的概念——现代化的工业、现代化的农业、现代化的交通运输业和现代化的国防，也就是"四个现代化"的最初含义。1957 年，毛泽东将社会主义现代化的内涵调整为"将我国建设成为一个具有现代工业、现代农业和现代科学文化的社会主义国家"①，将交通运输业更换为科学文化。1959 年年末至 1960 年年初，毛泽东在现代化的内涵中强调了国防现代化的重要性，他指出社会主义现代化除了原来要求的工业、农业和科学文化的现代化，"现在要加上国防现代化"②。1963 年 9 月，毛泽东明确提出社会主义现代化强国的概念——"把我国建设成为社会主义的现代化的强国"③，社会主义现代化的内涵逐渐明确并在三届人大一次会议的报告中予以正式表述和重申，即"在不太长的历史时期内，把我国建设成为一个具有现代农业、现代工业、现代国防和现代科学技术的社会主义强国，赶上和超过世界先进水平"④。如何推进社会主义现代化建设？三届人大一次会议还提出了要在 20 世纪内实现建立完善工业体系和国民经济体系到四个现代化的"两步走"战略，即"第一步，建立一个独立的比较完整的工业体系和国民经济体系；第二步，全面实现农业、工业、国防和科学技术的现代化，使我国经济走在世界前列。"⑤1975 年的四届人大一次会议重申了四个现代化的目标和"两步走"战略，并给出了具体时间安排，周恩来在四届人大一次会议上做的《政府工作报告》强调："第一步，用十五年时间，即在一九八〇年以前，建成一个独立

---

① 《毛泽东文集》第七卷，人民出版社 1999 年版，第 207 页。
② 《毛泽东文集》第八卷，人民出版社 1999 年版，第 116 页。
③ 《毛泽东著作选读》下册，人民出版社 1986 年版，第 849 页。
④ 《政府工作报告（一九六四年十二月二十一日、二十二日）》，载《建国以来重要文献选编》（第十九册），中央文献出版社 1998 年版，第 483 页。
⑤ 《政府工作报告（一九六四年十二月二十一日、二十二日）》，载《建国以来重要文献选编》（第十九册），中央文献出版社 1998 年版，第 483 页。

的比较完整的工业体系和国民经济体系；第二步，在本世纪内，全面实现农业、工业、国防和科学技术的现代化，使我国国民经济走在世界的前列。"①

（二）国家安全和国家工业化目标对体制建构和体制选择的影响

第一阶段（1949—1953年）：以朝向封闭的新民主主义体制奠定社会主义物质基础。党的七届二中全会提出实现从农业国到工业国的转变是国家建设的远期目标，为社会主义经济结构的建立奠定物质基础和物质条件是这一阶段的阶段性目标。半殖民地半封建的经济结构无法支撑建设工业国的宏伟目标，也无法直接过渡到社会主义经济结构。因此，这一阶段通过新民主主义体制的建构与选择，一方面通过没收官僚资本和限制私人资本等举措破除半殖民地半封建经济结构；另一方面通过发展国营经济、实现私有制基础上的合作发展和积累经济结构中的社会主义因素，为社会主义体制的建立奠定社会主义的经济基础和社会主义的物质条件。因此，这一阶段体制目标与体制建构的关系表现为体制建构与体制选择推动了国家安全的保障，并为下一轮体制变革奠定了基础。

第二阶段（1953—1978年）：以高度集中的社会主义计划经济体制推动国家工业化、重工业化。新民主主义建设使得国民经济得到恢复，为中国摆脱半殖民地半封建社会奠定了一定的物质基础和条件。无论当时中国的实际经济结构和社会主义物质基础是否达到迈入社会主义经济的条件，中国实际上再次通过体制建构和体制再造对新民主主义体制进行了改造和重构，农业中建立完全社会主义性质的合作社、手工业实现生产资料社会主义公有制以及完成工商业的全行业公私合营，目的在于建立社会主义体制来推动赶超战略下的国家工业化。国家工业化的推行必须找到实现路径，第一代领导集体选择了重工业优先发展作为国家工业化的突破口。以重工业优先发展为

---

① 《中华人民共和国第四届全国人民代表大会第一次会议文件》，人民出版社1975年版，第35—36页。

核心的结构转型目标对原始积累和资本剩余的巨量需求，对社会主义体制在权利开放程度、具体制度安排等方面提出了相应的体制要求。

由此，社会主义体制在其总体框架确定的情况下进一步走向权利限制和权利封闭——建立了高度集中的计划经济体制，通过单一公有制、单一按劳分配、单一国家计划以及城乡分割的二元体制，实行农业集体化攫取农业剩余并转化为资本积累，由此推动国家重工业化体系的建设。值得注意的是，这一阶段末期首次提出了社会主义现代化和四个现代化的结构转型远期目标，现代化的目标自此延续至今。这一远期目标实际上对应于最终意义上的社会主义体制并保证了体制的体系框架和基本方向，而国家重工业化作为结构转型的阶段性目标实际上引导了这一阶段具体制度安排的选择，这一现象贯穿中国制度变革和结构转型互动的全过程。由此，这一阶段体制目标和体制安排的互动表现为：（1）国家安全问题的解决和新民主主义条件下生产力的发展奠定了体制变革的物质基础和经济条件；（2）国家工业化对新民主主义体制之后的体制提出新需求；（3）为了实现国家工业化目标，体制建构者在既定框架体系下对体制开放程度和具体制度安排做出选择，以推动国家工业化继续深化。

二 集权计划经济体制

新中国成立至改革开放之前的经济体制的主要特征是逐渐"朝向封闭"，具体表现为从新民主主义经济体制转向集权计划经济体制。新民主主义经济体制的战略目标是恢复和发展国民经济的同时向社会主义体制过渡，由此形成了权利适度开放但朝向封闭的制度安排：一是国营经济领导下的国营经济、合作社经济、国家资本主义经济、私人资本主义经济以及小商品经济和半自然经济五种经济成分统筹兼顾的所有制结构[①]。

[①] 《关于新中国的经济建设方针（一九四九年六月）》，载《中华人民共和国开国文选》，中央文献出版社 1999 年版，第 509—510 页。

二是适度集中的宏观经济管理体制。这一时期初步建立了计划管理制度,不仅成立了国家计划委员会,而且开始编制年度综合计划,对国家大中企业和基本建设实施指令性计划,对个体经济、私营经济和合作社经济实行指导性计划。财税体制则由"统收统支、集中管理"①放松为"划分收支,分级管理"②。对外贸易体制实行进出口许可证制度③,外汇管理权收归国家④,以外贸指令性计划为主、指导性计划为辅。⑤

三是逐渐集中的要素配置体制。资本要素和劳动力要素的控制被强化。资本市场方面,国家关闭京津两地的证券交易所,试办公私合营投资公司。劳动力配置结合统一介绍和自行就业,高等学校毕业生工作由国家统一分配⑥,利用工资制度等手段对城乡之间劳动力流动进行调控⑦。土地要素和城乡物资交流上保持自主权,废除封建地主土地所有制,建立农民土地所有制、保护农民土地私

---

① 《中央人民政府政务院关于统一国家财政经济工作的决定(一九五〇年三月三日政务院第二十二次政务会议通过,同日发布)》,载《中共中央文件选集(一九四九年十月——九六六年五月)》第2册,人民出版社2013年版,第191页。

② 《政务院关于一九五一年度财政收支系统划分的决定(一九五一年三月二十九日公布)》,载《建国以来重要文献选编》(第二册),中央文献出版社1992年版,第173页。

③ 中央贸易部:《对外贸易管理暂行条例实施细则〔节录〕(1950年12月28日)》,载中国社会科学院、中央档案馆编《1949—1952中华人民共和国经济档案资料选编·对外贸易卷》上,经济管理出版社1994年版,第30—31页。

④ 政务院:《外汇分配使用暂行办法(1950年10月6日)》,载中国社会科学院、中央档案馆编《1949—1952中华人民共和国经济档案资料选编·对外贸易卷》上,经济管理出版社1994年版,第51页。

⑤ 武力主编:《中华人民共和国经济史》[增订版 上卷],中国时代经济出版社2010年版,第123页。

⑥ 《中共中央批转华东局关于高等学校暑假毕业生统一分配工作的指示(一九五二年六月五日)》,载《中共中央文件选集(一九四九年十月——九六六年五月)》第9册,人民出版社2013年版,第8页。

⑦ 董志凯主编:《1949—1952年中国经济分析》,中国社会科学出版社1996年版,第206—207页。

有权。① 城乡物资可以在国内实行自由贸易，但必须置于国家统一的经济计划控制之内。②

四是朝向统一集中的微观经营体制。农村实行私有制为基础的农业生产互助合作，同时，探索创建国营农场。③ 城市企业对于清理公股公产及划清公私产权形成的国营企业照搬苏联的国营企业管理模式，对私营经济进行"利用、限制、改造"，推行合作的企业公私合营，国家投资私营企业。④

权利适度开放、朝向封闭的新民主主义体制形成了微观有一定活力和积极性、宏观能够保持平衡有序的体制秩序，直接促成了1949—1952年经济绩效的改善，使得中国从战争的破坏中恢复过来并形成了向社会主义体制过渡的物质基础。

1953—1956年三大改造完成后，中国社会主义集权计划经济体制正式形成，内含成体系的、权利封闭的制度安排：一是以国家所有制和集体所有制为主的单一公有制。全民所有制是指所有生产资料归全体劳动人民共同占有，这种占有由国家代替全体劳动人民实现。在此基础上，代表全体劳动人民占有生产资料的国家根据体制目标和国家发展规划制定经济发展计划、组织开展生产活动，通过国家计划指令等方式协调经济活动。最终，劳动成果在国家的领导下按照一定的比例和方式进行分配。

二是集中统一的宏观管理体制。第一，统收统支的财政制度，

---

① 《中华人民共和国土地改革法（一九五〇年六月二十八日中央人民政府委员会第八次会议通过，一九五〇年六月三十日中央人民政府主席毛泽东发布命令公布施行）》，载《建国以来重要文献选编》（第一册），中央文献出版社1992年版，第336页。

② 中国社会科学院、中央档案馆编：《1949—1952中华人民共和国经济档案资料选编·综合卷》，中国城市经济社会出版社1990年版，第264页。

③ 董志凯主编：《1949—1952年中国经济分析》，中国社会科学出版社1996年版，第179—180页。

④ 董志凯主编：《1949—1952年中国经济分析》，中国社会科学出版社1996年版，第143—144页。

地方政府财政收入全部上缴，支出由上级政府统一拨付。国营企业的利润全部上缴，国营企业的开支由财政部统一进行，国营企业的亏损也由财政部统一贴补。第二，集中统一的金融制度。中国人民银行作为中国的中央银行，统领国内的一切金融业务，同时金融业实行统一的收支和存贷制度，金融活动根据国民经济计划进行，货币只是作为实物量的计算单位充当国家资源配置的手段和国家计划的工具，利率由国家统一决定且长期固定不变，取缔金融市场，政府成为全社会唯一的资金供给者。第三，集中统一的对外贸易制度。一方面，国家建立了高度集中的外贸体制，对国家外汇进行集中化的管理和管制，实行国家统一制定的外汇汇率，禁止外汇的私下交易和买卖。另一方面，国家成立了国营的外贸公司，国营外贸公司在政府职能部门的领导下对对外贸易进行集中经营。国家依靠指令性计划，对外贸公司采取盈亏由国家统一负责的管理方式。

三是计划统一的要素配置体制。劳动力按照计划配置。一方面，劳动力由国家按照计划统一招收、调节和配置，工资等级相关规定由国家统一制定。总体上来讲，这一时期实行了低工资的制度和水平不高的劳动保险，但是通过单位职工的福利等保障来进行了一定程度的弥补。另一方面，城乡劳动力流动受到限制，实行主要限制农村向城市流动的户籍制度；土地由农民私人土地所有权变为集体所有权，任何形式的土地交易和土地抵押都被严厉禁止；商品和市场被取缔，实行农产品统购统销制度和凭票供应，实物分配的范围越来越大，统一集中分配的范围越来越大，定额定量供应的范围越来越大①。

四是剥夺自主权的微观经营体制。农村经营从初级社、高级社过渡到"政社合一"的人民公社制度，社员成了丧失生产资料所有权、经营权、自主权和剩余获取权的劳动者。城市企业实施政企合

---

① 刘国光：《对经济体制改革中几个重要问题的看法》，《经济管理》1979 年第 11 期。

一的严格计划生产，生产计划由政府计划部门统一制定或批准，企业不能开展独立经营活动、不存在独立决策权、不以营利为目的。在这样的情况下企业不再是具有独立自主选择的经营主体，而是成了由国家指令和计划指标支配的生产部门。

三 集中管控的治理体制

集权计划经济体制达成国家工业化目标必须充分调动资源，这就需要治理体制的配合。新中国成立之前，中国的社会秩序是以人际关系社会为主要特征、乡土社会为本底、礼治秩序为核心的秩序状态。这种秩序状态，与前文理论分析中提到的演化秩序有些相似，它们的共同特点是通过个人与个人之间、组织与组织之间的关系形成联盟，在中国表现为村庄与村庄之间，家族与家族之间，地方宗族、乡绅与国家政府之间形成统治联盟，形成的一种自我组织和自我管理的传统秩序状态。这种秩序状态，国家政府与地方宗族、乡绅之间是联盟合作的关系，国家政府想要维持统治就必须同地方宗族、乡绅进行分成，也就是说国家政府无法真正完成对整个社会最大限度的动员。

因此，体制建构者通过集中管控的治理体制加强对政治经济各方面的控制，实现对乡村和城市（主要是乡村）资源的动员和攫取能力，维持在经济困难等情况下的社会稳定。由此，在改革开放以前，中国的治理体制建构遵循的主要是这样一套逻辑：依赖高度集中的权力体制，构建强有力的动员能力，借助直达家庭的组织体系行政命令，构建了一个治理权高度集中、整个社会高度一体化的强管制、强控制、强动员的治理体制。这一治理体制的建立，不仅改变了传统秩序状态下一盘散沙的局面，而且实现了对乡村和城市的秩序管控，更为关键的是实现了对最为广大的资源的动员和调动。

第一，依托"政社合一"的人民公社体制的乡村治理。在传统乡土社会中，乡村对国家的作用是上交赋税以供国家调度使用。在国家工业化目标之下，乡村除了需要继续缴纳赋税以供国家运行，还需要为国家工业化的推进贡献资本。为了实现这一目的，打破传统社会秩序从而转向新的国家动员能力更强的社会秩序的阻力不可谓不大。社会秩序的转变，是通过正式制度取代非正式制度来实现的。土改前后，以礼治秩序、差序结构等为核心的非正式制度开始让位于自上而下建立的正式制度。集体化时期，主导中国的乡村社会秩序很大程度上变为了正式制度。在正式制度之下，治理乡村的基本单位是集体组织，集体组织成为国家的代理人。国家通过集体组织实现对乡村的控制，实现对乡村劳动力、资本和农产品的调动与支配。具体来讲，新中国成立后，秩序建构者通过土地所有权的变革、农业合作化、人民公社化等一系列正式制度的变革，改造了乡村的治理方式和秩序结构，作为乡村微观构造基本单位的家庭逐步被淡化，礼治秩序为核心的非正式制度被抛弃，由此形成了正式制度控制下的强控制、强动员的秩序结构。

　　首先，土地所有权的变革与乡村微观构造的重建。土地改革时期，中国共产党没收了地主阶级的私有土地，将这些土地分配给没有土地或者只有少量土地的农民，将传统的地主土地私有制变为农民个人的土地私有制，由此满足了广大农民对于土地的需求和渴望。国家工业化战略开始之后，土地所有权从农民个人私有逐渐转向集体所有，即通过农业互助组实现农民在土地私有基础上开展互助合作，通过初级合作社更进一步推动农民将私人所有的土地和其他主要生产资料作价入股、统一经营，通过高级合作社和人民公社制度实现土地从农民私人所有向集体所有转变。[①] 伴随土地所有权的变革，传统秩序之下作为乡村微观构造基础细胞的家庭被逐渐弱化，农民的生产和生活围绕集体组织展开。[②]

　　其次，重新建构乡村治理的权力框架。新中国成立后，中国自

[①] 杜润生：《杜润生自述：中国农村体制变革重大决策纪实》，人民出版社2005年版。

[②] 王沪宁：《当代中国村落家族文化——对中国社会现代化的一项探索》，上海人民出版社1999年版，第59、289、581页。

上而下的国家权力和发动起来的人民群众对传统乡村秩序中占主导地位的"地主阶级当权派"[①] 以及破坏社会秩序的诸如匪盗、村霸等势力开展了"暴力专政"。同时，消灭了传统乡村秩序中的宗族、亲族等势力，亦官亦民的退休士人和乡绅在传统乡村秩序中的政治权利和统治地位被取缔。相反，在传统乡村秩序中处于被统治地位的广大贫农、雇农以及中农替代宗族、乡绅等而成为乡村秩序的主导力量，同时这些力量服从国家的安排和管控，成为国家的代理人。合作化运动开始之后，乡村治理权力框架经过从初级社到高级社，再到人民公社的正式制度变迁之后，自组织依赖礼治秩序和宗族势力的乡村自治功能逐渐消亡。这一时期，国家权力自上而下地渗透到乡村的最底层，甚至贯穿了作为乡村微观结构细胞单位的家庭，遍及乡村的各个角落，形成了强大的动员组织能力。

最后，乡村从礼治秩序的自组织到建构国家基层政权。新中国成立不久，所谓"国权不下县"的传统秩序被打破，乡政权作为国家的基层政权在1950年得以建立。由此开始，乡和行政村成为国家政权的行政末梢。1954年政权层级发生变化，国家在县级行政单位之下仅设置了乡镇级行政单位，行政村作为基层政权的建制被取消了。在农民从私有分散到合作化，再到集体化的组织起来的过程中，乡镇级基层政权发挥了重要作用。初级社时期，乡镇级人民政府的许多经济功能转移给初级社行使。高级社时期，乡镇级人民政府能够指定高级社的社长。集体化开始之后形成的人民公社将乡镇级人民政府的政治职能纳入自身的组织架构，由此形成了人民公社所谓"政社合一"的形态。在这一形态下，人民公社取代乡镇级人民政府成为国家的新的基层政权组织形式，不仅掌握了行政职能，而且掌握了经济职能。

人民公社通过政治经济一手抓的组织架构，不仅可以实现对辖

---

① 杨奎松：《新中国镇反运动始末》（上），《江淮文史》2011年第1期；杨奎松：《新中国镇反运动始末》（下），《江淮文史》2011年第2期。

区内所有生产资料和劳动成果的占有、使用和分配,而且可以掌握辖区内所有社员的生产、生活,甚至是居住、迁徙等活动。① 因此,传统社会秩序被打破之后,国家与乡村之间的关系实际上转化为了国家与集体之间的关系。更为关键的是,作为集体实际管理者的人民公社实际上是作为国家最基层的政权组织和行政单位而存在的,这与传统秩序有着根本的区别。在这样的情况下,集体实际上成为国家控制下的不具备独立性和自主性的生产单位,它的生产经营活动都必须按照国家计划指令进行。由此,传统秩序下人与乡村的关系变为了人民公社制度下人与人民公社的关系,政治权力可以触及农民家庭的每个角落、可以渗透到农民生产生活的方方面面②。由此,国家实际上通过打破和改造旧秩序,建立新的政权组织形式实现了对乡村社会超强的控制力和资源动员能力,为国家工业化奠定了基础。

第二,以"街居制"和"单位制"为基础的城市管控。党的七届二中全会是历史的一个转折点,城乡之间的关系从中国革命时期的乡村包围城市转向了中国建设时期的城市领导乡村,党的工作也从围绕乡村开展逐步转移到围绕城市开展。③ 新中国成立之后,需要组织起来的不仅是乡村和农民,还有城市和市民。1949 年,毛泽东强调,"我们应当进一步组织起来。我们应当将全中国绝大多数人组织在政治、军事、经济、文化及其他各种组织里,克服旧中国散漫无组织的状态,用伟大的人民群众的集体力量,拥护人民政府和人民解放军,建设独立民主和平统一富强的新中国。"④ 尤其是在次年国庆,毛泽东在观看了首都人民大游行之后发现了组织起来的伟大

---

① 张静:《基层政权:乡村制度诸问题》,浙江人民出版社 2000 年版,第 35、50 页。

② 张乐天:《告别理想——人民公社制度研究》,东方出版中心 1998 年版,第 377 页。

③ 《毛泽东选集》第四卷,人民出版社 1991 年版,第 1427 页。

④ 《毛泽东文集》第五卷,人民出版社 1996 年版,第 348 页。

力量，认为还是应当把市民组织起来。在这样的逻辑下，党形成了自己的城市治理逻辑。改革开放之前，城市治理的逻辑依然围绕着国家工业化目标展开，为了调动城市资源和组织城市劳动力，利用政治权力和政治动员，依靠有效力的国家指令和行政命令，依靠"单位制""街居制"以及"身份制"等制度安排形成对城市的管理进而控制，由此推动国家工业化的体制目标。在这样的城市管控体制下，各级单位作为治理主体代表国家管理城市社会的生产和工作，也是治理、改造城市社会的工具。

首先，"单位制"。新中国成立之初，国家工业化的体制目标以及经济文化落后和生产力不发达的实际情况决定了国家必须拥有强大的控制能力和动员能力，一方面控制社会秩序，另一方面动员社会资源。"政社合一"的人民公社体制，实现了对乡村社会的控制和对农业资源的动员。对城市社会的控制和对非农资源的动员，则是依靠"单位"实现的。新中国成立不久，中国城市的绝大多数人被纳入各种各样的"单位"。"单位"不是一个简单的组织，而是通过一定的利益联结和行政手段将人们组织在其中，通过单位形成对整个城市社会的控制和城市资源的调动。在此前提下，中国的城市从传统秩序中的无组织、涣散状态进入了"单位城市"下强控制、强动员的状态。"单位制"是建立在城市的一种控制城市的制度，这种制度以市民所属的工作单位为关键，利用工作单位加强国家对城市、市民的控制以及增强国家动员城市资源的能力。

相较于人民公社作为国家在乡村的最基层政权组织形式，单位就是这一时期国家布置在城市的最基层组织的一种基本形式，是城市结构的基本细胞。同样地，单位在城市也不仅是一个单纯的生产单位，而是集行政、生产和生活于一体的综合型组织。虽然单位不是国家政权体系的一部分，但是实际上成了国家正式治理的强有力的延伸。原因在于，单位在名义上是组织员工开展生产经营活动的生产单位，实际上作为行政系统的附属物，是一种准政权组织形式。政府完全控制着单位，通过单位来调动资源、配置资源以及动员市民。名义上属于生产组织又具有经济属性的单位，实际上和国家之间形成了所谓"依附与庇护的关系。"① 在这样的情况下，国家既能通过单位实现城市社会的稳定和秩序控制，又能实现对城市资源的动员和单位劳动成果的分配，高度地契合了国家对城市社会进行管控和对城市资源进行动员的需求。

其次，"街居制"。相比于单位，街道办事处和城市居民委员会是更加具有实体性质、更加偏向国家政权性质和更具公共性的基层组织。1954 年，国家出台了《城市街道办事处组织条例》和《城市居民委员会组织条例》，街道办事处和城市居民委员会作为城市治理的基层组织以及以"街居制"为核心的城市治理体制正式形成。"街居制"是"单位制"的补充，街道办事处和城市居民委员会所具备的职能也是对"单位"所不能承担的职能的补充。也就是说，街道办事处和城市居民委员会实际上是对没有单位的人进行管理和控制的基层组织，具体的职能包括社会居住、文明宣传、卫生检查等方面。"街居制"和"单位制"一起作为基层组织完成了对整个城市社会的各个角落的渗透，尤其强劲地增进了国家对城市社会的控制能力。

最后，"身份制"。"身份制"与"单位制""街居制"一道构成了完整的封闭型体制下城市管控的治理体制，"单位制""街居制"的运行依赖于"身份制"。简单来说，"身份制"具有两层含义。一是"身份制"所内含的身份是国家认证的城市居民的身份，这种独特的身份通过"档案"来进行认定。在城市内，凡是从属于某"单位"的城市市民都拥有由组织管理、跟随一生的"档案"。拥有城市身份的人，还有所谓"成分"的区别，所谓成分包含国家干部、工厂工人、军队军人等类型。如果城市居民不从属于某"单位"，则表明这些城市居民是所谓"体制外"的城市居民。二是

---

① ［美］安德鲁·华尔德：《共产党社会的新传统主义：中国工业中的工作环境和权力结构》，龚小夏译，牛津大学出版社 1996 年版，第 5 页；转引自范逢春、谭淋丹：《城市基层治理 70 年：从组织化、失组织化到再组织化》，《上海行政学院学报》2019 年第 5 期。

"身份制"的背后是福利待遇和社会保障的不同，同一种"身份"或者"成分"的城市居民因其本身职业等级的不同也需要按照不同的等级来确定其福利待遇和社会保障。因此，我们可以这样理解"身份制"：（1）"身份制"赋予了不同的城市居民不同的"身份""成分"以及划分出了不同的等级。（2）按照这些不同的"身份""成分"和等级给予不同的福利待遇和社会保障。（3）这些不同等级的福利待遇和社会保障又反过来加深了城市居民对于"单位"的认同和归依。在这样的情况之下，整个城市实际上都牢牢地处于国家的控制之下，党和国家的计划指令、行政命令在城市的各个地方都畅通无阻，整个城市社会的组织化程度空前提高。

集中管控的治理体制之下，个人生活所必需的资源通过集体或者单位得以分配，生产活动中的农民被置于集体的统一管控之中、工人依附于被纳入国家行政组织结构之中的工作场所之内。因此，个人必须"依附于"集体或者单位，实际上是依附于国家，由此实现国家制定的体制目标。基于以人民公社体制为核心的乡村治理和以"街居制""单位制"和"身份制"为核心的城市管控，国家通过自上而下的权力下沉来实现自身意志和体制目标，增强了国家的资源动员能力和社会调控能力，从而达到调配资源和维系秩序的目的。此外，这一时期还通过意识形态控制和"社会运动"来进行秩序的控制，其显著特征是以精神奖励、政治高压和以政治运动为主的意识形态控制。为应对国民经济遇到的困难、过度攫取资源造成的不稳定因素和过于单一的公有制经济的弊病，利润追求和物质激励被当作资本主义因素而遭到严厉批判，对微观生产主体的激励机制从"物质奖励与精神激励相结合"转变为依靠"精神激励和政治高压相结合"的模式。同时，政府强调政治服从和意识形态控制，甚至将军队管理机制引入生产企业和人民公社运营管理当中[1]。

---

[1] 武力主编：《中华人民共和国经济史》[增订版 上卷]，中国时代经济出版社2010年版，第483页。

第二节 封闭型体制下的"高增长、高收缩和低绩效"特征

中国三大改造完成后正式确立的高度集中计划经济体制具有以下特征：一是以国家所有制和集体所有制为主的社会主义公有制；二是包括统收统支的财政制度、集中统一的金融制度和由国家管制的对外贸易制度在内的集中统一的宏观经济管理体制；三是包括劳动、土地和原材料等按计划统一分配的要素配置体制；四是农村经营和城市企业中微观经营主体丧失自主权。总的来讲，集权计划经济体制是包括过度集中的决策体系，直接控制的经济调节体系，统收统支、统负盈亏、吃大锅饭的分配体系以及政企不分、条块分割的组织体系在内的一整套经济体制①。作为一套成体系的完整的体制，集权计划经济体制通过指令性计划体系排斥市场机制的作用以降低资源和要素成本，剥夺企业经济利益和自主权、农民生产资料所有权和剩余索取权以控制企业和农业剩余，将一切资源配置到重工业部门和相关支撑部门，推动了以重工业优先发展为核心的国家工业化战略的实现②。

然而，这种单一化、集中化、实物化、封闭化、平均主义化的经济体制导致微观丧失自主权和活力、宏观缺乏平衡有序的体制秩序，体制效率具有不稳定性和不可持续性且面临持续下滑风险，造成经济绩效不佳。封闭型体制下"高增长、高收缩和低绩效"的总体特征主要来源于计划经济体制效率的不稳定性和不可持续性，1953—1976 年中国共出现 9 次经济收缩，分别出现在 1954 年、1958

---

① 刘国光：《改革开放前的中国的经济发展和经济体制》，《中共党史研究》2002 年第 4 期。

② 赵凌云：《1949—2008 年间中国传统计划经济体制产生、演变与转变的内生逻辑》，《中国经济史研》2009 年第 3 期。

年、1959年、1960年、1961年、1968年、1972年、1974年和1976年，见图6-1。封闭型体制下，"高波动、低绩效"的经济特征源于计划经济体制下资源配置的低效率以及秩序结构与体制效率间的低效互动①。一是过于单一的公有制和集中的宏微观管理体制脱离了当时的生产力发展水平，从微观基础上破坏了劳动者的生产积极性，导致生产效率极低。二是追求重工业优先发展目标以"群众运动"和"政治挂帅"等模式开展经济建设以及对公有制"高级形式"的片面追求，也直接造成了对生产要素的侵蚀和对正常生产秩序的冲击，致使产出经常发生剧烈波动。

这一时期的历次政治运动都对经济绩效造成直接冲击，例如，"大跃进"后的1959年、1960年和1961年中国分别出现-5.57%、-5.47%和-14.21%的经济收缩，"文化大革命"爆发初期的1968年中国也出现-5.52%的经济收缩，"文化大革命"发展到后期的1972年、1974年和1976年分别出现-5.20%、-0.33%和-5.52%的经济收缩。但是，每一次经济收缩却有不同的原因，这些原因大致可以分为以下四类。

一是体制转型带来的经济收缩，如1954年经济收缩是过早推动新民主主义经社会主义改造转向社会主义体制所带来的震荡。

二是计划经济体制冒进带来的经济收缩，1958—1961年的四次经济收缩来源于"大跃进"，1972年的经济收缩则来自盲目向地方下放权力，其本质还是社会主义建设中"大干快上"的冒进。

三是政治冲击导致的经济收缩，1968年的经济收缩来源于"文化大革命"导致生产建设停滞，1972年、1974年和1976年的经济收缩一部分原因来自"文化大革命"末期的政治运动，另一部分原因来自主要领导人逝世引起的失序。

四是自然灾害冲击，1958—1961年四次经济收缩的另一部分来

---

① 这种互动虽然具有可调适性，但仅仅是封闭型体制下保证经济绩效不跌破临界值，与开放型体制中的高效互动存在本质区别。

源是三年中大面积农田遭受自然灾害，1976年出现的经济收缩也体现了唐山大地震的影响。

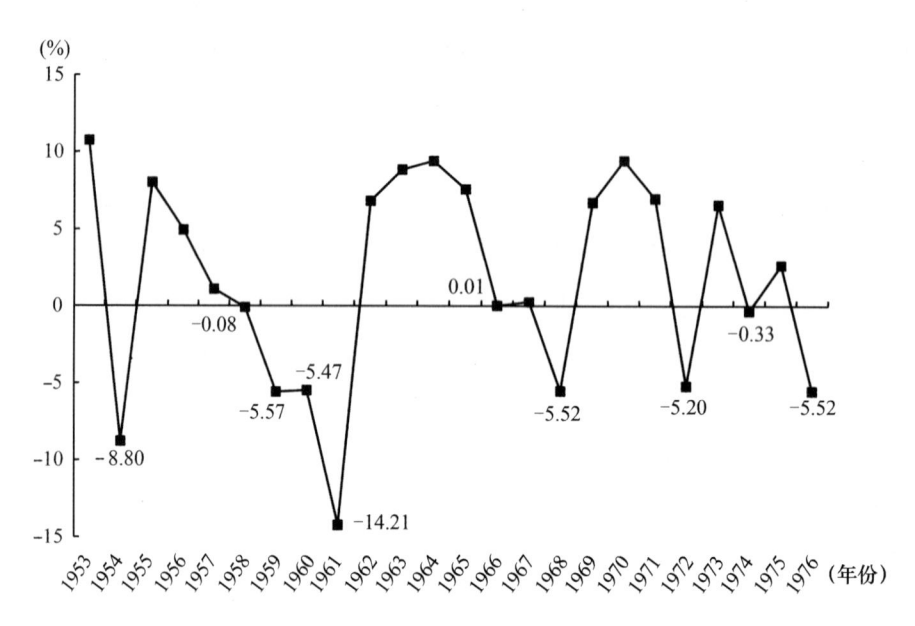

图6-1　改革开放之前的中国经济绩效

资料来源：PWT 10.0。

第三节　针对体制效率不稳的体制调适和秩序维持：避免体制崩溃

与苏联的计划经济体制相比，中国的计划经济体制没有苏联那么僵化。更为不同的是，当体制效率持续下滑带来绩效下降时，苏联零弹性的集中管控治理体制和强控制的秩序结构决定了苏联僵化型"体制效率—秩序结构"互动方式——采取更加固化体制和强化控制的体制秩序，最终导致苏联封闭型体制的崩溃。由于苏联经济体制和治理体制的弊端及其严重后果被揭露，中国开始避免忽视国情地照搬苏联体制进而导致结构失调等问题。党的八大前后，毛泽东提出从"以苏为师"转为"以苏为鉴"，[1] 反对社会主义革命和社会主义建设中的主观主义[2]，"找出在中国怎样建设社会主义的道路"[3]，进而构建了区别于苏联的弹性化的集中管控治理体制和灵活控制的秩序结构[4]，由此形成了中国特有的可调适型"体制效率—秩序结构"互动方式。这种互动方式在面临体制效率下滑和绩效下降时，采取调动微观主体和地方积极性的体制调适和秩序维系避免封闭型体制走向崩溃。这种调适模式客观上对稳定中国经济绩效发挥了重要作用，体制调适不仅使得1958—1961年、1968年和1976年我国历次出现经济收缩的幅度呈现缩小趋势，还带来从20世纪50—70年代经济绩效的提升，三个时期经济绩效分别为1.48%、1.45%和3.73%。

总的来看，基于封闭型体制的建构秩序之下，中国曾经针对1954年、1958—1959年、1960—1961年、1972年和1974年经济收缩进行了四次体制调适。第一次调适（1956—1957年）：社会主义计划经济体制定型后的完善扭转了三大改造以来的经济收缩。三大改造使得1954年经济受损，为了避免忽视国情地照搬苏联计划经济体制进而导致结构失调等问题，党开始思考自己的体制和发展道路问题，毛泽东在《论十大关系》中提出了以苏联为借鉴，"走自己的路"的问题，由此开启了第一次计划经济体制下为完善该体制而

---

[1] 《毛泽东文集》第七卷，人民出版社1999年版，第23页。
[2] 《毛泽东文集》第七卷，人民出版社1999年版，第89页。
[3] 《毛泽东年谱（一九四九——一九七六）》第二卷，中央文献出版社2013年版，第557页。
[4] 虽然中苏两国同为集中管控治理体制，都对秩序结构进行以稳定为目标的控制，但是中国的治理体制比苏联更具有弹性，例如政治能够及时对经济需求做出有利于经济发展的变动、容许适度的体制调适和局部改革，等等，因此中国的秩序结构更多表现为灵活控制下的稳定，而苏联则表现为缺乏灵活性的强控制下的稳定，这种稳定单纯从稳定本身出发，没有适应经济发展需求，造成体制效率进一步下滑和绩效持续下降。

进行的权力下放，主要是拓展企业的自主经营权，拓展地方在财政收支、计划编制和管理以及物资调配上的权力①，以这些举措增强企业和地方的自主性与创造性。

首先，宏观经济管理体制方面。一是坚持中央的集中领导的同时，实现地方权力的扩大和地方独立性的拓展。赋予各省、市、自治区一定的计划、财政、企业、事业、物资、人事管理权，中央管理计划和财务指标由部门条条下达改为由国务院统一下达，地方对计划指标和人员编制名额等有一定调剂幅度和机动权。② 二是1957年9月将财政的部分权力下放给地方，地方财政从"以支定收，一年一定"改为"以收定支，五年不变"，划给地方更多收入。③ 三是将商业管理的部分权力下放给外贸企业，实行利润分成和外汇分成。④ 更好运用价值规律，弥补国家统一市场的不足⑤，对日用百货改用选购办法，生产这些日用百货的企业按照市场情况自定指标进行生产。四是扩大省、市等各级地方在物资调配上的权力。在保证按质按量完成国家规定的指令性计划的前提下，各级企业和商业机构有权对经过调配得到的物资进行调剂。对于商品价格实行更加灵活和多样的分级，尤其是规定三类农产品和次要工商业品的价格

---

① 刘国光：《中国的经济管理体制改革问题》，《财经问题研究》1984年第4期。

② 《中共中央、国务院发送〈国务院关于改进国家行政体制的决议（草案）〉的通知（一九五六年十月三十日）》，载《建国以来重要文献选编》（第九册），中央文献出版社1994年版，第383页。

③ 《国务院关于改进财政管理体制的规定（一九五七年十一月八日国务院全体会议第六十一次会议通过，同年十一月十四日第一届全国人民代表大会常务委员会第八十四次会议原则批准，自一九五八年起施行）》，载《建国以来重要文献选编》（第十册），中央文献出版社1994年版，第680—681页。

④ 《国务院关于改进商业管理体制的规定（一九五七年十一月八日国务院全体会议第六十一次会议通过，同年十一月十四日第一届全国人民代表大会常务委员会第八十四次会议原则批准，自一九五八年起施行）》，载《建国以来重要文献选编》（第十册），中央文献出版社1994年版，第672—675页。

⑤ 《关于发展国民经济的第二个五年计划的建议的报告（一九五六年九月十六日）》，载《建国以来重要文献选编》（第九册），中央文献出版社1994年版，第203页。

（包括购入价格和售卖价格）由各级地方自行制定。①

其次，微观经营体制方面。一是整顿队社组织，对规模过大的合作社进行合理整顿，迅速纠正忽视社员个人利益、个人自由和阻碍家庭副业的错误；二是非全局性和非关键性企业与事业交由地方管理，企业和事业的管理以中央为主、地方为辅与地方为主、中央为辅双重推进，1957年底将工业管理的部分权力下放给地方和企业，扩大地方工业管理权限和企业内部管理权限，实行利润分成。②

此次权力下放针对当时中央集权过多、管得过死的情况，调整了中央和地方、国家和企业的关系，把一部分工业、商业、财政管理权力下放给地方和企业，使得计划更可能地接近于实际、资源配置更为合理，对遏制三大改造以来的经济收缩、保持1956—1957年经济绩效的改善具有积极作用。

第二次调适（1958—1959年）："大跃进"下大规模权力下放带来的体制失序使经济绩效受损。1958年上半年，党的八大二次会议提出"鼓足干劲，力争上游，多快好省地建设社会主义"的同时提出了超英赶美的经济发展战略，大炼钢铁、大干快上的"大跃进"运动全面发动。为了推进"大跃进"，党进行了更大规模的权力下放。首先，所有制方面。国家强调人民公社实行生产资料的集体所有制，而非全民所有制。同时，对生产资料和生活资料进行了严格区分，强调社员属于个人所有的生活资料以及现金、存款等财产照旧归属社员个人，而且对这些生活资料和财产的所有权永远归属于

---

① 《国务院关于改进商业管理体制的规定（一九五七年十一月八日国务院全体会议第六十一次会议通过，同年十一月十四日第一届全国人民代表大会常务委员会第八十四次会议原则批准，自一九五八年起施行）》，载《建国以来重要文献选编》（第十册），中央文献出版社1994年版，第674—675页。

② 《国务院关于改进工业管理体制的规定（一九五七年十一月八日国务院全体会议第六十一次会议通过，同年十一月十四日第一届全国人民代表大会常务委员会第八十四次会议原则批准，自一九五八年起施行）》，载《建国以来重要文献选编》（第十册），中央文献出版社1994年版，第665、668、670页。

社员个人①。因此，对于无偿调用社员私人财物的情况，要如数归还或者作价归还。

其次，宏观经济管理体制方面。一方面，中央各部所属企业被下放到地方管理。1958年开始，大部分的轻纺工业以及一部分的重工业管理权被下放给各级地方政府，这些企业生产经营所得的利润按照20%和80%的比例在地方和中央之间进行分成。另一方面，更多的权力，包括计划实施和管理的权力、财政收支的权力、税收征收和使用的权力、对于劳动进行调配和管理的权力，以及对于商业经营和商业活动进行管理的权力和对金融业与银行业进行管理的权力被下放给地方，地方被赋予了更大的自主性和灵活性。

再次，要素配置体制方面。一是恢复自留地和允许饲养家禽家畜。通过恢复自留地鼓励农民充分利用自留地扩大农业生产，这部分土地既不承担公粮负担，也不承担统购责任。同时，允许家禽、家畜由社员私养，收入完全归社员个人所有②。二是恢复等价交换和按劳分配原则。在保留按劳分配制度的前提下，人民公社内部实行等价交换、按劳分配原则。三是恢复农产品售卖和集市交易，规定农民集体生产的各种类型的物资在完成国家计划指令规定的任务量之后，能够在集市上进行售卖和交易。社员家庭和社员个人生产的产品，也可在集市出售。③

最后，微观经营体制方面。一是人民公社权力下放，实行三级

---

① 《关于人民公社若干问题的决议（一九五八年十二月十日中国共产党第八届中央委员会第六次全体会议通过）》，载《建国以来重要文献选编》（第十一册），中央文献出版社1995年版，第604、613页。

② 《中共中央关于社员私养家禽、家畜和自留地等四个问题的指示（一九五九年六月十一日）》，载《建国以来重要文献选编》（第十二册），中央文献出版社1996年版，第382—383页。

③ 《中共中央、国务院关于组织农村集市贸易的指示（一九五九年九月二十三日）》，载《建国以来重要文献选编》（第十二册），中央文献出版社1996年版，第581页。

所有、三级核算，以生产队为基础的生产经营体制[①]；二是适当扩大企业管理权限。国家与企业实行利润分成，比例三年不变，企业在不增加职工的条件下有权自行调整机构和人员。国家下达的工业指令性指标由 12 个减少到 4 个，允许地方在执行购销计划时有总额 5% 上下的机动幅度，商业利润指标只下达到省、市、自治区，不下达到各基层企业[②]。

1958 年大规模权力下放并未使经济绩效得到改善，其原因有二：一是权力下放带来一定程度自主权和积极性的提升，但是权力下放只放到地方而未到基层，企业并没有多少自主权；二是 1958—1961 年经济绩效受损的根本原因在于"大跃进"时期"以钢为纲""一马当先，万马奔腾"的"左"倾高指标[③]。从理论上来讲，权力下放增进了微观自主权和积极性，但是计划体制下极弱的微观自主权难以抵御"左"倾的宏观目标，最终权力的下放演变为宏观的失序和不平衡，从而导致了经济绩效受损。但是，不能因此否定权力下放和权利开放，尤其是到企业一层的权力下放。需要说明的是，只考虑权利开放而忽视宏观平衡有序极有可能酿成经济收缩幅度和频率增加的恶果，例如俄罗斯"休克疗法"导致的经济收缩。

第三次调适（1960 年 9 月至 1962 年 9 月）：国民经济全面调整扭转了"大跃进"以来的经济收缩趋势。1960 年 9 月提出"调整、巩固、充实、提高""八字"方针，国民经济由"以钢为纲""全面大跃进"转向全面调整，这项方针到 1962 年的"七千人大会"时得

[①] 《郑州会议记录（一九五九年二月二十七日至三月五日中共中央政治局扩大会议）》，载《建国以来重要文献选编》（第十二册），中央文献出版社 1996 年版，第 123、135 页。

[②] 《国务院关于改进工业管理体制的规定（一九五七年十一月八日国务院全体会议第六十一次会议通过，同年十一月十四日第一届全国人民代表大会常务委员会第八十四次会议原则批准，自一九五八年起施行）》，载《建国以来重要文献选编》（第十册），中央文献出版社 1994 年版，第 668—669 页。

[③] 薛暮桥：《计划管理体制改革的重要环节——薛暮桥同志在全国计划会议上的书面发言》，《计划经济研究》1981 年第 44 期。

到了全面贯彻。为了结束"大跃进"造成的结构失衡和经济失序的混乱局面，国民经济调整时期再次强调集中，把下放给地方的权力陆续收回①，进行了必要的集中。

首先，宏观经济管理体制方面。1961年以前，通过生产、基建、物资、劳动、收购、财务工作集中到中央和中央局，货币发行权收归到中央以及加强财政管理来加强国民经济的集中统一管理。1961年9月开始，进一步改进财政、银行管理体制，坚持财政、信贷的平衡。收回银行工作下放的一切权力，严格信贷管理并加强计划性，严格划清银行信贷资金和财政资金界限，银行贷款不许用作财政性支出，加强现金管理，严禁赊销商品、预收预付等；财政量入为出，收入按政策，支出按预算，追加按程序。坚持外汇收支平衡，一方面减少主要农产品出口、增加用进口原料加工的商品，增加对粮食、化肥和短缺原料的进口；另一方面力求合理使用外汇，进口次序为：粮食—化肥、农药、油脂—加工后可出口换汇的商品和化工原料—工业原材料。压缩基本建设规模，重点投资农业、支援农业，满足市场和出口需要的工业、原材料和燃料工业项目。

其次，要素配置体制方面。一方面，对特殊群体和特殊商品进行严格保护。例如，对于城市和工矿区居民需要的生活资料，坚持定量平价供应。对部分紧张商品，1962年起在全国130多个大中城市实行凭券购买。另一方面，继续进行适度的权利开放。物资流通上，国家减少粮食征购减轻农民负担，提高农产品收购价格。通过压缩社会集团购买力、恢复和发展日用品工业和手工业品生产、稳定基本生活必需品价格但允许其他部分商品价格上涨等政策，恢复供销合作社商业和农村集市贸易以增加流通渠道来稳定市场供应。同时，通过进口粮食来保障国内粮食供应充足。除此之外，还通过各方面措施减轻农村的压力，这些措施包括：优先保障和供应农民生活所需的生活资料以及农业生产所需的生产资料；扩大农村集市

---

① 刘国光：《中国的经济管理体制改革问题》，《财经问题研究》1984年第4期。

农产品售卖和贸易的范围,恢复城乡之间的商业往来;对社员的家庭副业予鼓励、帮助而不应乱加干涉和限制,等等。

最后,微观经营体制方面。国家重申了人民公社三级所有制。中央政策强调和重申农村的集体所有制是以生产队为基础的、三级所有的集体所有制,这一规定逐渐成为定制。在城市中,城市企业大幅度降低工业生产发展速度,对工业企业进行关、停、并、转,收回下放地方的企业权限。

1961—1962年的国民经济调整,对"大跃进"中大规模下放的权力进行了适当集中,并继续在物资流通、市场交易以及农村经营体制等方面进行适度权利开放,扭转了1958年以来持续了5年的经济绩效受损趋势,使经济绩效得到一定程度的改善。

第四次调适(1973年、1975年):1973年、1975年的两次整顿挽救了徘徊中的国民经济。1970年开始,为"以战备为纲"从而建立各省和各地区的国防工业体系和独立经济体制,中央发动了一场向地方下放权力的运动。首先,宏观经济管理体制方面。实行国家规定的建设任务或项目由地方包干建设,即基本建设大包干;在国家统一计划下,实行地区平衡、差额调拨、品种调剂、保证上缴的物资调拨分配办法,即物资分配大包干;实行定收定支、收支包干、保证上缴节余留用,扩大地方机动财力,即财政大包干;扩大地方在经济计划的制定和调整上的权力,实行"块块为主,条块结合"管理体制,增强地方的自主性。其次,微观经营体制方面,把大量的中央部属企业事业单位下放给地方管理。

但是,在经济建设中急于求成,盲目追求高指标、高速度的"左"倾冒进思想的作用下,宏观不平衡和失序再次导致体制秩序失序,1970年放权酿成"三个突破"和"一个窟窿"的宏观失衡,引起了1972年和1974年经济绩效的两度受损。

由此,引发了1973年、1975年的两次调整。1973年开始对体制进行调整,上收部分权限。1975年全面整顿的制度安排如下:首先,宏观管理体制方面。"以农业为基础、工业为主导,按照农、轻、重的顺序来安排我们的建设,最终要实现农业、工业、科学技术和国防现代化。"① 实行自下而上、上下结合、块块为主的计划体制,实行物资部门管通用物资、各部管专业物资的物资管理体制,推行收支挂钩、总额分成的财政体制。②

其次,微观经营体制方面。一是重申"三级所有、队为基础"制度。国家允许生产队有因地制宜种植的灵活性,强调不得随意调动生产队的劳动力和物资。针对"四人帮"鼓吹"穷过渡"、搞"一平二调"、取消自留地和家庭副业等挫伤农民积极性的行为,中央提出落实农村干部政策,"农村要整顿""整顿的核心是党的整顿,整党主要放在整顿各级领导班子上,农村包括公社、大队一级"③,中央专门发文强调不能把社员正当的家庭副业当作资本主义去批判。国家重申自留地制度,在集体经济占绝对优势的条件下,社员可经营少量的自留地和家庭副业。二是城市企业中建立钢铁工业必要的规章制度,进行钢铁工业的整顿④。同时,提出一系列工业发展的政策措施,例如,建立以岗位责任制为中心的生产管理系统和强有力的生产指挥系统,虚心学习外国一切先进的东西并有计划有重点地引进外国先进技术,等等。

1973年、1975年的两次调整和整顿,使得国民经济从1972年和1974年的经济收缩中摆脱出来,然而"文化大革命"导致政治经济互动中体制秩序严重失序,仍然引起1976年经济绩效再次受损,国民经济濒于失序。

从效果来看,在封闭体制下尽管党和国家为维持经济绩效进行了积极的秩序调适,但是由于计划经济体制固有的体制效率不稳定

---

① 《邓小平文集(一九四九——一九七四年)》下卷,人民出版社2014年版,第195页。
② 黄一兵:《一九七八年国务院务虚会经济建设和改革思想研究》,《中共党史研究》2006年第5期。
③ 《邓小平文选》第二卷,人民出版社1994年版,第35页。
④ 《邓小平文选》第二卷,人民出版社1994年版,第25页。

和不可持续性，历次体制调适取得的效果都难以持续。例如，人均GDP增速在1955年短暂提升至8.02%之后出现快速下降，1956年和1957年分别降至4.94%和1.10%，1958年已经降至-0.08%，这轮调整所产生的正增长仅维持了3年时间。同样，"三年困难时期"之后的正增长也仅维持了6年时间，其中1966年和1967年的正增长率也仅仅达到0.01%和0.27%。事实上1954—1976年，除1962年调整后正增长持续6年外，其他各次调整后正增长均只持续3年时间。

第四节 小结

改革开放以前，中国在生产力落后的条件下建立和建设社会主义，在国内外环境的约束下选择了以重工业为核心的国家工业化这一结构性体制目标。为了实现这一体制目标，中国制定了成体系、包含经济体制和治理体制在内的封闭型体制。这一体制的核心任务，是通过引导和控制资源配置以及经济活动推动重工业优先发展战略，以此实现国家工业化目标和国家安全目标。

具体来讲，封闭型体制由集权计划经济体制和集中管控的治理体制构成。集权计划经济体制通过指令性计划体系排斥市场机制的作用以降低资源和要素成本，剥夺企业经济利益和自主权、农民生产资料所有权和剩余索取权以控制企业和农业剩余，将一切资源配置到重工业部门和相关支撑部门，推动了重工业优先发展战略。以进行乡村治理的"政社合一"人民公社体制和实现城市控制的"单位制""街居制"和"身份制"为主要内容的集中管控治理体制，加强了对政治经济各方面的控制，实现对乡村和城市（主要是乡村）资源的动员和攫取能力，维持在经济困难等情况下的社会稳定。封闭型体制所具有的超强社会控制能力和资源动员能力带来了比较高的体制效率，中国很快实现了国家工业化，在此过程中也实现了正增长年份6.43%的平均增长率。但是，这一体制本身具有的单一化、集中化、实物化、封闭化等特征也导致了微观丧失自主权和活力、宏观缺乏平衡有序等问题，依靠集中管控、强控制、强动员实现的体制效率极不稳定，这一时期出现了高频率、大幅度的经济收缩，经济收缩频率和平均收缩率分别为34.62%和-5.63%。最终，经济绩效仅仅为2.25%。

需要强调的是，封闭型体制下中国的秩序结构虽然总体偏向严格控制，但仍然有调整的空间和可能性，形成了可调适型"体制效率—秩序结构"互动方式。这一独特的互动方式，在体制效率不稳定甚至面临下滑时，针对四次经济收缩进行了适应性调适，避免了经济收缩持续时间过久引起经济绩效大幅度、持续性下滑，以及由此可能带来的苏联式体制崩溃风险。需要强调的是，这些体制调适和秩序维持都发生在封闭型体制的框架内，因此这些调适的效果比较小、持续时间也不久。

第七章

转型体制：秩序维持、低收缩与高绩效

上一章对封闭型体制及其经济绩效特征和秩序特征进行了理论阐释。本章继续运用经济绩效体制分析理论框架，一方面阐释中国式转型体制在体制目标、经济体制、治理体制上的特征，解释改革开放后国家如何运用体制转型实现现代化和经济建设等绩效性目标；另一方面从经济体制与治理体制、体制效率与秩序结构及其互动的角度，对改革开放之后的"高增长、低收缩和高绩效"特征给出理论解释。同时，本章强调了改革开放前后经济体制带来的体制效率在稳定性和持续性上的差别，以及渐进的转型方式和独特的秩序维系对于改革开放后降低经济收缩频率和幅度进而改善经济绩效的重要作用。

改革开放之前长期低绩效以及1976年发生的经济收缩触发了封闭型体制向开放型体制转型的必要条件。局部的体制调适已无法扭转经济绩效下滑的趋势，旧有封闭型体制难以为继。决策者谋求体制转型以改进经济绩效，从而避免经济绩效持续下降带来的体制崩溃。从1978年起，基于对国内外形势的判断，全党的工作重心从阶级斗争转向经济建设。体制秩序的目标转向追求经济绩效，同时将安全目标维持在临界水平之上，体制从封闭型体制朝向权利开放的过渡型体制转型。

改革开放之后，秩序构建者的目标函数和约束条件发生了重大调整。体制目标的变化导致体制选择发生重大调整。随着现代化和经济建设等绩效性目标成为体制转型追求的首要目标，经济体制和治理体制都发生了重大转型，而不仅停留在调适的层次上。经济体制从计划经济转向市场经济，导致体制效率从 $f(S_{1,1})$ 转向 $f(S_{1,2})$；治理体制也从集中管控的治理体制向适度宽松的治理体制过渡。新秩序下，提高体制效率 $f(S_{1,2}|g_2)$，调适秩序结构 $g_1(S_{2,2})$ 以及促进体制效率与秩序结构的良性互动 $g_2(S_{2,2}|f(S_{1,2})) \times f(S_{1,2}|g_2)$ 都成为提升经济绩效的重要渠道，包括围绕市场经济体制重新构建法律体系、转变政府职能、调整政府与企业的关系，等等。

改革开放之后，开放市场经济体制不断赋予和增强微观活力与积极性，形成朝向开放的体制秩序，持续不断的权利开放为经济绩效的改善提供了强劲动力，封闭体制的逐步转型和开放成为经济绩效改善的根本原因。值得注意的是，许多社会主义国家在经济体制转轨之时出现了经济秩序的混乱和经济绩效受损。但中国经济体制转型具有两个重要特征：一是体制转型是逐步进行的，避免了陡然放开带来的经济秩序震荡；二是面临政治、经济冲击之时，通过适当的调整维持宏观上的平衡有序，这两个特征避免了体制转型过程中的失序及由此带来的经济绩效损失。

第一节 中国式转型体制的体制目标、经济体制与治理体制

在计划经济体制奠定国家工业化物质条件基础的情况下，国家的体制目标从结构性目标转化为绩效化目标。1976 年的经济收缩，实际上满足了封闭型体制向开放型体制转型的触发条件，促使决策者谋求体制转型以改进经济绩效从而避免经济绩效持续下降带来的

体制崩溃。中国从1978年改革开放以来，遵循体制开放的逻辑，改革封闭型体制，逐渐将集权计划经济体制改革为社会主义市场经济体制，不断赋予和增强微观活力与积极性。持续不断的体制转型增进了体制效率，为经济绩效的改善提供了强劲动力。同时，治理体制也从集中管控的治理体制转型为适度宽松的治理体制，为社会成员追求差异化的个人目标提供了条件。值得注意的是，中国的体制转型与权利开放没有出现许多社会主义国家体制转轨出现的秩序混乱和绩效受损，而是在保持良性秩序下的经济绩效大幅提高，这要归于中国满足了体制转型的秩序条件，避免了体制效率和秩序结构互动方式不佳对体制效率和秩序结构各自改善的抵消作用。一方面，通过体制的渐进式改进协调了旧利益消散与增量利益分配的矛盾以及体制骤变带来的失序风险。另一方面，通过不断的体制改革增进经济体制和治理体制的匹配度，形成有利于绩效改进的"体制效率—秩序结构"互动方式，达成转型进程中的秩序维持，避免了体制转型以及周期性、结构性冲击造成的失序风险。

一 转型体制的体制目标：现代化和经济建设

第一，体制目标向现代化和经济建设转变。改革开放之后，经济绩效成为首要的体制目标，具体体现为"以经济建设为中心"[1]；国家安全目标成为经济发展过程中必须坚持的底线，体现为改革开放必须"坚持四项基本原则"[2]等根本要求。导致这一重大转变的原因至少来自两个方面，一是改革开放之前长期低绩效导致中国经济水平与发达国家的差距日益扩大，偏离了体制秩序建立的初衷。体制秩序建立的初衷是在经济文化落后和生产力不发达的中

---

[1] 《中国共产党中央委员会关于建国以来党的若干历史问题的决议（一九八一年六月二十七日中国共产党第十一届中央委员会第六次全体会议一致通过）》，载《三中全会以来重要文献选编》下，人民出版社1982年版，第839页。

[2] 《邓小平文选》第二卷，人民出版社1994年版，第164—165页。

国通过社会主义体制发展生产力,而不是固守贫困①。二是中央领导人对安全局势判断发生了转变,邓小平认为国际上虽然导致战争的成分在发展,但是抑制战争的成分也在发展②,因此在一个较长的时期内不出现世界性战争的可能性是存在的,世界和平是能够实现的③。因此,党的十三大报告正式提出"和平与发展是当代世界的主题"的论断,成为改革开放后集中力量进行经济建设的基本前提。

具体来讲(1978—1992年):第一阶段,中国式现代化、小康和三步走战略。党的十一届三中全会之后,以邓小平为核心的党的第二代领导集体反复强调经济建设和四个现代化关乎国家和民族的前途命运④,与"建设有中国特色的社会主义"相应,邓小平首次提出了"中国式现代化",认为中国的现代化建设必须结合中国的国情和实际,他指出:"我们的现代化建设,必须从中国的实际出发"⑤,"适合中国情况,走出一条中国式的现代化道路"⑥,建设"中国式的四个现代化"照搬照抄其他国家的模式和经验难以获得成功。随着改革的深入,邓小平强调了中国现代化的发展方向——社会主义的现代化,他指出"很多人只讲现代化,忘了我们讲的现代化是社会主义现代化。"⑦ "中国搞现代化,只能靠社会主义,不能靠资本主义。"⑧

在现代化的发展目标上,邓小平将现代化从经济现代化拓展到包含经济、政治、文化在内的全面现代化,党的十三大报告首次提

---

① 《邓小平文选》第三卷,人民出版社1993年版,第225页。
② 《邓小平文选》第二卷,人民出版社1994年版,第416页。
③ 《邓小平文选》第三卷,人民出版社1993年版,第127页。
④ 《邓小平文选》第二卷,人民出版社1994年版,第162页。
⑤ 《邓小平文选》第三卷,人民出版社1993年版,第2页。
⑥ 《邓小平文选》第三卷,人民出版社1993年版,第163页。
⑦ 《邓小平文选》第三卷,人民出版社1993年版,第209页。
⑧ 《邓小平文选》第三卷,人民出版社1993年版,第229页。

出"把我国建设成为富强、民主、文明的社会主义现代化国家"①，这一现代化建设目标一直沿用到党的十五大。这一阶段的现代化建设不仅有宏远的发展目标，而且还有近期可实现的标准——"小康"。"四个现代化"归结起来就是"中国式现代化"，而"小康"是"中国式现代化"的具体体现。邓小平曾对中国式现代化做出具体化解释："所谓政治，就是四个现代化。我们开了大口，本世纪末实现四个现代化。后来改了个口，叫中国式的现代化，就是把标准放低一点。特别是国民生产总值，按人口平均来说不会很高。"② 1979年邓小平首次提出"小康"，他指出"我们要实现的四个现代化，是中国式的四个现代化。我们的四个现代化的概念，不是像你们那样的现代化的概念，而是'小康之家'。"③ 1984年，邓小平首次将小康定义为四个现代化的最低目标并提出小康的标准："我们提出四个现代化的最低目标，是到本世纪末达到小康水平。……所谓小康，从国民生产总值来说，就是年人均达到八百美元。"④ 1982年，党的十二大再次阐述中国式现代化的理念，并首次把"翻两番""实现小康"作为全党、全国人民的战略目标提出来。1987年，党的十三大提出"三步走"的发展战略，以此实现解决温饱问题、达到小康水平和实现现代化的目标。

第二阶段（1992—2002年），全面协调发展的现代化、更高水平的全面小康、"新三步走"战略和"两个一百年"奋斗目标。随着改革开放的深入，国民经济基础逐渐得到恢复和发展，社会主义现代化的内涵不断丰富。在经济现代化、政治现代化、文化现代化的基础之上，社会全面协调发展被加入现代化建设中，江泽民指出

---

① 赵紫阳：《沿着有中国特色的社会主义道路前进——在中国共产党第十三次全国代表大会上的报告（1987年10月25日）》，载《中国共产党第十三次全国代表大会文件汇编》，人民出版社1987年版，第15页。
② 《邓小平文选》第二卷，人民出版社1994年版，第194页。
③ 《邓小平文选》第二卷，人民出版社1994年版，第237页。
④ 《邓小平文选》第三卷，人民出版社1993年版，第64页。

社会主义社会的发展,不仅体现为国民经济的增长,还体现为社会的稳定和进步①。因此,社会主义现代化建设是需要注重物质和精神两个方面的全面协调发展,不仅要实现经济的增长和国民经济的发展,而且要提高人民群众的文化修养和科学文化水平,"保证社会的全面进步"②。在此基础上,党的第三代领导集体将党的第二代领导集体提出的"小康"发展成为"全面小康",党的十五大报告提出"在经济发展的基础上,使全国人民过上小康生活,并逐步向更高的水平前进。"③,党的十六大报告提出了全面建设小康社会的目标④,以此开创中国特色社会主义事业新局面。为了实现更高水平、更加全面的小康,党的十五大提出了"新三步走"战略和"两个一百年"奋斗目标,党的十六大则重申"全面建设惠及十几亿人口的更高水平的小康社会"。

第三阶段(2002—2012年),科学发展的现代化和全面建设小康。随着现代化建设的深入,社会经济发展中面临的问题也逐渐凸显,胡锦涛提出"坚持以人为本,树立全面、协调、可持续的发展观,促进经济社会和人的全面发展"⑤ 的科学发展观,将科学发展与和谐发展加入社会主义现代化目标中,科学发展观于党的十七大被写入党章、于党的十八大列为党的指导思想。科学发展的现代化主要体现为统筹协调可持续,党的十六届三中全会提出了城市与乡

---

① 《江泽民思想年编(一九八九—二〇〇八)》,中央文献出版社 2010 年版,第 69 页。

② 江泽民:《在毛泽东同志诞辰一百周年纪念大会上的讲话(一九九三年十二月二十六日)》,载《十四大以来重要文献选编》上,人民出版社 1996 年版,第 624 页。

③ 江泽民:《高举邓小平理论伟大旗帜,把建设有中国特色社会主义事业全面推向二十一世纪(一九九七年九月十二日)》,载《十五大以来重要文献选编》上,人民出版社 2000 年版,第 29 页。

④ 江泽民:《全面建设小康社会,开创中国特色社会主义事业新局面(二〇〇二年十一月八日)》,载《十六大以来重要文献选编》(上),中央文献出版社 2005 年版,第 1 页。

⑤ 《胡锦涛文选》第二卷,人民出版社 2016 年版,第 143 页。

村、东西中区域、经济与社会、人与自然以及国际与国内五个需要统筹协调的领域和范畴。其核心要义是，在生产力发展的基础之上注重社会经济、人与自然各方面的统筹协调，将社会主义现代化建设的内涵推向深入和广泛。不仅如此，这一阶段社会建设连同经济、政治、文化建设被列入社会主义现代化建设的内容。党的十七大修改党章，将社会主义初级阶段基本路线的末句修订为"为把我国建设成为富强民主文明和谐的社会主义现代化国家而奋斗"，党的十八大沿用了这一表述。此外，党的十七大还重申了全面建设小康社会的使命和"两个一百年"奋斗目标。

第四阶段（2012年至今），全面建设社会主义现代化、全面建成小康社会和新时代两步走战略。党的十八大以来，社会主义现代化不断被赋予新的内涵和更丰富的内容。其一是将新中国成立以来的"四个现代化"重新阐释为新型工业化、信息化、城镇化和农业现代化的四化同步[1]。其二是将生态文明建设连同经济建设、政治建设、文化建设和社会建设加入社会主义现代化建设中，提出"五位一体"总体布局[2]。其三是党的十八大报告在党的十六大、党的十七大的基础上提出"全面建成小康社会"[3]，将社会主义现代化建设推到了一个新的发展阶段。其四是党的十九大将生态文明建设纳入党章修改中，并将党在初级阶段的基本路线后半句修订为"为把我国建设成为富强民主文明和谐美丽的社会主义现代化强

---

[1] 胡锦涛:《坚定不移沿着中国特色社会主义道路前进，为全面建成小康社会而奋斗（二〇一二年十一月八日）》，载《十八大以来重要文献选编》（上），中央文献出版社2014年版，第16页。

[2] 胡锦涛:《坚定不移沿着中国特色社会主义道路前进，为全面建成小康社会而奋斗（二〇一二年十一月八日）》，载《十八大以来重要文献选编》（上），中央文献出版社2014年版，第7页。

[3] 胡锦涛:《坚定不移沿着中国特色社会主义道路前进，为全面建成小康社会而奋斗（二〇一二年十一月八日）》，载《十八大以来重要文献选编》（上），中央文献出版社2014年版，第1页。

国而奋斗"[1]。

习近平总书记提出"到2020年国内生产总值和城乡居民人均收入比2010年翻一番,全面建成惠及十几亿人口的小康社会"[2],认为全面建成小康社会是实现中华民族伟大复兴中国梦的关键一步[3]。这一阶段,经济发展的包容性进一步增强,具体体现在国家政策上的当属实施乡村振兴战略。党的十九大作出了实施乡村振兴战略的决策部署,首次将乡村发展摆在如此重要的历史地位,这是对新中国成立以来城市偏向和工业导向发展战略的彻底反思,反映了党正在致力于实现更具包容性的发展。在"三步走"战略和"两个一百年"奋斗目标的基础上,习近平总书记在党的十九大上提出的新时代两步走战略将基本实现现代化的时间提前了15年,即"第一个阶段,从二〇二〇年到二〇三五年,在全面建成小康社会的基础上,再奋斗十五年,基本实现社会主义现代化。""第二个阶段,从二〇三五年到本世纪中叶,在基本实现现代化的基础上,再奋斗十五年,把我国建成富强民主文明和谐美丽的社会主义现代化强国。"[4]从中,还提出了建成社会主义现代化强国这一更高目标。

第二,体制目标变化对体制转型的影响。体制目标由国家安全目标和结构性目标转变为谋求现代化的绩效性目标,实现这一目标必须推动社会主义体制转型。从体制目标和体制转型的互动关系来看,体制目标的变化使得国家发展追求的目标更加具有包容性和开放性,不断囊括更大的群体和更多的内容,因此社会主义体制必须通过转型不断走向开放和完善。

---

[1] 习近平:《决胜全面建成小康社会 夺取新时代中国特色社会主义伟大胜利——在中国共产党第十九次全国代表大会上的报告》(2017年10月18日),人民出版社2017年版,第12页。

[2] 《习近平谈治国理政》,外文出版社2014年版,第326页。

[3] 《习近平谈治国理政》,外文出版社2014年版,第314页。

[4] 习近平:《决胜全面建成小康社会 夺取新时代中国特色社会主义伟大胜利——在中国共产党第十九次全国代表大会上的报告》(2017年10月18日),人民出版社2017年版,第28—29页。

这一过程可以分为两个阶段：第一阶段（1978—2012 年），以社会主义市场经济体制建立、完善谋求小康和现代化。20 世纪 70 年代末期正式提出的社会主义现代化和四个现代化目标昭示着经济运行从动乱和失序边缘重新回到发展转型的轨道上来，前一阶段国家重工业化和国家工业体系的建设目标已经有了一定基础，发展转型的下一步需要向更加开放、内容更广泛、含义更丰富、更有利于民生福利、更加具有包容性的社会主义现代化方向改进，于是这一阶段的目标被确定——富强民主文明的社会主义现代化和小康。传统的计划经济体制难以适应新的发展的新要求，改革开放初期的体制选择和变革为新的体制目标的转换提供了体制保障，通过家庭联产承包责任制改革解决农民温饱问题，通过恢复发展个体和集体经济、恢复商品和市场、实行财政分级包干和对外开放等具体制度，使得社会主义体制在基本方向不变的前提下从计划经济体制转向市场经济体制、从体制封闭走向体制开放，朝向开放的市场经济体制支撑着中国式现代化和小康的体制目标。

随着体制改革和结构转型的深化，体制目标的内涵不断丰富——一是提出富强民主文明和谐的社会主义现代化；二是越来越接近小康社会的预期目标。在体制转型不断出现的新需求之下，社会主义市场经济体制具体安排不断进行选择和完善以回应体制目标提出的新需求：通过建立现代产权制度、保护各种合法收入和国企改革来发展非公经济，通过奠定市场经济决定性地位和政府宏观调控来完善市场体系、提高要素配置效率，通过二元体制改革、农村税费改革和完善社保体系来实现农村发展和全面小康。因此，这一阶段体制目标与体制转型的关系是不断进行的体制创新促进了越来越具有包容性和开放性的体制目标。

第二阶段（2012 年至今），以完善中国特色社会主义制度建成社会主义现代化强国、实现中华民族伟大复兴。在前一阶段现代化进程和小康建设取得进展的基础上，体制目标朝着更开放和更丰富的内容演化——一是建成富强民主文明和谐美丽的社会主义现代化强国，现代化被重新细化为新型工业化、信息化、城镇化和农业现代化四化同步；二是以精准扶贫和乡村振兴等推动小康全面建成。正如前文所分析，现代化是最终目标而小康是阶段性目标，为了实现全面建成小康社会这一阶段性目标，这一时期体制变革的特点兼含两个方面——一是适应于"五位一体"总体布局和"四化同步"的需要，提出完善中国特色社会主义制度；二是区别于前一阶段体制变革朝向权利开放的大方向，以更明确而有针对性的体制变革和体制创新精准地全面建成小康社会，鼓励支持引导非公经济，以城乡统一建设用地市场建设、赋予农民财产权利等推动乡村振兴。因此，这一阶段体制目标与体制建构的关系是适应于更全面的社会主义现代化的体制目标，提出了更完善和更全面的中国特色社会主义制度。

二 朝向开放的市场经济体制

改革开放以来，体制转型在整体上遵循着渐进地推动经济体制不断开放的路径。具体来讲，朝向开放的经济体制改革经历了以下几个渐进的阶段。其一，改革开启及初步探索阶段（1978—1985年）。首先，所有制方面。国家开始承认和发展个体为主的多种经济形式[①]，在社会主义公有制占优势的根本前提下，实行多种经济形式和多种经营方式长期并存，促进不同类型的合作经济。

其次，宏观经济管理体制方面。一是适度规模和速度的长期规划，有步骤分阶段地实现现代化目标。把提高体制效率，尤其是快速增长的体制效率作为国家发展经济的主要任务，国家发展经济的目标从结构化目标转向了绩效化目标。二是财税体制逐次实行了"划分收支，分级包干"体制（即"分灶吃饭"）和"划分税收，核

[①] 《国务院关于城镇非农业个体经济若干政策性规定（一九八一年七月七日）》，《中华人民共和国国务院公报》1981年第16号。

定收支，分级包干"的财政管理体制，发挥税收、利率的杠杆作用。① 国家对银行业的存款和贷款的相关制度也进行了改革，1985年改为实存实贷的体制，即"统一计划，划分资金，实存实贷，相互融通"。三是实行对外开放政策，鼓励和扶持多种方式出口创汇，多种形式利用外资，兴办经济特区。国家的开放政策分为两步进行，第一步是将天津市、上海市等14个城市确定为沿海开放港口城市②，在这些城市范围内进行对外开放；第二步是将长三角、珠三角等具有独特开放区位优势的片区开辟为沿海开放区，在这些范围内进行区域性的开放。四是缩小指令性计划，扩大指导性计划和市场范围的调节。

再次，要素配置体制方面。一是物资流通的管控逐渐放开。工业品流通上，部分三类工业品实行商业部门订购、选购和由工业部门自销，将包销制改为统购统销、计划收购、订购等形式。1982年9月起小商品逐步放开价格，分两批共放开了510种，由企业按市场需求生产和定价。1985年开始，国家进行的价格体制改革由价格调控和价格放开相结合、以价格调控为主，转变为价格调控和价格放开相结合、以价格放开为主。工业生产资料上，国家开放了生产资料市场，逐步减少计划分配的品种，进而对工业生产资料实行双轨制。放开绝大部分工业消费品价格，逐渐由市场调节；农业产品流通上，不仅通过流通体制的改革打破计划经济条件下城市和乡村分割的状况，而且从1985年开始国家对绝大多数农业产品不再下达统购和派购的计划指标，逐步将农产品的收购方式改为按照合同进行的市场化收购方式。二是土地要素延长土地承包期限，允许转包。三是工资制度改革，全国机关、事业单位废除50年代建立的等级工资制，1985年起实行以职务工资为主要内容的

---

① 《国务院关于实行"划分收支、分级包干"财政管理体制的通知（一九八〇年二月一日）》，《中华人民共和国国务院公报》1980年第1号。
② 《沿海部分城市座谈会纪要（节录）（一九八四年四月三十日）》，载《十二大以来重要文献选编》上，人民出版社1986年版，第453页。

结构工资制，大多数企业实行了奖励基金随同本企业经济效益浮动的办法，采取了简化的企业职工工资标准。同时，企业在工资奖金分配上的自主权得以扩大。在这样的情况下，大量企业按照本企业生产经营的特性对工资形式和奖金形式进行了多元化的规定，以提供足够的激励。

最后，微观经营体制方面。一是建立和健全了农业生产责任制[①]，进一步改革人民公社"政社合一"体制，成立村民委员会，生产队成为劳动群众集体所有制的合作组织。二是扩大城市企业经营权，扩大企业权限，增加企业责任，明确企业利益，实行利润留成。继续搞活国有企业，企业从单纯按上级计划安排转到主要按计划、部分按市场需求生产、分配和销售产品，开始通过政府和市场两个渠道获取生产资料。按照市场经济的要求，逐步扩大国有大中型企业在生产经营上的自主权，推动企业上缴利润向税收的转变。

其二，以有计划商品经济为核心的经济体制改革阶段（1986—1991年）。社会主义市场经济并不是一蹴而就的，突破发生在社会主义条件下的商品问题，党的十三大正式提出社会主义商品经济的概念，并且强调了要在此基础上推动市场机制正常运行。有计划商品经济理论的提出，标志着价值规律这一市场经济的主要规律得以确立，中国经济体制改革的市场取向随之确定。价格形成机制改革成为这一阶段的核心，其主要制度安排如下。

首先，宏观经济管理体制方面。一是计划体制实行条块结合，以地方为主，使地方政府拥有了制定本省各项计划的权力。二是财政体制实行"划分收支、定额上缴、五年不变"。也就是说在首先界定中央和地方在其承担的国家职能和事权上的差别，然后依据事权的差别划分中央和地方的财产，并且对财政收入进行划分，在此基

---

① 《关于进一步加强和完善农业生产责任制的几个问题——一九八〇年九月十四日至二十二日，各省、市、自治区党委第一书记座谈会纪要》，载《三中全会以来重要文献选编》上，人民出版社1982年版，第542页。

础上中央和地方分别编制预算并且实现本级的收支平衡。三是实施沿海经济发展战略，推行对外贸易承包经营制度，逐步扩大开放领域。1988年3月国务院批准将234个市县列入沿海开放区，4月批准把海南岛建设成为最大的经济特区。通过政企分开、划分商品经营范围和自负盈亏推动对外贸易承包经营责任制，深化出口承包体制，改变以补贴包干为主要内容的包干办法，按照有利于调动中央、地方、企业三个积极性的方向更有成效地扩大对外开放。同时，将各类外贸企业进一步市场化，取消对这些企业的保护性出口补贴。允许外商开设外资银行，允许外商试办商业零售业，发行人民币特种股票，允许成片开发土地，在维护国家主权的条件下，让外商成片承包，有偿给予相应的土地使用权，以低地价换取投资高效益。发展外向型经济，增加"两头在外"产品，进一步利用"以进养出""三来一补"等多种与外商合作形式，大力开拓国际市场。

其次，要素配置体制方面。一是改革投资体制。国家划分了中央、地方、企业的投资范围，明确国家投资一般只用于公共事业、基础设施以及较少数大型骨干企业和战略产业，建立基本建设基金制实行专款专用保证重点建设，成立负责重点建设的投资建设公司和投资银行并且自主经营、自负盈亏。二是大部分农产品价格和消费品价格得以放开，工业生产资料中开始全面实行价格"双轨制"，对计划内产品实行国家定价、对计划外产品实行国家指导价和市场定价。推动价格体制改革，绝大多数商品和服务的价格放开并由市场根据市场机制进行定价和调节。三是进行工资制改革。在价格改革的进程中，通过提高和调整工资，适当增加补贴，保证大多数职工实际生活水平不降低[1]，推动以住房商品化为核心的住房制度改革及配套制度改革。四是股票市场初步形成。1987年以来，放开股票价格，实行随行就市，"按价格优先和时间优先原则填具成交单予以

---

[1] 《当前的经济形势和经济体制改革（一九八五年三月二十七日）》，载《十二大以来重要文献选编》中，人民出版社1986年版，第703页。

成交"①，国务院对股票发行单位的范围及发行股票的审批权限等问题作出明确规定②。1990年、1991年，上海证券交易所和深圳证券交易所相继成立，股票的交易集中到这两个交易所以市场化的方式进行。

最后，微观经营体制方面。一是农村改革开始强调"统分结合"和规模化经营以及社会化服务。二是工业企业承包经营制度继续完善③，改变过去单一承包上缴利润指标、忽视管理的现象，建立了以利润为主的效益指标、以技术改造为主的发展后劲指标和以提高企业素质为主的管理指标。同时，国有商业零售企业推广重庆的"四放开"经验，即经营、价格、用工、分配由零售企业自主决定，推动了商业企业所有权和经营权的分离④。此外，国有企业还推行了厂长（经理）负责制⑤以及企业劳动工资制度改革⑥。

其三，建立社会主义市场经济框架阶段（1992—2002年）。这一阶段，建立社会主义市场经济体制作为一个国家层面的体制改革目标正式被提出来，围绕社会主义市场经济构建的经济体制改革实现了巨大突破。这一阶段，国家以建立社会主义市场经济体制这一新体制为使命，经历了由继续侧重于"放"到建立规范的市场经济运行机制。首先，所有制方面。国家进一步鼓励个体经济和私营经

---

① 《中国人民银行上海市分行证券柜台交易暂行规定》，《上海金融》1987年第2期。

② 武力主编：《中华人民共和国经济史》[增订版 上卷]，中国时代经济出版社2010年版，第836页。

③ 《政府工作报告（一九八七年三月二十五日）》，载《十二大以来重要文献选编》下，人民出版社1988年版，第1328页。

④ 陈宝义·《商业企业"四放开"与企业经营机制的转换》，《福建学刊》1992年第6期。

⑤ 《中共中央、国务院关于颁发全民所有制工业企业三个条例的通知（一九八六年九月十五日）》，载《十二大以来重要文献选编》下，人民出版社1988年版，第1132页。

⑥ 《国营企业实行劳动合同制暂行规定（一九八六年七月十二日国务院发布）》，载《十二大以来重要文献选编》下，人民出版社1988年版，第1071页。

济发展，促进多种经济成分发展，在坚持公有制为主体的前提下，积极鼓励个体、私营和外资经济发展，一些省市陆续出台鼓励私企发展、保护私企财产的政策法规。尤其是明确地强调了社会主义公有制不仅是国有经济和集体经济，混合所有制和股份制经济中的国有经济成分以及集体经济成分都是社会主义公有制的具体体现。因此，国家提出公有制实现形式可以而且应当多样化，需要改变集体经济是公有制低级形式的观点，突破性地提出和论证了非公有制经济是社会主义公有制经济补充的理论和政策。

其次，宏观经济管理体制方面。1994年开始，国家比较完整地提出了进行宏观经济管理体制系统性改革的方案，包括在财政体制上实行分税制和财政分权、推行以增值税为主的税收，在金融体制上进一步增强了中国人民银行作为中央银行对宏观金融稳定的调控职能，在国民经济规划体制上进一步加强了国家发展规划，通过国家经济发展规划而不是计划引导市场经济的发展壮大。

再次，要素配置体制方面。一是要素配置的市场体系开始成长壮大。（1）生产资料过渡性的双轨制价格机制被取缔，资本、劳动力、技术等生产要素的要素市场逐步形成。在土地要素方面，国有土地从无偿划拨走向有偿使用，并且按照市场的协议出让方式进行。在住房方面，国家加快了住房的商品化进程，获得住房的方式从按照"身份"进行福利分配转变为依据市场价格进行交易，住房消费市场开始兴起[①]。（2）商品和服务的价格形成机制交由市场按照供需情况形成，国家不再对价格形成和调控进行严格的控制。

最后，微观经营体制方面。1993年，党的十四届三中全会提出将建立"现代企业制度"作为中国国有企业改革的改革目标，明确"建立适应市场经济要求，产权清晰、权责明确、政企分开、管理科

---

① 《国务院住房制度改革领导小组关于全面推进城镇住房制度改革的意见（一九九一年十月十七日）》，载《十三大以来重要文献选编》下，人民出版社1993年版，第1730页。

学的现代企业制度"。① 按照国有企业改革的现代企业制度改革方向,国家开始实施"抓大放小",只掌握那些重要行业重要部门的重要企业,对于一般性的国有企业则进行改制或者下放给地方管理。在这样的情况下,大批大中型国有企业真正地融入市场经济中,成为具有现代公司形式的股份公司。大量中小型国有企业,也通过改组等方式进行了优化升级。

其四,社会主义市场经济体制初步完善阶段(2003—2012年)。党的十六大根据中国社会主义市场经济发展的实际情况,提出中国经济体制改革的目标已经从社会主义市场经济体制的建立转变为社会主义市场经济体制的完善。在这样的情况下,社会主义市场经济体制更加完善、更加优化。首先,所有制方面。一是提出坚持公有制的主体地位,并且要促进多种所有制经济共同发展。二是首次在所有制之外强调了公有制之下产权的作用,首次提出了"建立健全现代产权制度"。三是对阻碍非公经济发展的相关规定和法律进行全面梳理,根据实际的情况对这些法律和规定进行全面修订。此次促进非公经济发展的法律和规定修订的主要内容包括:为非公有制经济提供更为开放的市场准入,允许非公有制经济和非公资本进入法律不禁止的领域,等等。

其次,宏观经济管理体制方面。一是加快政府职能转变、构建公共服务型政府。完善政府经济调节、市场监督、社会管理和公共服务职能,减少和规范行政审批,切实解决公共服务投入不足、覆盖面不广的问题和关系国计民生的突出问题。二是财政转移制度逐步完善,县级基本财力保障机制初步建立,公共财政体系建设快速推进,取消农业税、牧业税、特产税。三是充分发挥"入世"带来的国际市场和国际需求,实施"走出去"战略。在扩大内需的同时,利用好国际市场扩大内需。同时,推动人民币汇率体制改革,推动

---

① 《中共中央关于建立社会主义市场经济体制若干问题的决定》,人民出版社1993年版,第3页。

人民币的浮动汇率制度和跨境贸易结算探索。

最后，要素配置体制方面。一是要素市场进一步发展，更具体系化特征。要素市场进一步拓展，不仅资本、土地、劳动力等传统要素建立了要素市场，而且新兴技术、知识产权等新兴要素也开始拥有要素市场并开始上市交易。同时，重要能源和重要资源的市场化配置的进程逐渐加快。二是更加具有包容性的户籍制度改革，实行以具有稳定就业和住所为基本条件的户口迁移准入制。一方面，国家逐渐放宽了进城务工农民工的落户门槛；另一方面，推动不同户籍公共服务的均等化，公共服务的提供和享受权利从依赖于户籍转向依赖于"常住"的日常化管理。另外，这一时期的国有企业管理体制和国有资产管理体制也进行了一定程度的改革，这些改革包括：改革国资管理监督体制，完善公司法人治理结构；改革投资体制，缩小政府投资范围，扩大企业投资自主权，等等。

其五，社会主义市场经济体制成熟定型阶段（2013年至今）。党的十八大以来，社会主义市场经济体制逐渐走向成熟定型。党的十九届四中全会在公有制为主体、多种所有制并存基础上，首次加入分配制度和社会主义市场经济体制，由此确立社会主义基本经济制度，标志着中国社会主义基本经济制度更加成熟更加定型。第一，生产资料所有制理论创新。不仅强调公有制经济和非公有制经济都是社会主义的重要组成部分，而且明确混合经济是基本经济制度的实现形式，还提出了国有企业做大做强的思路和路径。第二，基本分配制度理论创新。国家明确既要坚持按劳分配，又要坚持按生产要素分配，党的十八届三中全会指出了各生产要素报酬由各自要素市场决定，随后出台了相关政策文件推动要素配置市场化体制机制进一步完善。同时，强调共享发展[①]，要求发展成果的分配体现公平正义，逐渐实现共同富裕。第三，社会主义市场经济体制。一方面，

---

① 《习近平谈治国理政》第二卷，外文出版社2017年版，第200页。

将市场的"基础性作用"进一步强化为"决定性作用",由此进一步形成更加合理的、各司其职的政府和市场关系,通过市场机制推动传统发展方式向新的发展方式转变①。另一方面,更好地发挥政府的作用,在市场"决定性作用"基础上强调科学宏观调控和有效政府治理,是社会主义市场经济的必然要求②。逐渐成熟定型的社会主义市场经济,不仅仅从生产的角度增强了包容性,给予不同性质的市场主体以更加平等和充分的权利,而且在分配上更加具有包容性,使得更多的人民群众能够参与发展成果的分享中,为社会秩序的稳定提供了包容性基础。

三 适度宽松的治理体制

国家工业化的目标基本实现之后,国家开始考虑惠及更多民众的现代化的绩效性目标,从封闭型体制下组织社会个体服从国家的体制目标转变为更多地允许社会个体追逐自身的个性化目标。在这样的情况下,改革开放以来党和国家逐渐推动社会主义经济体制从集权计划经济体制转向市场经济体制,赋予各级经济主体更多的自主权和创造性,由此带来更加复杂的经济和社会活动,社会的结构和多样性也得到强化,充满着"流动的现代性"③。具体来讲,封闭体制下的社会成员流动性不高、人们没有空间追求自设性目标、社会观念和意识形态具有高度的一致性。改革开放之后,城乡社会成员流动性增强,人们开始根据自己的需求追求各种各样不同的自设性目标,甚至是思想意识也呈现出更加多样的状态。这样的高流动性、多元化目标和多样化思想意识,使集中管控的治理体制面临严峻的挑战。

因此,社会治理需要从以"权威—遵从"和强控制为主要特征

---

① 《习近平谈治国理政》,外文出版社2014年版,第77页。
② 《习近平谈治国理政》,外文出版社2014年版,第77页。
③ [英]齐格蒙特·鲍曼:《流动的现代性》,欧阳景根译,上海三联书店2002年版,第1页。

的"集中治理"向以"服务—信任"和强服务为主要特征"协作治理"迈进①。在此基础上，随着经济体制改革揭开序幕，国家治理体制也发生了重大变化，国家治理的目标逐渐由资源攫取和强控制转变为更加有利于经济绩效改善，城乡治理体制从严格控制变为适度开放，国家治理体制的政治化、意识形态化逐渐转为"民主制度化、法制化"②。通过治理体制的转型，巩固社会主义体制和推动社会生产力的发展，同时实现社会主义民主、增强人民群众的创造性③。治理体制的转型主要体现在以下几个方面。

第一，乡村治理从国家全面控制演变为"乡政村治"和"由取到予"。一是作为基层政权的人民公社被取代，乡镇级基层政权重新成为国家政权组织的末梢。集体所有制下的地权分割赋予了农民承包经营农地的权利，这在事实上使得家庭经营回归到乡村社会，家庭重新成为乡村结构的基本细胞。家庭联产承包责任制从两个方面冲垮了人民公社体制存在的基础：一方面，农业生产已经通过家庭联产承包责任制交由农民家庭进行，不再需要一个"政社合一"的人民公社组织和管理农业生产；另一方面，国家动员乡村资源的方式发生了变化，国家通过承包直接建立了同农民之间的关系，不再需要通过人民公社动员乡村资源。在这样的情况下，国家对于乡村治理的目标就从封闭体制下的"控制+动员"变为了乡村治理。

由此，仅仅具有政府治理职能的乡镇级人民政府重新回到了乡村治理的舞台上。从1982年开始，国家陆续出台政策将人民公社的功能进行剥离，实现"政社分开"——将人民公社改建为乡，承担基层政府职能。人民公社所具有的经济功能，则交由农村集体经济

---

① 范逢春、张天：《国家治理场域中的社会治理共同体：理论谱系、建构逻辑与实现机制》，《上海行政学院学报》2020年第6期。
② 《邓小平文选》第二卷，人民出版社1994年版，第146页。
③ 《邓小平文选》第三卷，人民出版社1993年版，第178页。

组织承担。① 至1984年，"政社合一"的人民公社体制彻底被取缔。此后，逐渐形成了"乡政村治"的乡村治理体制。"乡政"的本意是乡镇级人民政府作为国家的基层政权，只负责行政管理。但是，客观形势也使得乡镇级人民政府拥有了经济职能：一方面，乡镇事务繁杂，由此设立了"七站八所"②进行管理，其中涉及农业生产经营的大部分内容；另一方面，乡镇级人民政府的财权与事权极不匹配，乡镇复合了政治职能和经济职能的整个庞大体系运行依靠"合法摊派"和所谓"抓经济"来获得财力支持。

二是村民自治为主要内容的乡村自治。集体所有制下的地权分割和人民公社被乡镇级人民政府所取代之后，形成了"乡政村治"的乡村治理格局。"村治"，指的就是在乡村地区开展村民自治。1982年《中华人民共和国宪法》不仅明确了乡镇级人民政府作为国家基层政权组织的法律地位，而且在法律上明确了村民委员会作为乡村群众自治性组织的正式界定③。1982年，全国各地开始了建立农村村民委员会的试点工作。随后，村民自治制度逐渐走向明确和完善。1983年，人民公社体制下的生产大队也陆续变更为村民委员会，同时再次明确村民委员会的性质不是政权组织而是乡村群众的自治性组织。1986年，全国村民委员会的规章制度逐渐完善，开始发挥组织村民开展自治的功能。1987年，国家在村民委员会中加入了经济功能，即允许在乡镇级人民政府以及村委会自治组织建立农业生产合作组织，在村民委员会一级将村民自治组织和村民农业生产合作融合为一体。同时，国家规定村两委和村级农业生产合作社

---

① 《中华人民共和国第五届全国人民代表大会第五次会议关于修改〈中华人民共和国地方各级人民代表大会和地方各级人民政府组织法〉的若干规定的决议》，《中华人民共和国国务院公报》1982年第20号。

② "七站八所"指的是县、市、区及上级部门在乡镇的派出机构，没有数量上的明确对应关系，主要包括农技站、水利站、农机站、种子站、司法所、财政所等机构。

③ 1982年《中华人民共和国宪法》规定："农村按居民居住地区设立的村民委员会是基层群众性自治组织，村民委员会的主任、副主任和委员由居民选举，村民委员会同基层政权的相互关系由法律规定。"

的干部由村民代表大会选举产生。同年，村民自治和村委会相关政策制度逐渐上升为法律并形成了《村委会组织法（试行）》。1988年11月，国家正式颁布了经过试行并修行之后的《村委会组织法》，村民自治制度正式法律化[1]。国家层面法律的颁布，推动了村民自治组织和合作组织选举的规范化。一方面，关于村民委员会选举的流程、规定、人员构成等被规范化[2]，截至2000年年初19个省、自治区、直辖市按照规范的程序进行民主选举。另一方面，村一级基层党组织的管理进行了规范化，村一级党支部成员实行了"两推一选"和"公示制"等制度[3]。

三是由转移农业剩余到给予农业补贴，国家投入乡村公共设施和公共服务。首先，改革开放以来国家从乡村征收的农业税和转移的间接贡赋逐步减少。一方面，国家在改革开放之后征收的农业税实行较低的标准[4]，从党的十一届三中全会召开至党的十六大召开，国家征收的农业税总额仅占农民整个家庭的总收入的1.35%。另一方面，国家在改革开放之后从乡村转移的间接贡赋大幅度下降，这主要通过粮食征购标准的调整来实现的。具体来讲，国家在农民粮食征购中提高了粮食征购的价格、减少了粮食征购的计划标准、采取了更加缓和的征购方式和更小的征购范围。由此，国家和农民由于粮食征购、农业剩余等造成的不和谐关系逐渐缓和。

其次，21世纪以来，国家对农民的税费进一步下降，逐步废除

---

[1] 1998年11月全国人大常委会正式颁布修订后的《村委会组织法》，其中正式明确村民自治的基本原则是自我管理、自我教育、自我服务，在实践中具体化为村民的民主选举、民主决策、民主管理、民主监督四项民主权利和民主制度。

[2] 例如，对选举中诸如选举委员会构成、选票设计、选民构成、候选人提名以及选举现场布置、计票等进行了规范化。

[3] 《中共中央办公厅关于在农村开展"三个代表"重要思想学习教育活动的意见（二〇〇〇年十一月三十日）》，载《十五大以来重要文献选编》中，人民出版社2001年版，第1483页。

[4] 改革开放以来，国家向农民征收的农业税一直按照1958年《中华人民共和国农业税条例》规定的标准进行。

了农业税。2002年,全国开展了农村税费制度改革,通过农村税费征收标准、征收项目和征收方式的规范化,达到降低农民重负和维持农村社会稳定的目的。2004年,国家进一步降低了农业税的标准,在保留烟叶特产税的前提下取消了其他种类的农业特产税,甚至对全面取消农业税开展了试点。2005年,国家逐步在更大范围内实行农业税免于征收和减量征收。2006年,国家宣布全面取消了维持千年的农业税。由此,国家不再针对农业单独征税。

最后,国家不断加大对乡村的农业补贴,加大公共基础设施和公共服务的投资。城乡统筹发展战略实施以来,国家逐步推出了较为全面的农业农村补贴支持体系,既包括涉及直接农业生产过程的农业四项补贴[1],还包括涉及农业间接生产过程如农产品流通、农业服务等补贴,以及涉及农民生活的社会保障等补贴[2]。总的来看,2002—2016年中央财政支出中农业支出年均增长近20%[3]。

第二,城市治理从"单位制""街居制""身份制"的城市管控演变为以流动人口管理为主的多元化社区治理。中国城市社会治理体制逐渐由"大政府、弱社会"向"强政府、大社会"转变,由社会管控、社会管理向社会治理转变,赋予城市企业、居民更开放的权利。一是"单位制"式微。改革开放以来,随着社会主义市场经济进一步发展,中国城市内部人员流动逐渐加大、人口状况变得越来越复杂,市场替代行政命令和计划指令成为配置资源的主要手段,"单位制"已经不能适应新的城市治理和社会发展。体制目标的转换带来的整个社会主义体制的变化,使得国家不再需要将整个城市完全严格地控制在自己的手中,而是从集中管控的城市控制转为了适

---

[1] 农业四项补贴是指良种补贴、种粮直接补贴、农机具购置补贴和农资综合直接补贴。

[2] 时文彦:《充实和转变职能 强化乡镇财政管理的探讨》,《财政研究》2010年第2期。

[3] 刘守英、熊雪锋:《中国乡村治理的制度与秩序演变——一个国家治理视角的回顾与评论》,《农业经济问题》2018年第9期。

度放松的城市治理。关键的是，社会主义市场经济体制改革和社会主义公有制的实现形式的新探索，冲破了"单位制"赖以生存的体制生态。

因此，城市社会必然从国家的严格管控中分化出来[1]，而城市社会率先分化出来的功能则是经济功能[2]，原本执行这种经济功能的"单位制"也就失去了存在的价值和作用。具体来讲，首先是市场化的资源配置和市场化的经济活动使"单位"失去了作用。资源配置掌握在市场，而不是"单位"的手中，甚至国家都不再是配置资源的主导者，"单位"就没有办法再对归属于单位的成员进行严格的控制。城市居民在市场经济下形成了多种多样的利益诉求和个性化需求，这些利益诉求和个性化需求能够通过"单位"之外的市场、社会等渠道获取。其次是成员对于"单位"的依赖度下降，"单位"对于成员的控制力下降。体制改革赋予了城市居民更多自由的权利，"单位"不再拥有限制其成员自由流动的权利。进一步地，随着资源配置体制、贸易体制、户籍制度等方面的改革和权利开放，原本属于"单位"的成员被所谓"体制"外的由市场经济带来的优势所吸引，对"单位"的依赖进一步下降。

二是传统"街居制"面临"职能超载"的现实困境。"街居制"在改革开放后并没有被取缔，而是沿革到了今天。但是，随着改革开放的深入推进，中国城市出现了高流动性、高复杂化的特征。中国城市的人员结构变得复杂化，一部分，是来自改革开放中体制改革中"单位"破产带来的工人下岗，所谓的"体制内"的单位人变为了"体制外"的社会人。另一部分，则是来自户籍制度放松之后大量农业转移人口进到城市里面，造成城市实际居住人口迅速增加。在这样的情况下，中国城市逐渐面临越来越复杂的基层治理难题：

---

[1] 陈嘉明：《国家与社会关系的重塑及市民社会的发育》，《马克思主义与现实》1995年第1期。

[2] 鲁越：《从国家和社会的关系看国家政治经济职能的弱化趋向》，《哲学研究》1987年第2期。

城市地域规模和城市人口规模不断扩大，城市实际居住人口的构成状况变得极为复杂，城市内部、城市与城市之间的人员、资源流动性和交互性逐渐加大。因此，封闭型体制之下形成的城市治理的"街居制"面临着无能、无力的困境。尤其是，社会经济活动日益复杂、人员流动日益加剧，繁重的基层社会治理造成了"街居制"超载、超负荷运转的局面，中国社会治理面临着"失组织化"的困境。[1]

三是以社区为载体、以居民自治为内容、以多元化为特点的城市治理逐渐成形。改革开放以来，城市基层结构的复杂性和流动性增强，封闭型体制之下形成的"单位制"在市场经济发展的冲击下开始出现困局，"单位"在控制城市社会和配置城市资源方面的功能逐渐丧失。这样的情况下，"街居制"的作用进一步凸显。但是，随着城市基层结构的复杂化和城市人员的流动性增强，单纯地通过街道办事处来维持城市秩序的做法也存在治理效力减退和治理能力逐渐下降的趋势。原因在于，传统"街居制"还是依靠户籍对本辖区内拥有户籍的居民进行管理。这样的管理体制遭受着城市人口构成变化的冲击，城市人口构成出现了这样的新变化：城市里面出现的人既不属于某一个"单位"，也不拥有某一辖区的"户籍"，仅仅是这一辖区的常住人口。

因此，针对无单位、无户籍的常住人口的多元化社区治理模式逐渐形成。城市人口结构的复杂化和流动性的增强，使得作为基层政权组织的街道办事处出现了"职能超载"的问题，政府通过纳入社会力量、发展社区常住居民自治实现对城市社会的有效治理。在这样的情况下，作为派出机构的街道办事处仅负责做好本职的行政管理工作，除此之外的工作或是交由居民自治组织等社会力量，或是通过购买服务的市场化方式吸收社会力量介入，由此达到满足居

---

[1] 范逢春、谭淋丹：《城市基层治理 70 年：从组织化、失组织化到再组织化》，《上海行政学院学报》2019 年第 5 期。

民多样化利益诉求和多样化需求以及维持城市社会秩序的目的。由此，形成了政府、社区、居民多主体参与，行政管理、社会化服务和市场化服务多方式共举的治理格局[1]。

第三，法治建设在这一时期得到加强，进而构造社会主义市场经济的法治基础。无论是计划经济体制还是市场经济体制，都必须建立在一定运行规则的基础上。法律和依赖于法律而形成的法治，是市场经济体制尤其是现代市场经济体制的规则。与之相区别的是，计划经济体制或者说传统形态的市场经济体制建立在人际关系的基础上，法治程度较低。因此，法治是市场经济发挥其积极作用的基础。原因在于：首先，价格信号是市场经济实现高效率资源配置的有力工具，法律作为一个公正的标准确定市场上形成价格的机制，通过第三方实施的公正而强有力的监督提供合理的定价方式[2]。其次，法律的基本功能是稳定预期和提供足够的激励[3]，对财产权的稳定预期和财产权对市场主体的足够激励对于市场经济来说尤为重要，法律通过界定具有保障的一般性的财产制度实现其预期和激励功能；最后，契约是交换的正式化和法律化，法律可以保证市场主体之间自由地缔结契约，并且保证所缔结的契约能够被公正有效地实施，从而降低市场的交易成本[4]，避免缔约双方的机会主义行为以及由此带来的严重损失。

改革开放以来，法治逐渐取代关系和权力成为更有效率的治理工具，产权保护从以政府为主导的选择性保护转到更全面、更公平的依法保护，清廉度的提高和政府规制的减少创造了越来越公平的

---

[1] 杨君、纪晓岚：《当代中国基层治理的变迁历史与理论建构——基于城市基层治理的实践与反思》，《毛泽东邓小平理论研究》2017年第2期。

[2] Posner, R. A., "The Law and Economics Movement", *American Economic Review*, Vol. 77, No. 2, 1987.

[3] [美] 理查德·波斯纳（Richard Posner）：《法律的经济分析》（第七版），蒋兆康译，法律出版社2012年版，第42—43页。

[4] Trubek, D. M., "Toward a Social Theory of Law: An Essay on the Study of Law and Development", *The Yale Law Journal*, Vol. 82, No. 1, 1972.

市场环境①。尤其是在建立健全社会主义市场经济体制的过程中，中国逐渐实现了社会主义市场经济的法治化和规范化，既保障了市场经济的高效运行，又协调国家与市场之间的关系。主要的进步体现在以下方面：一方面，改变了计划经济时期政府通过指令计划和行政命令干预经济的状态，使政府与市场的关系逐步明晰化，政府越来越多地能够做到不越位、不乱作为，排斥了来自强权的攫取②；另一方面，对于参与经济活动的各个市场主体的行为进行了约束，通过明晰而严格的产权、明确的合同缔结和执行的规定以及对区域垄断、行业垄断等垄断行为的打击③，创造了稳定有序、权利公平、公开竞争的市场环境，促进了分工、专业化的深化和市场范围的扩大化，为经济增长的提升和经济收缩的降低提供了有力的支撑。

改革开放之后，随着经济体制由集权计划经济体制转型为朝向开放的市场经济体制，市场经济的蓬勃发展带来了城市和乡村基本结构与形态的重大变化，治理体制也发生了相应的变化——从强管制、强控制的治理体制转变为重服务、重秩序的治理体制，党和国家在治理上的重点由围绕政治开展变为围绕经济建设开展、由管控变为治理和服务。具体来讲，党的十三届四中全会即提出了"加强政府的社会管理职能"，实际上注意到了治理的重要性。党的十六届四中全会则强调要明确建立健全党的领导体制、形成"党委领导、政府负责、社会协同、公众参与"的社会管理格局，以此来构建社会主义和谐社会。党的十六届六中全会则提出要进行社会治理体制的创新，着重强调要注重社会秩序、推动社会事业的进步、形成合理而完善的社会管理结构。党的十八大提出了"五位一体"总体布局，要求推动中国社会管理的结构、社会管理的格局和社会管理的

---

① 刘守英、熊雪锋：《〈民法典〉与高水平社会主义市场经济》，《北京大学学报》（哲学社会科学版）2020 年第 6 期。

② ［美］曼瑟·奥尔森：《权力与繁荣》，苏长和、嵇飞译，上海世纪出版集团 2014 年版。

③ 钱颖一：《市场与法治》，《经济社会体制比较》2000 年第 3 期。

体制向优化的方向转变。

党的十八大以来,中国的治理体制基本逻辑由"社会管控""社会管理"进入了"社会治理"发展阶段,尤其是党的十八届三中全会提出了国家治理体系和治理能力现代化的目标正式确立了社会治理的概念和思路。这表明,中国的治理逻辑和治理体制已经发生了更加有利于为经济发展提供基础性支撑、更加有利于为社会提供更稳定的秩序的质的转变。总之,改革开放以来治理体制的转型,一方面为市场经济体制高效率的取得创造了条件;另一方面优化了体制效率和秩序结构互动方式,更有利于避免和应对体制转型中的失序。

第二节 转型体制下的绩效提升、失序和收缩风险

封闭型体制转型中逐渐形成的社会主义市场经济体制,具有以下特征:以公有制为主体的所有制更具多样性,宏观经济管理体制更具灵活性,要素配置体制趋向市场化更具有效性,微观经营体制赋予微观经营主体更多自主性,激发了广大生产主体和经济活动参与者的自主性、积极性和创新性。这一系列渐进的体制转型,将较低的计划经济体制效率提升为较高水平的市场经济体制效率,从而极大地改善了经济绩效。图7-1表明,改革开放后我国经济绩效极大改观,1978—2017年,仅有1981年、1989年、1990年和1998年出现分别为-0.65%、-1.62%、-3.21%和-0.43%的经济收缩,经济绩效收缩的频率和幅度大为缩减。其余虽有经济绩效变差年份,如1986年、1994年、1997年、2003年、2008年、2013年和2016年,但仍维持在零绩效之上。

在体制转型提高了体制效率的情况下,朝向开放的转型体制下经济绩效受损主要来自转型影响体制秩序的失序风险,在中国转型

体制下出现了五种情况。一是经济体制不适配导致的绩效受损。1981年负绩效、1986年经济绩效下滑和1994年经济绩效下滑，主要来自转型中经济体制转型过快导致的经济过热和治理经济过热之后的下滑。首先，改革开放后的第一次体制调适是1979年为防止经济过热进行的"调整、改革、整顿、提高"。"文化大革命"虽然于1976年结束，但是1977—1978年的经济发展仍以"大干快上"为特点，而内容变为出现了大量引进国外技术设备和举借大量外债的现象，走向了另一个极端，进行高积累和高投资的"洋跃进"，致使经济过热后出现绩效下滑。1979年4月党中央决定进行为期三年的经济调整治理经济过热，于是采取了一系列紧缩投资的措施，减少一批项目，经济增速特别是投资下降。此次治理整顿也导致了1979年以来经济绩效的持续下滑，直至1981年出现负经济绩效。

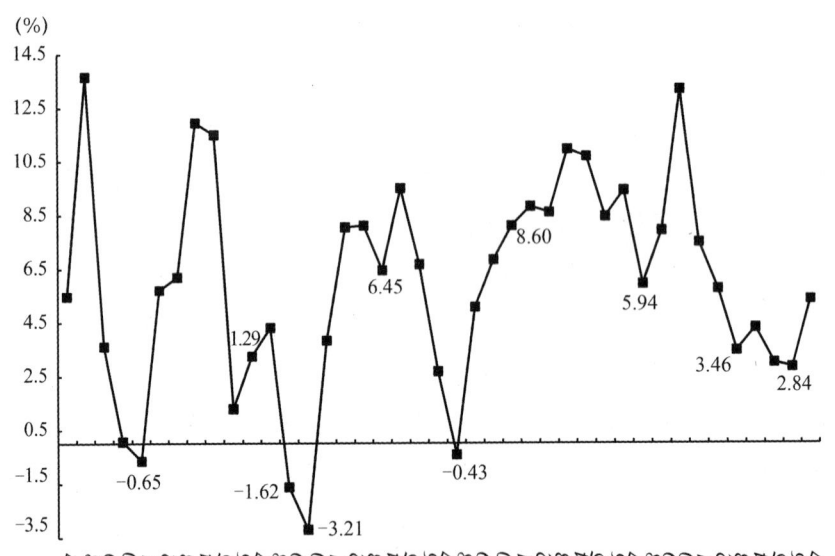

图7-1 改革开放之后的经济绩效

资料来源：PWT 10.0。

其次，改革开放初期片面追求高速度错误倾向依然存在，1982年和1984年两度投资失控。1985年2月中央政府开始推行紧缩政策控制固定资产投资规模，合理调整投资结构，控制消费基金的膨胀，调整轻纺、机电工业结构，开启了1985—1986年针对再次出现的经济过热进行"调整、整顿、充实、提高"，由此形成1985—1986年经济绩效的持续下滑。

最后，1992年建设社会主义市场经济体制目标确立之后，中国经济在1993年冲上新高峰，基建投资迅速增加，全社会总需求急剧扩张，通货膨胀抬头，出现表现为"四高""四热"和"两乱"为代表的经济过热①。1993年6月党中央下发旨在扭转经济过热、抑制通货膨胀、实现"软着陆"并以整顿金融秩序为重点的"十六条"②。此轮调适开启了区别于计划经济体制下行政命令式治理整顿的宏观调控模式，实行"双紧政策"，通过紧缩的财政政策和货币政策压缩社会总需求。此轮宏观调控虽然使1994年经济增速下滑，但达成了宏观经济快车道刹车的目标，最终在1996年实现经济"软着陆"，为进一步体制转型和经济发展奠定了基础。

二是治理体制不适配以及经济体制和治理体制不协调导致的绩效受损。1989年出现经济绩效为负的部分原因是政治风波冲击引起的失序，并延续到1990年。1987年为实现价格闯关，经济体制改革放弃渐进式改革策略，采取加速实现计划价格与市场价格并轨，试图实现一步到位式价格市场化改革模式，即在保证少数重要的商品和服务的价格由政府管控的情况下，绝大多数商品和服务的价格交由市场决定和调节，由此形成价格由市场供求决定的

---

① "四高"是指"高投资增长、高货币投放、高物价上涨和高贸易逆差"，"四热"是指"房地产热、开发区热、集资热和股票热"，"两乱"是指"金融秩序混乱、市场秩序混乱"。

② 《中共中央、国务院关于当前经济情况和加强宏观调控的意见（一九九三年六月二十四日）》，载《十四大以来重要文献选编》上，人民出版社1996年版，第315—323页。

形成机制，逐步实现国家—市场—企业的架构中国家处于调控地位、市场处于主导地位、企业拥有自主性的目标。由于此前三年经济高速增长下物价上涨带来的价格上涨预期以及 1988 年 3 月开始实施的上调零售商品价格等价格闯关政策落地，引发"抢购"和"挤兑"风潮。由此引发了极高的通货膨胀，流通和市场秩序出现紊乱。在此情况下，国家于 1988 年 8 月紧急叫停了价格闯关，宣布 1987 年价格改革方案是要经过五年甚至更长时间才能达成的长期目标①。

1988 年 9 月开始，党中央开始致力于通过深化改革来优化市场环境和稳定市场秩序，采取了一系列紧急措施，例如抑制过快增长的投资、压缩投资尤其是不在预算范围之内的投资的规模②，对于存在"政企不分、官商不分、转手倒卖、牟取暴利等问题"的市场主体进行清理和整顿③，从严格管理消费型基金发放等角度来抑制社会购买力的过快增长和过度膨胀④，在这样的前提下继续加大对于商品和服务价格的管控，等等。但是，商品和服务价格的上涨仍然在持续。1989 年 11 月 9 日，党的第十三届中央委员会第五次全体会议通过《中共中央关于进一步治理整顿和深化改革的决定》，提出用三年或更长一些时间来完成缓解社会总需求超过社会总供给矛盾的治理整顿⑤。治理整顿实际上通过适当的干预和调整及时纠正了激进式价

---

① 《国务院关于做好当前物价工作和稳定市场的紧急通知（一九八八年八月三十日）》，载《十三大以来重要文献选编》上，人民出版社 1991 年版，第 253 页。

② 《国务院关于清理固定资产投资在建项目、压缩投资规模、调整投资结构的通知（一九八八年九月二十四日）》，载《十三大以来重要文献选编》上，人民出版社 1991 年版，第 260 页。

③ 《中共中央、国务院关于清理整顿公司的决定（一九八八年十月三日）》，载《十三大以来重要文献选编》上，人民出版社 1991 年版，第 290 页。

④ 《国务院关于从严控制社会集团购买力的决定（一九八八年十月六日）》，载《十三大以来重要文献选编》上，人民出版社 1991 年版，第 294 页。

⑤ 《中共中央关于进一步治理整顿和深化改革的决定（摘要）》，人民出版社 1990 年版，第 7 页。

格改革的错误，使得混乱失序的体制秩序重新回到正常轨道，从而避免了经济绩效的持续下滑。

其余三类经济绩效下滑分别是经济运行过程中的其他冲击造成的。一是 2011 年以来经济绩效下滑的来源是 2008 年以来强刺激所引起的结构性问题；二是经济以外社会性冲击引致的经济绩效下滑，2003 年较之于前四年经济绩效下滑，是受到非典的冲击；三是国际经济冲击导致 1998 年和 2008 年的经济绩效下滑，分别是受到了 1997 年亚洲金融危机和 2008 年国际金融危机的冲击。

第三节　体制转型中秩序维系：渐进变革、体制效率与秩序结构的互动

改革不是一劳永逸的，也不是一蹴而就的，转型过程中要注意体制变革的持续性和渐进性。体制转型之后，经济绩效仍然面临因失序风险和收缩风险而造成的下滑可能。因此，成功的体制转型不仅需要在体制目标转变之后满足触发条件，还需要满足转型过程中的秩序条件。秩序条件要求在转型过程中维持秩序稳定，以免体制转型的成果被失序侵蚀，维持秩序的关键在于处理好体制转型中的新旧利益关系以及体制适配性。改革开放之后，中国的体制转型过程具有两个明显的特征。

一是体制转型的渐进式模式，可以解决既得利益消散阻碍发展和增量利益分配引起矛盾等问题，避免了体制转型过快过急造成的失序风险。具体体现为，在坚持社会主义基本经济制度和各项重要原则的前提下，维持政治秩序、经济秩序和社会秩序的稳定，逐步深化经济体制和治理体制的转型，从简单的、容易的改起，让改革推动进一步改革、转型并推动更深入的转型。这种渐进式改革决定了政治经济互动过程中新体制和旧体制并存，最典型的是各种形式双轨制的出现。双轨制的典型代表包括商品和服务价格的双轨制，

社会主义所有制多种实现形式的双轨制①。双轨制的出现是中国式体制转型的伟大创造，不仅满足了体制转型对于稳定性的要求，而且通过新轨的发展推动旧轨的转变，实现了体制转型的持续性②。除了体制转型过程的渐进性，体制转型的目标也具有渐进式特征。社会主义市场经济体制是中国式经济体制转型的目标和追求，这一目标也经历了长时间的、循序渐进式的发展演变，即从计划经济转变为计划经济为主、市场调节为辅（1982年），再转变为有计划的商品经济（1982年）下形成计划与市场内在统一的适宜机制（1987年），进而转变到国家调控和调节市场、市场引导企业开展经济活动的格局（1987年），以及在经济调节中坚持计划调节与市场调节相结合的原则（1989年）。直至1992年党的十四大正式确立了"社会主义市场经济体制"为中国经济体制转型的目标。

二是在体制转型过程中通过经济调整来维持秩序稳定。为了应对各种失序风险引起的经济绩效下滑，中国在朝向开放的体制转型过程中不断进行调整和干预。经济体制转型固然提高了体制效率，但转型导致的体制秩序失序风险也会导致转型中经济绩效受损。一方面，转型过程中经济体制不适配往往会导致经济剧烈波动，引发绩效下滑，这就需要进行及时适当的经济调整。另一方面，中国经济体制改革的实质是政治经济互动，其主要特点是体制开放过程中通过适当的调整和干预以维持良性的体制秩序，避免体制秩序出现失序的危机从而导致经济绩效受损。也就是说，在不断开放以寻求微观自主权和积极性的同时不完全放任，适时地维护宏观平衡有序，从而实现降低经济收缩幅度和经济收缩频率的绩效目标。改革开放以来，中国进行维持秩序的经济调整主要有以下几次。

第一次调整（1979—1981年）：防止经济过热的"调整、改革、

---

① 张宇：《过渡之路：中国渐进式改革的政治经济学分析》，中国社会科学出版社1997年版，第93—94页。

② 林尚立：《权力与体制：中国政治发展的现实逻辑》，《学术月刊》2001年第5期。

整顿、提高"。改革开放初期，国家为了快速发展经济和改善人民群众生活水平，进行了大规模的项目建设投资，由此带来了人民收入大幅度提高进而消费和购买力的进一步扩张，形成经济过热的现象。1979年4月，中央提出"调整、改革、整顿、提高"的方针，开始有意识地通过经济方面的调适来治理经济过热，由于采取了一系列缩小投资规模和投资量的措施，减少一批项目，从而导致经济增速特别是投资增速下降，于是在1981年出现了经济收缩。值得注意的是，此次调整的快速完成得益于权利的开放和体制的转轨。这次调整的成功，不仅促进了经济发展，而且为经济体制改革创造了宽松环境。

第二次调整（1986—1987年）：针对经济过热，力求"软着陆"。一是坚决抑制投资速度过快增长和投资规模的过高膨胀，对投资结构进行合理适当的调整。二是在继续改善人民生活和调节收入差距的同时，控制消费基金的膨胀，例如继续严格控制社会集团购买力、坚持农副产品收购价格总水平基本稳定、以个人收入调节税等方式调节社会各类人员收入。三是调整关系到人民群众生活的轻纺工业和关系到科学技术发展的机电工业的产业结构、技术结构、产品结构和市场结构。调整的主要方向是在横向上鼓励企业联合、在纵向上鼓励企业进行技术创新，通过一系列政策鼓励企业增强内生动力，如引进国外先进技术、加大研发投入进行自主技术研发创新以及拓展新市场、生产新产品、培育新产业，等等。对国内外市场紧俏产品的生产和销售，在政策上给予优惠，尤其是在能源、原材料、黄金、外汇和运输供应等方面给这些产品予以支持。此外，加强对轻纺和机电等相关乡镇企业的积极引导。四是完善农产品的合同收购制，调减合同订购任务并适当调高部分粮油的定购价格，调动农民增产粮食的积极性。

第三次调整（1988年）：应对流通秩序混乱的需求调节和价格改革。1988年夏天，中国出现了新中国成立以来罕见的"挤兑""抢购"风潮。这一时期，市场放活和需求扩张进一步引致了流通秩序的混乱，双轨价格相互倾轧，由此引发了严重的矛盾。国家采取了两方面措施，一方面是放缓投资、压缩消费需求和购买力。在这方面，国家采取了一系列紧急措施，例如，抑制过快增长的投资、压缩投资规模尤其是不在预算范围之内的投资的规模、对市场主体进行清理和整顿、从严格管理消费型基金发放等角度来抑制社会购买力的过快增长和过度膨胀，在这样的前提下继续加大对商品和服务价格的管控，等等。

另一方面，进行价格体制改革，重新将价格纳入国家管理和调控之中。1988年上半年，中央面对比较严重的通货膨胀开始推动价格体制改革，价格体制改革的主要内容是保证少数价格由政府管控、绝大多数价格交由市场决定和调节，由此形成由市场供求决定的价格形成机制。值得一提的是，作为劳动力价格的工资相关体制的改革也在价格改革中得到了体现，工资制改革总的要求是在价格改革的进程中，通过工资的适当增长保证大多数职工的生活水平不降低。

第四次调整：应对物价上涨的治理整顿和深化改革（1989—1991年）。治理整顿、深化改革是在坚持改革开放条件下，是对国民经济进行的一次大调整。这次调整历时三年，经历了两个阶段。第一阶段是从党的十三届三中全会前后开始至1989年第三季度。在这一阶段，国家进行了两个方面的调整：一是对于社会总需求和购买力进行了大幅度的压缩，二是对商品和服务的流通进行了整顿。通过压缩需求和规范流通，达到抑制物价上涨、缓和物价上涨率的目的。第二阶段从1989年第四季度开始到1991年9月。在这个阶段，国家继续紧缩总需求，同时通过努力调整结构，增加有效供给，启动市场，使整个国民经济恢复到正常的增长速度，并适时地继续推出一些改革措施。由于治理整顿的主要任务是控制物价上涨，一些改革措施暂时不能出台，政府在平抑物价、压缩固定投资、紧缩财政信贷之时，为了加强治理整顿力度，主要借助于强制性行政措施，从而收回了已下放但有必要收回的权力。治理整顿和深化改革对稳定转型中的社会主义市场经济秩序和抑制由调整政策带来的经济过热起了积极的效果,经济收缩的风险得到了有效的遏制。

第五次调整:应对市场经济周期性过剩和亚洲金融危机冲击的调整(1997—1999年)。1992—1999年,中国GDP出现了七年连续下降的情况,这七年的连续下降主要分为两个阶段。第一个阶段是1992—1996年。这一阶段中国GDP增长速度从8.04%平稳下降到6.66%,尽管趋势是下降的,但仍然保持了很高的增长率。更为关键的是,这一阶段GDP增速下降没有带来通货紧缩的结果。因此,这一阶段的GDP增速下降实际上是经济过热情况下的一次成功的"软着陆"。第二个阶段是1996—1999年。这一阶段的GDP增长速度从6.66%进一步下降到了5.07%,这一次下降不再是治理经济过热的结果,而是受到市场经济周期性生产过剩和亚洲金融危机冲击两方面影响的结果[①]。在国内国际两个方面的失序和冲击下,中国经济出现了总供给超过总需求的通货紧缩。针对这样的情况,国家采取了以下维系秩序的政策措施。

首先,宏观经济管理体制方面。一是深化国有企业、劳动、住房、医疗、教育改革,使市场的作用能够在这些领域更好地发挥,通过市场机制来消除、降低和优化过剩的产能及产品。二是扩大政府在公共设施和公共服务上的支出,解决总需求不能够消化总供给的问题。一方面,积极完善社会主义市场经济的体制机制,加快融入国际市场的步伐,加大对于外需的利用程度。另一方面,实施积极的财政政策,逐步扩大内需。由此,从利用外需和扩大内需两个方面扩大总需求,以求总供给和总需求的平衡。

其次,要素配置体制方面。一是推进劳动力的商品化和市场化,产业工人主体从以城市国有企业职工为主转变为以进城农民工为主,发挥人口红利。二是实行住房的市场化改革,逐步将计划经济条件下的福利分房转为市场经济条件下的商品房,引导广大人民购买商

[①] 江宇:《改革开放以来三次经济下行的成因及治理》,《中国经济时报》2015年9月16日第5版。

品房，由此为开启中国以房地产作为支撑性产业的快速经济发展时代奠定了坚实基础。同时，国家注重通过廉租房、经济适用房等保障性住房保障人民的住房权利，以此维系社会稳定。

最后，微观经营体制方面。一是农村的税费改革和农村的综合改革。农村税费的政策方针由计划经济条件下的转移农业剩余转化为减轻农民负担，由此进行了农村相关税费的大幅度改革，直至废除了农业税。同时，推行农村综合改革，精简乡镇级人民政府的行政机构，建立健全农村社会保障体系和农业支持保障体系。由此，通过减负担和增保障两个方面增强农民的购买能力、调动农民的购买需求。二是城市中工业企业的改革。坚持市场化的改革方案，国家只掌握重要性的、关键性的企业，对其他的国有企业进行大刀阔斧的改革，通过这种方式使得企业逐渐学会融入市场和适应市场。通过以上三个方面，经济收缩的风险和经济绩效下滑的趋势被扭转，保持了回升向好的态势。

第六次调整：应对非典冲击的经济干预和政策转向（2003年）。为应对非典冲击，中国采取了有利于疫后恢复的货币政策和财政政策，即货币政策保持稳健，国家保障防治非典所需合理信贷资金供应，对疫情影响较大的行业和地区适当进行信贷倾斜。财政政策方面，国家直接下达了大量的财政资金进行疫情防控相关设施和服务项目的建设，而且或减或免地减轻了被疫情影响行业的税收负担。同时，加速房地产市场发展，2003年8月的房地产18号文提出房地产业已经成为国民经济"支柱产业"，要求"不断消除影响居民住房消费的体制性和政策性障碍"[①]，由此开始了以房地产、服务业为主要内容的城市化拉动中国经济增长的新阶段。

第七次调整：应对2008年国际金融危机的经济刺激（2008

---

① 《国务院关于促进房地产市场持续健康发展的通知（二〇〇三年八月十二日）》，载《十六大以来重要文献选编》（上），中央文献出版社2005年版，第421—422页。

年)。2008年，全球遭遇了严重的国际金融危机冲击。为了应对这一来自国际的经济方面的冲击，避免经济收缩的风险，中国积极扩张的经济发展政策，同时出台了主要包括4万亿投资计划、十大产业振兴规划以及刺激汽车、家电等消费一系列举措的扩张政策，阻止了国际金融危机冲击下经济绩效的下滑。

第八次调整：应对结构性问题的经济改革（2012年至今）。2008年经济刺激带来经济持续增长的同时，也带来产能过剩、高负债、杠杆率上升和金融风险加大等后遗症，中国经济出现结构性失衡，2011年开始中国在"三期叠加"的因素下经济绩效开始下滑。2012年以来，针对这些结构性问题中央提出了去产能、降杠杆、供给侧结构性改革等举措以转变经济发展模式，通过贯彻新发展理念和构建新发展格局来实现中国经济从高速经济增长向高质量经济增长的转型，以此维持和改善经济绩效。

第四节　小结

改革开放前长期低水平经济绩效以及1976年的经济收缩触发了封闭型体制向开放型体制的转型，体制目标在依靠封闭型体制建立的生产力发展和工业化基础之上，由国家安全目标和结构性目标转变为现代化和经济建设等绩效性目标。这些目标能够继续推动体制的建设和发展，不至于因为封闭型体制内含的比较高但不稳定的体制效率引起经济收缩、经济绩效下滑甚至更严重的后果。由此，中国式转型体制逐步形成。这一体制的主要任务是通过更加开放、更加具有自主性和灵活性的经济活动来实现小康和现代化的绩效性目标，乡村攫取和城市管控也随着经济活动的复杂化和开放化逐步放松，社会主义法治越来越成为维系经济活动秩序和社会秩序的重要手段。

具体来讲，中国式转型体制由朝向开放的市场经济体制和适度宽松的治理体制构成。转型中逐渐形成的社会主义市场经济体制，具有以下特征：以公有制为主体的所有制更具多样性，宏观经济管理体制更具灵活性，要素配置体制趋向市场化更具有效性，微观经营体制赋予微观经营主体更多自主性，激发了经济活动参与者的创新能力和创造能力。这一系列渐进的体制转型，将计划经济下较高水平但不稳定的体制效率提升为更高水平且更加稳定、更加可持续的市场经济体制效率，这使得正增长年份的平均增长率从6.43%提高到6.55%。尽管如此，转型体制仍然面临失序和收缩风险，主要来自经济体制内部不协调、经济体制和治理体制不适配以及结构性问题和内外部政治经济冲击等方面。

集中管控治理体制向适度宽松治理体制的转型，通过多元化社会治理的城市治理、由取到予和乡村自治的乡村治理以及社会主义法治，适应了经济活动的多样性和复杂性，不仅为体制效率的稳定持续提供了更良性的秩序基础，而且实现了更加开放和更加灵活的"体制效率—秩序结构"互动方式。在此前提下，面对这些失序和收缩风险，中国式转型体制通过渐进而非激进的体制变革以及灵敏的"体制效率—秩序结构"互动方式来达成秩序维系。改革开放以来，中国经济收缩的频率和幅度大为降低，经济收缩频率和平均经济收缩率分别为10.26%和-1.48%。由此，中国的经济绩效从2.25%提升到了5.73%，获得了极大程度的改善。

第八章

主要结论与政策含义

本书首先阐述了经济绩效的典型事实和国别经验，并以经济绩效的视角对中国发展"双奇迹"进行了分析，进而阐述了一定体制下效率与秩序及其互动影响经济增长、经济收缩和经济绩效的理论逻辑。在此基础上，本书对中国发展"双奇迹"的经济绩效以及改革开放前后的经济绩效差异提供了理论解释。本章对前文的研究成果进行总结，并针对新征程中如何通过稳增长、降收缩来维持和改善经济绩效提出若干思考。

第一节 主要结论

本书对经济绩效的典型事实进行了概括，对中国发展"双奇迹"进行了经济绩效分析和基于体制下效率和秩序及其互动的理论解释，主要结论如下。

第一，长期经济变迁过程是经济绩效变化的过程，经济绩效维持和改善主要来源于经济增长维持一定水平前提下经济收缩的降低。首先，经济绩效的维持和改善主要来源于经济收缩（经济收缩频率和平均收缩幅度）的下降，可以分为三种情况。一是经济收缩（经济收缩频率和平均收缩幅度）下降的同时经济增长（平均增长率）

有所提升，但是前者的贡献率大于后者。二是经济收缩（经济收缩频率和平均收缩幅度）下降的同时经济增长（平均增长率）略有下降，前者的贡献扭转了后者造成的下降趋势。三是经济收缩（经济收缩频率和平均收缩幅度）下降的同时经济增长（平均增长率）略有下降，前者的贡献抵消并减轻了一部分后者造成的下降趋势。因此，本书强调降低经济收缩比提高经济增长更为重要。

其次，经济收缩的降低，要建立在一定水平经济增长前提下。一国经济长期经济变迁过程中实现收入跃迁的同时，往往伴随经济绩效的改善。但是，一国在中等收入迈向高收入并且稳定在高收入阶段的过程中，正增长年份的平均增长率会出现不可避免的、不以人的意志为转移的呈现客观的下降趋势，从这个意义上来讲经济绩效改善的来源是经济收缩（经济收缩频率和平均收缩幅度）的下降，而不是经济增长（平均增长率）的提升。必须强调的是，平均增长率虽然出现下降，但仍维持在一定水平之上，这是经济绩效改善的前提条件。因此，本书认为经济绩效维持和改善主要来源于经济增长维持在一定水平前提下经济收缩的降低，这也是理解欧洲先发国家进入现代经济增长和拉美追赶国家跨越或陷入"中等收入陷阱"的关键所在。

第二，中国发展奇迹是快速经济增长和长期社会稳定的"双奇迹"，中国的经济绩效总体处于较高水平，改革开放后的经济绩效改善来源于经济增长（平均增长率）维持在一定水平前提下经济收缩（经济收缩频率和平均收缩幅度）的降低。中国发展既实现了快速经济增长奇迹，也实现了长期社会稳定奇迹，两者之间是相互影响相互成就的关系，研究中国发展不能仅仅考虑快速经济增长奇迹而忽视了长期社会稳定奇迹对于快速经济增长的稳定器作用。

从经济绩效的角度来考察中国发展"双奇迹"，本书发现：首先，自20世纪50年代初至今，中国经济绩效整体在新兴市场国家和发展中国家处于较高水平；其次，改革开放前中国经济绩效表现出"高增长、高收缩和低绩效"的特征，改革开放之后中国经济绩效表现出"高增长、低收缩和高绩效"的特征；最后，改革开放后中国经济绩效的改善既包含经济增长（平均增长率）提升的作用，也包含经济收缩（经济收缩频率和平均收缩幅度）下降的作用。但是，经济收缩（经济收缩频率和平均收缩幅度）下降的贡献率为97.25%（70.42%和26.82%），远大于经济增长（平均增长率）提升的贡献率——2.75%，而两个时期的经济增长（平均增长率）（分别为6.43%和6.55%）都维持在较高水平。因此，改革开放后中国经济绩效改善的主要来源是经济增长（平均增长率）维持在一定水平前提下经济收缩（经济收缩频率和平均收缩幅度）的降低。

第三，中国发展"双奇迹"和较高经济绩效的实现，得益于独特的体制下形成的具有中国独特性的效率、秩序及其良性互动。具体来讲，中国的体制建构者会选择和建构一定的经济体制和治理体制。经济体制规定资源配置和经济活动，而后者为资源配置和经济活动提供秩序基础。经济体制决定体制效率，由此产生一定的经济增长。经济活动的运行并不只是简单的经济行为，必须建立在一定秩序之上。为了配合经济体制要达成的体制目标，治理体制往往围绕体制目标和经济体制展开，治理体制形成的一定秩序结构不仅能够保障经济体制资源配置的顺利开展，而且为经济活动运行创造一定的社会经济环境——也就是秩序基础。更重要的是，经济体制与治理体制、体制效率与秩序结构并不简单独立存在，而是存在一定的互动关系，既表示体制效率为秩序结构提供物质内容，也表示秩序结构从应对内外部冲击等方面为体制效率提供稳定基础。一定的经济体制产生一定的体制效率，一定的治理体制产生一定的秩序结构，体制效率以及体制效率与秩序结构的互动决定经济增长，秩序结构以及秩序结构与体制效率的互动决定经济收缩，由此形成一定的经济绩效。

第四，改革开放后中国经济绩效改善是体制转型下既维持效率又稳定秩序的结果，即在经济体制改革维持了较高经济增长的同时，通过渐进式改革、治理体制转型实现秩序维系进而降低了经济收缩。具体来讲，一方面，封闭型体制下的计划经济体制和中国式转型体制下的市场经济体制都带来了较高的经济增长（平均增长率）。区别在于，前者通过降低资源和要素成本、控制企业和农业剩余而将一切资源配置到重工业部门和相关支撑部门获得的经济增长不具有可持续性和稳定性，后者通过引入市场体制、鼓励竞争、增强微观经营主体自主性、激发市场主体积极性和创造性而获得的经济增长更具可持续性和稳定性。

另一方面，改革开放后绩效改善更多来源于经济收缩（经济收缩频率和平均收缩幅度）的降低，这是治理体制带来秩序结构以及"体制效率—秩序结构"互动方式变化的结果。具体来讲，集中管控的治理体制通过加强对政治经济各方面的控制，实现了对乡村和城市（主要是乡村）资源的动员和攫取能力，维持了在经济困难等情况下的社会稳定，而且在体制效率不稳定甚至面临下滑时进行了适应性调适，但这些框架内调适所取得的效果比较小、持续时间也不久。适度宽松的治理体制，多元化社会治理的城市治理、由取到予和乡村自治的乡村治理以及社会主义法治，适应了经济活动的多样性和复杂性，不仅为体制效率的稳定持续提供了更良性的秩序基础，而且实现了更加开放和更加灵活的"体制效率—秩序结构"互动方式，由此达成了秩序维系，降低经济收缩（经济收缩频率和平均收缩率）的效果更佳。

因此，中国改革开放后经济绩效改善的源泉是，依据不同的体制目标选择适当的经济体制，从而实现较高经济增长（平均增长率）。同时，通过治理体制的放松带来适度宽松的秩序结构和更加灵活的"体制效率—秩序结构"互动方式，降低了经济收缩（经济收缩频率和平均收缩率）。

第二节 政策含义

当前,中国面临中华民族伟大复兴战略全局和世界百年未有之大变局,同时也进入了建成社会主义现代化强国的关键时期。然而,中国人均GDP增速在2011年之后出现了趋势性的下滑,这是改革开放之后中国人均GDP增速出现的最长一次持续性下降。从中国发展事实来看,此次趋势性下滑是中国经济进入新常态、进入发展新阶段的结果。从国际经验来看,此次趋势性下滑是中等收入迈向高收入过程中必然会出现的。Eichengreen et al.（2013）的研究发现按2005年购买力平价美元计算,当人均GDP达到10000—11000美元和15000—16000美元期间可能会发生经济绩效下滑现象。[1] 该收入水平折合成2011年购买力平价美元后约为12000—13000美元和18000—19000美元,2012年中国人均GDP按2011年购买力平价美元计算接近11000美元,正好处于Eichengreen. et al. 研究所发现的第一个绩效下滑区间。[2] 因此,维持和稳定经济绩效成为当前中国发展面临的新挑战和新课题。

改革开放前后中国发展经验表明,中国经济绩效改善来源于平均增长率维持在一定水平前提下经济收缩频率和幅度的降低,从体制的角度来理解则是来源于经济体制改革通过增强资源配置和经济

---

[1] Eichengreen, B., P. Donghyun and S. Kwanho, "Growth Slowdowns Redux: New Evidence on the Middle-Income Trap", *NBER Working Paper*, No. 18673, 2013.

[2] Eichengreen et al. 所定义的经济增速实际上类似本书所定义经济绩效的概念。根据Eichengreen et al. 的定义,如果该国经济在所定义的经济增速实际上类似本书所定义经济绩效的概念 t 年发生绩效减速,需要满足三个方向的条件:（1）$\geq 3.5\%$,这表示该国绩效下降前7年的平均绩效水平高于3.5%, $g_{t,t-7}$ 表示从 $t-7$ 到 t 年的平均经济增长率,即经济绩效;（2）$g_{t,t-7} - g_{t,t+7} \geq 2\%$,即减速前后该国7年的平均绩效之差超过2个百分点;（3）$y_t > 10000$,这表示发生减速时按照2005年美元PPP测算的人均GDP应高于10000美元。

活动的灵活性、自主性和积极性进而实现了更加持续、更加稳定的体制效率和经济增长，渐进式体制变革和治理体制转型实现了更加具有灵活性的秩序结构以及开放型"体制效率—秩序结构"互动方式进而促成了经济收缩频率和幅度的下降。虽然经济学界对于如何促进经济增长进行了深入的研究，但对于如何避免经济收缩的研究刚刚起步。显然，经济收缩绝非经济增长的相反数，传统刺激性高增长政策在趋势性下降阶段对促进经济增长收效甚微，而且对避免经济收缩也难以取得全面效果。

本书的基本观点是破除高增长依赖，从关注经济增长（正增长）到关注经济绩效，兼顾效率和秩序，正确认识和处理改革、发展和稳定的关系。首先，以市场参与度更高、资源配置更有效、经济活动更灵活等为目标的经济体制改革为突破口，创造更高的、更稳定的、更可持续的体制效率。其次，以适应现代化治理要求、适应大流动性和多元化需求为目标的治理体制改革为抓手，构造管理有力、治理有效的适度宽松秩序结构。最后，注重体制效率与秩序结构、体制转型与秩序维系的关系，注重体制转型过程中经济体制、治理体制内部制度安排的均衡以及经济体制和治理体制的适配，形成更加开放、更加具有灵活性的"体制效率—秩序结构互动"方式，避免出现体制不适配引起的经济收缩、对内外部冲击造成体制效率下滑或者秩序面临风险时进行适时适当的秩序维系。

第一，兼顾效率和秩序，正确认识和处理改革、发展和稳定的关系。高增长依赖实际上是只关注了长期经济变迁过程中的效率问题，为了实现高增长不惜采取强刺激和粗放式发展方式，这是不可持续的。因此，必须破除高增长依赖，必须从关注经济增长（正增长）到关注经济绩效。进一步地，要从仅关注效率转向兼顾效率与秩序。中国式体制秩序构建了一整套成体系的体制来谋求发展，体制的改革既关系到发展问题中的效率，也关系到稳定问题中的秩序，还关系到发展和稳定辩证关系中的效率与秩序互动。因此，要兼顾效率和秩序，通过体制改革谋求现代化，既要通过经济体制改革提高体制效率实现发展，又要通过治理体制转型维系秩序实现稳定。

第二，深化经济体制改革，创造更高的、更稳定的、更可持续的体制效率。从前文的分析可以得知，一定水平的经济增长是维持和改善经济绩效的前提。尽管计划经济体制和市场经济体制都能够实现较高水平的经济增长，但是两者实现经济增长的方式是完全不同的，后者具有更强的稳定性和更好的可持续性。因此，经济体制改革的方向是更具多元化实现形式的社会主义公有制、更具灵活性和有效性的宏观经济管理体制、更具有效性和竞争性的市场化的要素配置体制，以及微观经营主体拥有更多自主性、积极性和创造性的高水平高效率的社会主义市场经济体制。由此，通过参与度更高、竞争性更高、创造力更强、创新性更好的市场经济体制，创造更高的、更稳定的、更可持续的体制效率，达成稳增长的目标。

第三，推进治理体制转型，形成管理有力、治理有效的适度宽松秩序结构。从前文的分析可以得知，一定水平经济增长前提下经济收缩频率和幅度的降低是维持和改善经济绩效的重要来源。尽管集中管控的治理体制完美配合计划经济体制完成了国家工业化等结构性目标，并且避免了经济绩效持续下滑所面临的政治经济崩溃。但是，集中管控的治理体制下框架内调适不能从根本上改变"高增长、高收缩"的困境，适度宽松治理体制更有利于从根本上形成适度宽松、灵活性更强的秩序结构。因此，治理体制转型的方向是通过赋予乡村更多发展权利，实现乡村有效治理，适应多元化、多主体、流动性社区化管理要求，实现城市高效治理，以及完善社会主义市场经济的法治基础来构建具有现代化治理体系和现代化治理能力的适度宽松的治理体制。由此，通过张弛有度的、具有更强灵活性适应性的治理体制，实现管理有力、治理有效的适度宽松秩序结构，达成降收缩的目标。

第四，注重体制转型过程中的效率与秩序的良性互动，形成更加开放、更加具有灵活性的"体制效率—秩序结构"互动方式。尽管体制转型能够带来创造更高的、更稳定的、更可持续的体制效率和管理有力、治理有效的适度宽松秩序结构，达成降收缩的目标，但是中国发展仍然面临两种失序危险和收缩风险：一是转型过程中由于体制内部和体制之间不适配造成的震荡，二是内外部政治、经济冲击导致的风险。因此，体制转型过程中最重要的是：一方面要选择适宜的转型方式，以此缓解转型过程中的旧利益消散和新利益分配引起的矛盾以及各种不适应；另一方面要形成更加开放、更加具有灵活性的"体制效率—秩序结构"互动方式，面临失序危险和收缩风险时通过进一步的体制转型实现基于源源不断的创新的经济增长，或是采取更加灵活的、适应性更强、更加有效的方式维系秩序，而不是简单通过加强社会控制和强制来维系秩序。因此，作为秩序维系者的政府，一方面要在经济发展进程中不断向社会开放市场参与权利、提供更好的经济活动环境；另一方面要有强有力但又有克制的干预能力、具有足够的包容性。在此基础上，形成更加良性的有益于发展的政治与经济、效率与秩序的互动方式。

参考文献

《马克思恩格斯全集》第三卷,人民出版社1995年版。
《马克思恩格斯全集》第十九卷,人民出版社2006年版。
《马克思恩格斯全集》第二十二卷,人民出版社1965年版。
《马克思恩格斯全集》第二十五卷,人民出版社2001年版。
《马克思恩格斯全集》第三十一卷,人民出版社1998年版。
《马克思恩格斯全集》第三十七卷,人民出版社1971年版。
《马克思恩格斯文集》第十卷,人民出版社2009年版。
《马克思恩格斯选集》第三卷,人民出版社2012年版。
《马克思恩格斯选集》第四卷,人民出版社2012年版。
《列宁选集》第三卷,人民出版社2012年版。
《列宁选集》第四卷,人民出版社2012年版。
《列宁全集》第二十六卷,人民出版社2017年版。
《列宁全集》第二十八卷,人民出版社2017年版。
《列宁全集》第三十二卷,人民出版社2017年版。
《列宁全集》第四十一卷,人民出版社2017年版。
《列宁全集》第四十二卷,人民出版社2017年版。
《列宁全集》第四十三卷,人民出版社2017年版。
《毛泽东文集》第三卷,人民出版社1996年版。
《毛泽东文集》第五卷,人民出版社1996年版。
《毛泽东文集》第六卷,人民出版社1999年版。
《毛泽东文集》第七卷,人民出版社1999年版。

《毛泽东文集》第八卷，人民出版社1999年版。
《毛泽东选集》第二卷，人民出版社1991年版。
《毛泽东选集》第四卷，人民出版社1991年版。
《毛泽东读社会主义政治经济学批注和谈话》（上），中华人民共和国国史学会，1998年。
《毛泽东年谱（一九四九——一九七六）》第二卷，中央文献出版社2013年版。
《毛泽东著作选读》下册，人民出版社1986年版。
《建国以来刘少奇文稿》第一册，中央文献出版社2005年版。
《周恩来经济文选》，中央文献出版社1993年版。
《邓小平文选》第二卷，人民出版社1994年版。
《邓小平文选》第三卷，人民出版社1993年版。
《邓小平文集（一九四九——一九七四年）》下卷，人民出版社2014年版。
《邓小平年谱（一九〇七——一九七四）》（下），中央文献出版社2009年版。
《邓小平思想年谱（一九七五——一九九七）》，中央文献出版社1998年版。
《陈云文选》第二卷，人民出版社1995年版。
《陈云文选》第三卷，人民出版社1995年版。
《陈云文集》第二卷，中央文献出版社2005年版。
《江泽民思想年编（一九八九——二〇〇八）》，中央文献出版社2010年版。
《胡锦涛文选》第二卷，人民出版社2016年版。
《习近平谈治国理政》，外文出版社2014年版。
《习近平谈治国理政》第三卷，外文出版社2020年版。
《建国以来重要文献选编》（第一册），中央文献出版社1992年版。
《建国以来重要文献选编》（第二册），中央文献出版社1992年版。
《建国以来重要文献选编》（第四册），中央文献出版社1993年版。

参考文献

《建国以来重要文献选编》（第八册），中央文献出版社1994年版。
《建国以来重要文献选编》（第九册），中央文献出版社1994年版。
《建国以来重要文献选编》（第十册），中央文献出版社1994年版。
《建国以来重要文献选编》（第十一册），中央文献出版社1995年版。
《建国以来重要文献选编》（第十二册），中央文献出版社1996年版。
《建国以来重要文献选编》（第十九册），中央文献出版社1998年版。
《三中全会以来重要文献选编》上，人民出版社1982年版。
《三中全会以来重要文献选编》下，人民出版社1982年版。
《十二大以来重要文献选编》上，人民出版社1986年版。
《十二大以来重要文献选编》下，人民出版社1988年版。
《十二大以来重要文献选编》中，人民出版社1986年版。
《十三大以来重要文献选编》上，人民出版社1991年版。
《十三大以来重要文献选编》下，人民出版社1993年版。
《十四大以来重要文献选编》上，人民出版社1996年版。
《十五大以来重要文献选编》上，人民出版社2000年版。
《十五大以来重要文献选编》中，人民出版社2001年版。
《十六大以来重要文献选编》（上），中央文献出版社2005年版。
《十八大以来重要文献选编》（上），中央文献出版社2014年版。
《中共中央关于建立社会主义市场经济体制若干问题的决定》，人民出版社1993年版。
《中共中央关于进一步治理整顿和深化改革的决定（摘要）》，人民出版社1990年版。
《中共中央文件选集（一九四九年十月——一九六六年五月)》第2册，人民出版社2013年版。
《中共中央文件选集（一九四九年十月——一九六六年五月)》第9册，人民出版社2013年版。

中国财政年鉴编辑委员会编辑：《中国财政年鉴（2017卷）》，中国财政杂志社2017年版。

《中国共产党第十九次全国代表大会文件汇编》，人民出版社2017年版。

《中国共产党第十三次全国代表大会文件汇编》，人民出版社1987年版。

中国社会科学院、中央档案馆编：《1949—1952中华人民共和国经济档案资料选编·综合卷》，中国城市经济社会出版社1990年版。

中国社会科学院、中央档案馆编：《1949—1952中华人民共和国经济档案资料选编·对外贸易卷》上，经济管理出版社1994年版。

中国社会科学院、中央档案馆编：《1953—1957中华人民共和国经济档案资料选编·综合卷》，中国物价出版社2000年版。

中国社会科学院、中央档案馆编：《1958—1965中华人民共和国经济档案资料选编·综合卷》，中国财政经济出版社2011年版。

《中华人民共和国开国文选》，中央文献出版社1999年版。

薄一波：《若干重大决策与事件的回顾》上卷，中共中央党校出版社1991年版。

《当代中国的计划工作》办公室编：《中华人民共和国国民经济和社会发展计划大事辑要（1949—1985）》，红旗出版社1987年版。

董志凯主编：《1949—1952年中国经济分析》，中国社会科学出版社1996年版。

杜润生：《杜润生自述：中国农村体制变革重大决策纪实》，人民出版社2005年版。

樊纲：《渐进改革的政治经济学分析》，上海远东出版社1996年版。

江春泽：《比较经济体制学——经济体制择优的理论与方法》，人民出版社1992年版。

林毅夫、蔡昉、李周：《中国的奇迹：发展战略与经济改革》（增订版），上海人民出版社1999年版。

逄先知、金冲及主编：《毛泽东传（1949—1976）》（上），中央文献出版社 2003 年版。

王沪宁：《当代中国村落家族文化——对中国社会现代化的一项探索》，上海人民出版社 1999 年版。

武力主编：《中华人民共和国经济史》［增订版 上卷］，中国时代经济出版社 2010 年版。

萧冬连：《筚路维艰：中国社会主义路径的五次选择》，社会科学文献出版社 2014 年版。

萧冬连：《探路之役：1978—1992 年的中国经济改革》，社会科学文献出版社 2019 年版。

张静：《基层政权：乡村制度诸问题》，浙江人民出版社 2000 年版。

张乐天：《告别理想——人民公社制度研究》，东方出版中心 1998 年版。

张五常：《中国的经济制度》，中信出版集团 2017 年版。

张宇：《过渡之路：中国渐进式改革的政治经济学分析》，中国社会科学出版社 1997 年版。

周翼虎、杨晓民：《中国单位制度》，中国经济出版社 1999 年版。

朱云汉：《高思在云：中国兴起与全球秩序重组》，中国人民大学出版社 2015 年版。

［澳］柯武刚、［德］史漫飞、［美］贝彼得：《制度经济学：财产、竞争、政策》第二版（修订版），柏克、韩朝华译，商务印书馆 2018 年版。

［德］卡尔·考茨基：《无产阶级专政》，叶至译，生活·读书·新知三联书店 1973 年版。

［美］阿兰·G·格鲁奇：《比较经济制度》，徐节文、王连生、刘泽曾译，中国社会科学出版社 1985 年版。

［美］艾尔弗雷德·D·钱德勒：《战略与结构：美国工商企业成长的若干篇章》，孟昕译，云南人民出版社 2002 年版。

［美］安德鲁·华尔德：《共产党社会的新传统主义：中国工业中的工作环境和权力结构》，龚小夏译，牛津大学出版社 1996 年版。

[美]保罗·R·格雷戈里、罗伯特·C·斯图尔特：《比较经济体制学》，林志军、刘平等译，上海三联书店1988年版。

[美]达龙·阿西莫格鲁（Daron Acemoglu）：《现代经济增长导论》（上册），唐志军、徐浩庆、谌莹译，中信出版集团2019年版。

[美]道格拉斯·C.诺思、约翰·约瑟夫·瓦利斯、巴里·R.温格斯特：《暴力与社会秩序：诠释有文字记载的人类历史的一个概念性框架》，杭行、王亮译，格致出版社、上海三联书店、上海人民出版社2017年版。

[美]道格拉斯·C·诺斯：《制度、制度变迁与经济绩效》，刘守英译，生活·读书·新知三联书店上海分店1994年版。

[美]道格拉斯·诺思（Douglass C. North）、[美]约翰·沃利斯（John Joseph Walls）、[美]史蒂文·韦布（Steven B. Webb）、[美]巴里·温加斯特（Barry R. Weingast）编著：《暴力的阴影：政治、经济与发展问题》，刘波译，中信出版社2018年版。

[美]理查德·波斯纳（Richard Posner）：《法律的经济分析》（第七版），蒋兆康译，法律出版社2012年版。

[美]罗伯特·L.海尔布隆纳（Robert L. Heilbroner）：《马克思主义：赞成与反对》，马林梅译，东方出版社2016年版。

[美]曼瑟·奥尔森：《权力与繁荣》，苏长和、嵇飞译，上海世纪出版集团2014年版。

[美]塞缪尔·P.亨廷顿：《变化社会中的政治秩序》，王冠华、刘为等译，上海人民出版社2021年版。

[美]约瑟夫·E·斯蒂格利茨：《社会主义向何处去——经济体制转型的理论与证据》，周立群、韩亮、余文波译，吉林人民出版社1998年版。

[美]约瑟夫·熊彼特：《经济分析史》第一卷，朱泱、孙鸿敞、李宏、陈锡龄译，商务印书馆1991年版。

[瑞典]阿萨·林德贝克：《新左派政治经济学：一个局外人的看法》，张自庄、赵人伟译，商务印书馆2013年版。

［匈牙利］雅诺什·科尔奈（János Kornai）:《社会主义体制：共产主义政治经济学》，张安译，中央编译出版社 2007 年版。

［英］齐格蒙特·鲍曼:《流动的现代性》，欧阳景根译，上海三联书店 2002 年版。

［英］亚当·斯密:《国民财富的性质和原因研究》上卷，郭大力、王亚南译，商务印书馆 2017 年版。

蔡晳、王德文:《中国经济增长可持续性与劳动贡献》，《经济研究》1999 年第 10 期。

陈宝义:《商业企业"四放开"与企业经营机制的转换》，《福建学刊》1992 年第 6 期。

陈嘉明:《国家与社会关系的重塑及市民社会的发育》，《马克思主义与现实》1995 年第 1 期。

程名望、贾晓佳、仇焕广:《中国经济增长（1978—2015）：灵感还是汗水?》，《经济研究》2019 年第 7 期。

［美］道格拉斯·诺斯、［美］约翰·瓦利斯、［美］史蒂芬·韦伯、［美］巴里·温加斯特:《有限准入秩序：发展中国家的新发展思路》，余江译，载吴敬琏主编《比较》第 33 辑，中信出版社 2007 年版。

樊纲、王小鲁、马光荣:《中国市场化进程对经济增长的贡献》，《经济研究》2011 年第 9 期。

范逢春、谭淋丹:《城市基层治理 70 年：从组织化、失组织化到再组织化》，《上海行政学院学报》2019 年第 5 期。

范逢春、张天:《国家治理场域中的社会治理共同体：理论谱系、建构逻辑与实现机制》，《上海行政学院学报》2020 年第 6 期。

范世涛:《中国社会性质论战与改革的有机发展战略》，《管理世界》2013 年第 1 期。

方颖、赵扬:《寻找制度的工具变量：估计产权保护对中国经济增长的贡献》，《经济研究》2011 年第 5 期。

顾海良:《中国特色社会主义政治经济学的序篇——纪念毛泽东〈论

十大关系〉发表 60 周年》,《毛泽东邓小平理论研究》2016 年第 3 期。

郭婧、马光荣:《宏观经济稳定与国有经济投资:作用机理与实证检验》,《管理世界》2019 年第 9 期。

胡永泰:《中国全要素生产率:来自农业部门劳动力再配置的首要作用》,《经济研究》1998 年第 3 期。

黄苇町:《执政党建设仍需"去苏联特色"》,《人民论坛》2013 年第 24 期。

黄一兵:《一九七八年国务院务虚会经济建设和改革思想研究》,《中共党史研究》2006 年第 5 期。

江宇:《改革开放以来三次经济下行的成因及治理》,《中国经济时报》2015 年 9 月 16 日第 5 版。

李翀:《我国对外开放程度的度量与比较》,《经济研究》1998 年第 1 期。

李富强、董直庆、王林辉:《制度主导、要素贡献和我国经济增长动力的分类检验》,《经济研究》2008 年第 4 期。

李小宁:《经济增长的制度分析模型》,《数量经济技术经济研究》2005 年第 1 期。

李永友、沈坤荣:《辖区间竞争、策略性财政政策与 FDI 增长绩效的区域特征》,《经济研究》2008 年第 5 期。

林尚立:《权力与体制:中国政治发展的现实逻辑》,《学术月刊》2001 年第 5 期。

林毅夫:《改革开放 40 年,中国经济如何创造奇迹》,《金融经济》2018 年第 1 期。

林毅夫、蔡昉和李周:《论中国经济改革的渐进式道路》,《经济研究》1993 年第 9 期。

林毅夫、刘志强:《中国的财政分权与经济增长》,《北京大学学报》(哲学社会科学版) 2000 年第 4 期。

林毅夫:《发展战略、自生能力和经济收敛》,《经济学》(季刊)

2002 年第 1 期。

刘佛丁:《制度变迁与中国近代的工业化》,《南开经济研究》1999 年第 5 期。

刘国光:《对经济体制改革中几个重要问题的看法》,《经济管理》1979 年第 11 期。

刘国光、张卓元、冒天启:《孙冶方经济体制改革理论的几个问题》,《经济研究》1983 年第 8 期。

刘国光:《改革开放前的中国的经济发展和经济体制》,《中共党史研究》2002 年第 4 期。

刘国光:《中国的经济管理体制改革问题》,《财经问题研究》1984 年第 4 期。

刘守英、汪广龙:《中国奇迹的政治经济逻辑》,《学术月刊》2021 年第 1 期。

刘守英、熊雪锋:《〈民法典〉与高水平社会主义市场经济》,《北京大学学报》(哲学社会科学版) 2020 年第 6 期。

刘文革、高伟、张苏:《制度变迁的度量与中国经济增长——基于中国 1952—2006 年数据的实证分析》,《经济学家》2008 年第 6 期。

刘秀梅、田维明:《我国农村劳动力转移对经济增长的贡献分析》,《管理世界》2005 年第 1 期。

卢中原、胡鞍钢:《市场化改革对我国经济运行的影响》,《经济研究》1993 年第 12 期。

鲁越:《从国家和社会的关系看国家政治经济职能的弱化趋向》,《哲学研究》1987 年第 2 期。

陆南泉:《对苏联改革历史的回顾与再思考》,《探索与争鸣》2019 年第 1 期。

潘向东、廖进中、赖明勇:《经济制度安排、国际贸易与经济增长影响机理的经验研究》,《经济研究》2005 年第 11 期。

皮建才:《中国地方政府间竞争下的区域市场整合》,《经济研究》2008 年第 3 期。

钱颖一、许成钢、董彦彬：《中国的经济改革为什么与众不同——M型的层级制和非国有部门的进入与扩张》，《经济社会体制比较》1993年第1期。

钱颖一：《市场与法治》，《经济社会体制比较》2000年第3期。

任志成、巫强、崔欣欣：《财政分权、地方政府竞争与省级出口增长》，《财贸经济》2015年第7期。

时文彦：《充实和转变职能 强化乡镇财政管理的探讨》，《财政研究》2010年第2期。

舒元、徐现祥：《中国经济增长模型的设定：1952—1998》，《经济研究》2002年第11期。

陶然、苏福兵、陆曦、朱昱铭：《经济增长能够带来晋升吗？——对晋升锦标竞赛理论的逻辑挑战与省级实证重估》，《管理世界》2010年第12期。

王世磊、张军：《中国地方官员为什么要改善基础设施？——一个关于官员激励机制的模型》，《经济学》（季刊）2008年第2期。

王小鲁：《中国经济增长的可持续性与制度变革》，《经济研究》2000年第7期。

王永钦、张晏、章元、陈钊、陆铭：《中国的大国发展道路——论分权式改革的得失》，《经济研究》2007年第1期。

夏斌：《"中国奇迹"：一个经济学人对理论创新的思考》，《经济学动态》2019年第3期。

肖枫：《不要把"苏联模式"当作"筐"——相关的理论混乱和认识误区必须清理》，《科学社会主义》2014年第2期。

谢贞发、张玮：《中国财政分权与经济增长——一个荟萃回归分析》，《经济学》（季刊）2015年第2期。

徐世澄：《智利的国会与改革（下）》，《中国人大》2015年第11期。

薛暮桥：《计划管理体制改革的重要环节——薛暮桥同志在全国计划会议上的书面发言》，《计划经济研究》1981年第44期。

杨君、纪晓岚：《当代中国基层治理的变迁历史与理论建构——基于城市基层治理的实践与反思》,《毛泽东邓小平理论研究》2017 年第 2 期。

杨奎松:《新中国镇反运动始末》(上),《江淮文史》2011 年第 1 期。

杨奎松:《新中国镇反运动始末》(下),《江淮文史》2011 年第 2 期。

杨其静、聂辉华:《保护市场的联邦主义及其批判》,《经济研究》2008 年第 3 期。

杨其静、郑楠:《地方领导晋升竞争是标尺赛、锦标赛还是资格赛》,《世界经济》2013 年第 12 期。

叶书宗:《柯西金改革的悲哀与苏联的命运》,《探索与争鸣》2003 年第 5 期。

杨宇、沈坤荣:《社会资本、制度与经济增长——基于中国省级面板数据的实证研究》,《制度经济学研究》2010 年第 2 期。

姚洋、张牧扬:《官员绩效与晋升锦标赛——来自城市数据的证据》,《经济研究》2013 年第 1 期。

张军:《分权与增长:中国的故事》,《经济学》(季刊)2008 年第 1 期。

张军、高远、傅勇、张弘:《中国为什么拥有了良好的基础设施?》,《经济研究》2007 年第 3 期。

张军:《30 年来中国:经济改革与增长模式》,《社会科学战线》2008 年第 1 期。

张军:《中央计划经济下的产权和制度变迁理论》,《经济研究》1993 年第 5 期。

张军:《增长、资本形成与技术选择:解释中国经济增长下降的长期因素》,《经济学》(季刊)2002 年第 1 期。

张晏、龚六堂:《分税制改革、财政分权与中国经济增长》,《经济学》(季刊)2005 年第 1 期。

赵凌云:《1949—2008 年间中国传统计划经济体制产生、演变与转变的内生逻辑》,《中国经济史研》2009 年第 3 期。

周黎安:《中国地方官员的晋升锦标赛模式研究》,《经济研究》2007 年第 7 期。

周黎安:《"官场+市场"与中国增长故事》,《社会》2018 年第 2 期。

周黎安:《晋升博弈中政府官员的激励与合作——兼论我国地方保护主义和重复建设问题长期存在的原因》,《经济研究》2004 年第 6 期。

周黎安、李宏彬、陈烨:《相对绩效考核:关于中国地方官员晋升机制的一项经验研究》,《经济学报》2005 年第 1 期。

周文兴、章铮:《建国后中国财政分权对经济增长的影响:一个假说及检验》,《制度经济学研究》2006 年第 1 期。

周业安:《地方政府竞争与经济增长》,《中国人民大学学报》2003 年第 1 期。

国家统计局:《第七次全国人口普查公报(第六号)》, http://www. stats. gov. cn/tjsj/tjgb/rkpcgb/qgrkpcgb/202106/t20210628_1818825. html。

Acemoglu, D. and J. A. Robinson, *Why Nations Fail: The Origins of Power, Prosperity, and Poverty*, New York: Crown Publishers, 2012.

Acemoglu D. and C. Garcia-Jimeno and J. A. Robinson, "Finding Eldorado: Slavery and Long-Run Development in Colombia", *Journal of Comparative Economics*, No. 4, 2012.

Acemoglu D., Johnson S. and Robinson J., "The Rise of Europe: Atlantic Trade, Institutional Change and Economic Growth", *American Economic Review*, Vol. 95, No. 11, 2005.

Acemoglu, D. and S. Johnson and J. A. Robinson, "Institutions as the Fundamental Cause of Long – Run Economic Growth", In *Handbook of Economic Growth*, Amsterdam: Elsevier, 2005.

Acemoglu, D., S. Johnson and J. A. Robinson, "Reversal of Fortune:

Geography and Institutions in the Making of the Modern World Income Distribution", *The Quarterly Journal of Economics*, Vol. 117, No. 4, 2002.

Acemoglu, D., S. Johnson and J. Robinson, "The Colonial Origins of Comparative Development: An Empirical Investigation", *American Economic Review*, Vol. 91, 2001.

Acemoglu, D., S. Johnson, J. Robinson, and Y. Thaicharoen, "Institutional Causes, Macroeconomics Symptoms: Volatility, Crises, and Growth", *Journal of Monetary Economics*, Vol. 50, No. 1, 2003.

Aghion, P. and P. Howitt, "A Model of Growth through Creative Destruction", *Econometrica*, Vol. 60, No. 2, 1992.

Aiyar, S., R. Duval, D. Puy, Y. Wu and L. Zhang, "Growth Slowdowns and the Middle-Income Trap", *Japan and the World Economy*, Vol. 48, 2018.

Aldrich, J. H., *Why Parties: The Origin and Transformation of Political Parties in America*, Chicago: University of Chicago Press, 1995.

Anderson, R. D., *France 1870 – 1914: Politics and society*, London: Routledge & Kegan Paul, 1977.

Aninat, C., J. M. Benavente, et al., "The Political Economy of Productivity: The Case of Chile", *IDB Working Paper Series IDB-WP-105 (April)*, 2010.

Aoki M., *Toward a Comparative Institutional Analysis*, Massachusetts: MIT Press, 2001.

Aoki, M., "Endogenizing Institutions and Institutional Changes", *Journal of Institutional Economics*, Vol. 3, No. 1, 2003.

Ari A. and J. V. Francisco, "How Does Political Instability Affect Economic Growth?", *European Journal of Political Economy*, Vol. 29, No. 3, 2013.

Arrow, K., "The Economic Implications of Learning by Doing", *The

Review of Economic Studies, Vol. 29, No. 3, 1962.

Assane, D. and A. Grammy, "Institutional Framework and Economic Development: International Evidence", *Applied Economics*, Vol. 35, No. 17, 2003.

Bai J., "Panel Data Models with Interactive Fixed Effects", *Econometrica*, Vol. 77, No. 4.

Bardhan, P., "Decentralization of Governance and Development", *Journal of Economic Perspectives*, Vol. 16, No. 4, 2002.

Ben-David, D., R. Lumsdaine and D. Papell, "Unit Roots, Postwar Slowdowns and Long-Run Growth: Evidence from Two Structural Breaks", *Empirical Economics*, Vol. 28, No. 2, 2003.

Blanchard, O. and A. Shleifer, "Federalism with and without Political Centralization: China versus Russia", *IMF Staff Papers*, Vol. 48, No. 1, 2001.

Bloch, M., *Feudal Society*, Chicago: University of Chicago Press, 1961.

Bogart, D., "Did Turnpike Trusts Increase Transport Investment in Eighteenth Century England?", *Journal of Economic History*, Vol. 65, No. 2, 2005.

Bogart, D., "Turnpike Trusts and the Transportation Revolution in Eighteenth Century England", *Explorations in Economic History*, Vol. 42, No. 4, 2005.

Bossenga, G., *The Politics of Privilege: Oid Regime and Revolution in Lille*, New York: Cambridge University Press, 1991.

Bosworth, B. and S. M. Collins, "Accounting for Growth: Comparing China and India", *Journal of Economic Perspectives*, Vol. 22, No. 1, 2008.

Boucekkine, R., D. David and O. Licandro, "Early Mortality Declines at the Dawn of Modern Growth", *Scandinavian Journal of Economics*, Vol. 105, No. 3, 2010.

Brandenburg, F., *The Making of Modern Mexico*, Englewood Cliffs, NJ: Prentice-Hall, 1964.

Broadberry, S. and J. Wallis, "Growing, Shrinking, and Long Run Economic Performance: Historical Perspectives on Economic Development", *NBER Working Paper*, No. 23343, 2017.

Brückner M., M. Gradstein, "Exogenous Volatility and the Size of Government in Developing Countries", *Journal of Development Economics*, Vol. 105, 2013.

Cai, H. and D. Treisman, "Did Government Decentralization Cause China's Economic Miracle?", *World Politics*, Vol. 58, No. 4, 2006.

Camp, R., *Mexico's Leaders: Their Education and Recruitment*, Tucson: University of New Mexico Press, 1982.

Cass, D., "Optimum Growth in an Aggregate Model of Capital Accumulation", *The Review of Economic Studies*, Vol. 32, 1965.

Chen, Y. C. and E. Zivot, "Postwar Slowdowns and Long-Run Growth: A Bayesian Analysis of Structural Break Models", *Empirical Economics*, Vol. 39, No. 3.

Clanchy, M. T., *The Treatise on the Laws and Customs of There Aim of England Commonly Called Glanvill*, London: Nelson, 1965.

Davis, L. E. and D. C. North, *Institutional Change and American Economic Growth*, Cambridge: Cambridge University Press, 1971.

Demsetz, H., "Toward a Theory of Property Rights", *American Economic Review*, Vol. 57, No. 2, 1967.

Díaz-Cayeros, A., B. Magaloni and B. Weingast, *Tragic Brilliance: Equilibrium Hegemony and Democratization in Mexico*, Stanford University, 2003.

Digby, K. E., *An Introduction to the History of the Law of Real Property*, Oxford: Clarendon Press, 1897.

Dougherty, C. and D. Jorgenson, "International Comparisons of the Sources of Economic Growth", *American Economic Association Papers and Proceedings*, LXXXVI, 1996.

Doyle, W., *Venality: The Sale of Offices in Eighteenth Century France*, New York: Oxford University Press, 1996.

Drake, P. and I. Jaksic, eds., *The Struggle for Democracy in Chile, 1982 – 1990*, Lincoln: University of Nebraska Press, 1995.

Easterly, W., M. Kremer, L. Pritchett and L. H. Summers, "Good Policy or Good Luck? Country Growth Performance and Temporary Shocks", *Journal of Monetary Economics*, Vol. 32, 1993.

Eichengreen, B., P. Donghyun and S. Kwanho, "Growth Slowdowns Redux: New Evidence on the Middle-Income Trap", *NBER Working Paper*, No. 18673, 2013.

Eichengreen, B., P. Donghyun, and S. Kwanho, "When Fast Growing Economies Slow Down: International Evidence and Implications for China", *NBER Working Paper*, No. 16919, 2011.

Engerman, S. E., and K. L. Sokoloff, "Colonialism, Inequality, and Long-Run Paths of Development", *NBER Working Paper*, No. 11057, 2005.

Figgis, J. N., *Studies of Political Thought from Gerson to Grotius 1414 – 1625*, Cambridge: Cambridge University Press, 1923.

Freedeman, C. E., *Joint-Stock Enterprise in France, 1807 – 1867: From Privileged Company to Modern Corporation*, Chapel Hill: University of NorthCarolina Press, 1979.

Galor, O. & O. Moav, "From Physical to Human Capital Accumulation: Inequality and the Process of Development", *Review of Economic Studies*, Vol. 71, 2004.

Galor, O. and D. Weill, "Population, Technology, and Growth: From Malthusian Stagnation to the Demographic Transition and Beyond", *American Economic Review*, Vol. 90, 2000.

Galor, O., "Comparative Economic Development: Insights from United

Growth Theory", *International Economic Review*, Vol. 51, 2010.

Galor, O., "From Stagnation to Growth: Unified Growth Theory", in P. Aghion, & S. N. Durlauf (eds.), *Handbook of Economic Growth*, Vol. 1A, Amsterdam: Elsevier, 2005.

Galor, O., "Towards a Unified Theory of Economic Growth", *World Economics*, Vol. 9, 2008.

Ganshof, F. L., *Frankish Institutions under Charlemagne*, Providence: Brown University Press, 1968.

Gordon, R., "Is US Economic Growth Over? Faltering Innovation Confronts the Six Headwinds", *CEPR Policy Insight*, Vol. 63, 2012.

Haber, S., R. Armando, and M. Noel, *The Politics of Property Rights: Political Instability, Credible Commitments, and Economic Growth in Mexico, 1876–1929*, NewYork: Cambridge University Press, 2003.

Harris, R., *Industrializing English Law*, NewYork: Cambridge University Press, 2000.

Hausmann, R., L. Pritchett, and D. Rodrik, "Growth Accelerations", *Journal of Economic Growth*, Vol. 10, 2005.

Heiss, C. and P. Navia, "You Win Some, You Lose Some: Constitutional Reforms in Chile's Transition to Democracy", *Latin American Politics and Society*, Vol. 49, No. 3, 2007.

Imbs J., "Growth and Volatility", *Journal of Monetary Economics*, Vol. 54, No. 7, 2007.

Jaimovich N., H. E. Siu, "The Young, the Old, and the Restless: Demographics and Business Cycle Volatility", *American Economic Review*, Vol. 99, No. 3, 2009.

Jin, H., Y. Qian and B. R. Weingast, "Regional Decentralization and Fiscal Incentives: Federalism, Chinese Style", *Journal of Public Economics*, Vol. 89, No. 9–10, 2005.

Jones C., "Was an Industrial Revolution Inevitable? Economic Growth Over the Very Long Run", *The B. E. Journal of Macroeconomics*, Vo. 1, No. 2, 2001.

Kaldor, N., *Capital Accumulation and Economic Growth*, London: MacMillan, 1963.

Kantorowicz, E. H., *The Kings Two Bodies: A Study in Mediaeval Political Theology*, Princeton: Princeton University Press, 1997.

Keyssar, A., *The Right to Vote: The Contested History of Democracy in America*, NewYork: Basic Books, 2000.

Koren, M. and S. Tenreyro, "Volatility and Development", *The Quarterly Journal of Economics*, Vol. 122, No. 1, 2007.

Kwass, M., *Privilege and the Politics of Taxation in Eighteenth Century France*, NewYork: Cambridge University Press, 2000.

Levy, S., *Good Intentions, Bad Outcomes: Social Policy, Informality, and Economic Growth in Mexico*, Washington: Brookings Institution, 2008.

Li, H., and L. Zhou, "Political Turnover and Economic Performance: The Incentive Role of Personnel Control in China", *Journal of Public Economics*, Vol. 89, 2005.

Lin, G. C. S. and F. X. Yi, "Urbanization of Capital or Capitalization on Urban Land? Land Development and Local Public Finance in Urbanizing China", *Urban Geography*, Vol. 3, No. 1, 2010.

Lin, J. Y. and Z. Liu, "Fiscal Decentralization and Economic Growth in China", *Economic Development and Cultural Change*, Vol. 49, No. 1, 2000.

Loveman, B., "Protected Democracies and Military Guardianship: Political Transitions in Latin America, 1978 – 1993", *Journal of Inter-American Studies and World Affairs*, Vol. 36, No. 2, 1994.

Lucas, R. E. J., "On the Mechanics of Economic Development", *Journal of Monetary Economics*, Vol. 22, 1988.

Lutz, D. S., *The Origins of American Constitutionalism*, Baton Rouge:

Louisiana State University Press, 1988.

Maddison, *The World Economy: A Millennial Perspective*, Paris: Organisation for Economic Co-operation and Development, Angus (2001).

Maddison, *Statistics on World Population, GDP and Per Capita GDP, 1 - 2008 AD*, Groningen Growth and Development Centre, Angus (2010).

Magaloni, B., *Voting for Autocracy: Hegemonic Party Survival and Its Demise in Mexico*, Cambridge: Cambridge University Press, 2006.

Mankiw, G., D. Romer and D. Weil, "A Contribution to the Empirics of Economic Growth", *Quarterly Journal of Economics*, CVII, 1992.

McCormick, M., *Origins of the European Economy: Communications and Commerce A. D. 300 - 900*, NewYork: Cambridge University Press, 2001.

Montinola, G., Y. Qian and B. R. Weingast, "Federalism, Chinese Style: The Political Basis for Economic Success in China", *World Politics*, Vol. 48, No. 1, 1995.

Moon, R., and M. Weidner, "Linear Regression for Panel with Unknown Number of Factors as Interactive Fixed Effects", *Econometrica*, Vol. 83, 2016.

Musgrave, R. A., *The Theory of Public Finance*, New York: Mc Graw Hill, 1959.

Navia, P., "Participa Ci on Electoral en Chile 1988 - 2001", *Revista de Ciencia Politica*, Vol. 24, No. 1, 2004.

North D. C., *Structure and Change in Economic History*, New York: Norton, 1981.

North D. C. and P. Thomas, *The Rise of the Western World*, Cambridge: Cambridge University Press, 1973.

North, D. C., *Institutions, Institutional Change and Economic Performance*, New York: Cambridge University pres, 1990.

North, D. C., J. Wallis and B. Weingast, *Violence and Social Orders: A*

Conceptual Framework for Interpreting Recorded Human History, Cambridge: Cambridge University Press, 2009.

Oates, W., "An Essay on Fiscal Federalism", *Journal of Economic Literature*, Vol. 37, No. 3, 1999.

Oates, W., "Searching for Leviathan: An Empirical Study", *American Economic Review*, Vol. 75, No. 4, 1985.

Perkins, D. H., *East Asian Development, Foundations and Strategies*, MA: Harvard University Press, 2013.

Pesaran, M. H., "Estimation and Inference in Large Heterogeneous Panels with a Multifactor Error Structure", *Econometrica*, Vol. 74, 2006.

Posner, R. A., "The Law and Economics Movement", *American Economic Review*, Vol. 77, No. 2, 1987.

Pritchett, L., "Understanding Patterns of Economic Growth: Searching for Hills among Plateaus, Mountains and Plains", *World Bank Economic Review*, Vol. 14, 2000.

Qian, Y. and C. Xu, "Why China's Economic Reforms Differ: The M-FormHerarchy and Entry/Expansion of the Non-State Sector", *Economics of Transition*, No. 1, 1993.

Qian, Y. and G. Roland, "Federalism and the Soft Budget Constraint", *The American Economic Review*, Vol. 88, No. 5, 1998.

Qian, Y., and B. R. Weingast, "China's Transition to Markets: Market-Preserving Federalism, Chinese Style", *Journal of Policy Reform*, Vol. 1, No. 2, 1996.

Qian, Y., and B. R. Weingast, "Federalism as a Commitment to Preserving Market Incentives", *Journal of Economic Perspectives*, Vol. 11, No. 4, 1997.

Ramey, G. and V., Ramey, "Cross-Country Evidence on the Link between Volatility and Growth", *American Economic Review*, Vol. 85, No. 5, 1995.

Ramsey, F., "A Mathematical Theory of Saving", *Economic Journal*, Vol. 38, 1928.

Rebelo, S., "Long Run Policy Analysis and Long Run Growth", *Journal of Political Economy*, Vol. 99, 1990.

Roland G. *Transition and Economics: Politics, Markets, and Firms*, MA: MIT press, 2000.

Romer, P., "Endogenous Technological Change", *Journal of Political Economy*, Vol. 98, 1990.

Romer, P., "Growth Based on Increasing Returns Due to Specialization", *American Economic Review*, vol. 77, 1987.

Romer, P., "Increasing Returns and Long-run Growth", *Journal of Political Economy*, Vol. 94, No. 5, 1986.

Rostow, W. W., *The Stages of Economic Growth*, Cambridge: Cambridge University Press, 1971.

Ruttan, V. and Y. Hayami, "Toward a Theory of Induced Institutional Innovation", *Journal of Development Studies*, Vol. 20, No. 11, 1984.

Schultz T., "Institutions and the Rising Economic Value of Man", *American Journal of Agricultural Economics*, Vol. 50, No. 8, 1968.

Schultz T. W., "The Declining Economic Importance of Agricultural Land", *The Economic Journal*, Vol. 61, No. 244, 1951.

Sebastian E., "Latin America's Decline: A Long History View", *NBER Working Paper*, No. 15171, 2009.

Sebastian E., "On Latin American Populism, and Its Echoes around the World", *Journal of Economic Perspectives*, Vol 33, No. 4, 2019;

Sheshinski, E., "Optimal Accumulation with Learning by Doing", In Karl, S., rd., *Essays on the Theory of Optimal Economic Growth*, MA: MIT Press, Cambridge, 1967.

Shih, V., C. Adolph and M. Liu, M, "Getting Ahead in the Communist Party: Explaining the Advancement of Central Committee Members in China", *American Political Science Review*, Vol. 106, No. 1, 2012.

Simpson, A. W. B., *A History of the Land Law*, Oxford: Clarendon Press, 1986.

Smith, P., *Labyrinths of Power: Political Recruitment in Twentieth Century Mexico*, Princeton, NJ: Princeton University Press, 1979.

Solow, R., "A Contribution to the Theory of Economic Growth", *Quarterly Journal of Economics*, Vol. 70, 1956.

Solow, R., "Technical Progress and Aggregate Production Function", *Review of Economics and Statistics*, Vol. 39, 1957.

Tiebout, C., "A Pure Theory of Local Expenditure", *Journal of Political Economy*, Vol. 64, No. 5, 1956.

Tierney, B., *Foundations of the Conciliar Theory*, NewYork: Cambridge University Press, 1968.

Tilly, C., *Coercion, Capital, and European States: 990 – 1992*, Malden, MA: Blackwell Publishing, 1992.

Trubek, D. M., "Toward a Social Theory of Law: An Essay on the Study of Law and Development", *The Yale Law Journal*, Vol. 82, No. 1, 1972.

Tsai, K. S., "Off Balance: The Unintended Consequences of Fiscal Federalism in China", *Journal of Chinese Political Science*, Vol. 9, Bo. 2, 2004.

Ullmann, W., *Law and Politics in the Middle Ages*, Ithaca: Cornell University Press, 1975.

Ullmann, W., *The Carolingian Renaissance and the Idea of Kingship*, London: Methuen & Co, 1969.

Uzawa, H., "Optimal Technical Change in an Aggregative Model of Economic Growth", *Review of International Economics*, No. 6, 1965.

Valenzuela, J. S., "The Origins and Transformations of the Chilean Party System", *The Helen Kellogg Institute for International Studies at Notre*

Dame University Working Paper, No. 215, 1995.

Veblen T. , The Theory of Leisure Class: An Economic Study of Institutions, New York: Vanguard Press, 1899.

Wallis, J. J. , "Constitutions, Corporations, and Corruption: American States and Constitutional Change, 1842 to 1852", NBER Working Paper, No. 10451, 2004.

Wallis, J. J. , "Institutions, Organizations, Impersonality, and Interests: The Dynamics of Institutions", Vol. 79, 2011.

Wallis, J. J. , and B. R. Weingast, "Equilibrium Federal Impotence: Why the States and not the American National Government Financed Infrastructure Investment in the Antebellum Era", NBER Working Paper, No. 11397, 2005.

Wallis, J. J. , R. Sylla and J. Legler, "The Interaction of Taxation and Regulation in Nineteenth Century Banking", In Claudia Goldin & Gary Libecap (eds.), The Regulated Economy: An Historical Approach to Political Economy, Chicago: NBER/University of Chicago Press, 1994.

Young. A. , "Learning by Doing and the Dynamic Effects of International Trade", The Quarterly Journal of Economics, Vol. 106, No. 2, 1991.

Zhang T. and H. Zou, "Fiscal Decentralization, Public Spending, and Economic Growth in China", Journal of Public Economics, Vol. 67, No. 2, 1998.

https://blogs.worldbank.org/opendata/new-world-bank-country-classifications-income-level-2020-2021.

https://datacatalog.worldbank.org/dataset/world-development-indicators.

https://www.europarl.europa.eu/thinktank/en/document.html?reference=EPRS_BRI (2016) 589783.

https://www.rug.nl/ggdc/historicaldevelopment/maddison/releases/maddison-project-database-2020

https://www.rug.nl/ggdc/productivity/pwt/.

索 引

C

长期经济变迁　3，4，6，7，10—12，16—18，22—25，27，28，31，32，35，41，52，57，58，60，75，109，110，112，116，121，122，125，140，141，144，157，158，253，254，258

长期平均增长率　2，6，10，60

城市治理　16，26，97，199，200，236—238，252，256

F

法治　16，26，66，68，70，72—74，78，97，239，240，251，252，256，259

非人格化　68，69，71，72，74

封闭型体制　1，5，8，9，19，23，25，26，29，96，98，103—109，111，183—185，200—205，213—217，232，238，241，251，256

G

改革开放　2，3，5，9，11，12，18，19，23，25—29，32，45，47，50，54，56，57，94—96，102，104，158，160，162，163，166，167，170—173，175，177—184，186，191，195，199，204，213，215—219，223，224，232，235—243，245—248，251—257

H

宏观经济管理体制　192，202，206，208，210，211，224，226，229，230，241，249，252，259

索　引

互动方式　5，16，19，22，23，26，27，29，98，99，103—106，108，111，184，204，205，214，217，241，252，256，258—260

J

集中管控的治理体制　26，195，201，213，216，217，232，256，259

计划经济体制　15，16，19，26，94，97，101，103，104，106，107，109，160，183—185，188，190，191，193，195，201—205，212，213，216，217，223，232，239—241，243，256，259

建构秩序　7—9，13—15，17，23，24，28，58，77—80，95，96，100，110，183，205

经济绩效　5—10，12，15—19，21—30，32，44，53，55，57—69，74—77，79—82，95，96，98—122，125—140，144—158，165，167，174—185，193，202—205，207，209，211，212，214—217，233，241—243，245，246，250—259

经济收缩　5—7，10—12，16—19，23—28，31，32，39，52—54，57—66，68，75，76，82，98—100，105，107，110—112，116—122，125，126，129—140，144，145，148—157，165，168，169，174—182，202—205，207，209，212，214—216，240，241，246，247，249—259

经济收缩幅度　11，23，60，66，76，119，157，209，246

经济收缩频率　5，11，12，18，23，28，52，53，59，61—65，75，99，100，112，116—122，126，129—140，145，149—157，165，168，169，175—182，214，215，246，252—259

经济增长　2—7，9—12，16—19，23—28，31—55，57—65，68，75，76，98，99，109—116，121，122，125，127，129—132，134，136，140，141，143—150，152—154，156，157，160，162—165，168—170，174，175，181，182，240，250，251，253—260

经济制度　1

K

开放型体制　8，25，96，98，104—109，111，203，215，216，251

开放准入　66，68

P

平均收缩率　18，61—64，99，112，116，118，120，122，129—136，138，145，150，151，154，165，169，176—181，214，256

平均增长率　2，3，6，10，18，19，27，28，38，40，53，59—64，99，113，114，116—120，122，129—140，145，149—154，156，157，165，168，169，175—182，214，252—257

Q

权利开放秩序　5，13，66，68—71，73，76—78

权利限制秩序　5，13，66—73，75—78

S

社会秩序　14，25，66，95，96，105，106，110，172，195—199，232，239，240，245，251

市场经济体制　16，19，26，33，97，101，104—109，216，217，223，224，228—232，237，239—241，243，246，251，252，256，259

适度宽松的治理体制　216，217，232，252，256，259

收缩风险　241，245，252，260

收缩损失　61，62，116，118，125—131，144，145，147，148，176—178

所有制　15，49，79，85，86，91，96，97，101，104—106，191—193，202，207，211，224，228—231，233，241，245，252

T

体制　1，5，7—10，12—17，19，21—30，32，33，38，46，48，51，54—56，58，68，74—83，91—111，158，160，162，163，166，167，183—185，188，190—196，199—217，222—234，236—243，245—253，255—260

体制调适 16，94，98，109，183，184，204，205，213—215，242

体制分析 5，8，16，17，21，23，24，28，29，32，58，74，77，80，82，91，95，110，158，183，215

体制建构 8，15，22，25，55，79，91，92，97，109，110，183，190，191，195，224，255

体制目标 8，13—15，19，25—28，77，78，94，97，98，110，183，185，190，191，193，199，201，213，215—217，222—224，232，236，243，245，251，255，256

体制效率 7，8，16，19，21—23，25—29，98—109，111，167，183—185，202—205，212—217，224，241，245，246，251，252，255，256，258—260

体制秩序 1，5，14，19，23，77，96—98，101—104，106，107，193，202，204，211，212，215—217，241，245，246，258

体制转型 10，21，27，54，108，109，166，167，203，215—217，222—224，240—243，245，246，252，255，258—260

W

微观经营体制 193，194，207，208，211，212，226，228，229，241，250，252

X

现代经济增长 35，65，75，121，122，141，156，157，254

现代经济增长经济增长 157

限制准入 68，73

乡村治理 16，26，97，195—197，201，213，233，234，252，256

新政治经济学范式 24，31，32，44，54—56

Y

演化秩序 7，8，13—15，17，23，24，28，58，77—80，82，110，195

要素配置体制 192，194，202，208，210，225，227，229，231，241，249，252，259

Z

增长贡献　51，61，62，118，125—131，144—148

增长理论　1，2，5，6，9，11，17，24，31—36，41，42，45，52—55，58，59，64，75

正增长　2—4，6，7，9—11，17，18，24，28，31，32，36，41，42，45，52—55，57，60—63，99，113，116，118，122，125，126，129，130，136，140，145，155，157，174，175，177，213，214，252，254，258

支配性联盟　67，69—73，75，76

制度　1，2，4，5，7，8，12—15，17，23，24，28，31，32，37，42—45，47，50—52，54—56，58，64—71，73—82，84—88，90，93，95，96，99，101，110，156，158，161，166，167，186，191—194，196—199，202，208，211，212，223—231，233—237，239，245，258

制度范式　24，31，32，42，43，54，55，80

制度分析　8，14，17，23，24，28，54，58，64，74—80，82，110

治理体制　8，14—16，19，21—23，25—28，80，95—99，101—111，183—185，195，200，201，204，205，213，215—217，232—234，236，240，241，243，245，252，255，256，258，259

秩序结构　7，8，13，16，19，21—23，25—29，82，98—109，111，167，183，184，196，203—205，214—217，241，245，252，255，256，258—260

中等收入陷阱　18，121，141，143，144，147，148，152，153，155—157，160，176，254

中国发展"双奇迹"　3—5，9—12，16，17，19，21，23—25，27—29，31，32，52，55，57，113，158，159，174，181，253—255

中国奇迹　2—5，9—12，16，17，22—24，28，31，32，45，49，55—57，159

中国式转型体制　9，19，26，29，215，216，251，252，256

后　　记

　　寒来暑往，春去秋来，时间飞速，已历四载。我想，博士研究生学位论文的撰写不仅仅是为了完成一篇学位论文的任务，更是对自身数年学习、研究的总结和展示。行文至此，既是为博士研究生阶段的结束写好了结语，也是为即将开始的无尽的科学研究写下了开篇。

　　"好书易得，良师难遇"。非常幸运，我在因缘际会之间能够成为刘守英教授指导的第一届博士研究生，长期跟随刘守英教授读书、调查、研究和写作。谈起老师的教泽，实在是难以用一个"谢"字表达，因为老师不仅引我走上了学术研究的道路，而且在人生经验上也颇多提点。从老师那里学习到的点点滴滴，不仅促使我学业精进，而且在人生道路上受益匪浅。学业上的指点、研究上的要求和生活上的关心，自不必多言，让我感受颇深的是从老师那里学来的"认真"和"热爱"。世上的事，最怕的是"认真"二字。我时常记得每当我要对某些自认为不重要的事情敷衍了事的时候，老师总是强调：无论大事小事都要认真对待，都把它们当作是对自己各方面能力进行锻炼的机会，骗得了别人骗不过自己。科学研究，最可贵的是"热爱"二字。任何一位同老师讨论过问题的学者，都能感受到老师永远对问题保持的"执着"与发自内心的"热爱"。每当思绪迸发但进展受阻的时候，老师总能在学生的汇报中发现研究的价值和亮点，那是一种心中激动、眼里放光的"热爱"。这种热爱学术、勤于思考和热爱问题的精神也深深打动着包括我在内的所有人，激励着我一直坚持不懈地做下去。因此，老师对于我学术研究的引路，不仅在于理论和知识上的点拨与启发，更有对心灵上的鞭策与鼓舞。

　　同时，我要感谢在我博士研究生阶段教授、帮助、提点和关心过我的诸位老师。我相信，每一位在中国人民大学经济学院求学的学子都会感受到传承自老一辈学人的治学精神：对马克思主义理论守正创新的治学底色，重视调查研究和理论联系实际的治学态度，坚持独立思考、不随风转、不唯上、不唯书、只唯实的治学风格，安邦兴国、经世济民的治学理想，焚膏继晷、兀兀穷年的治学劲头……这样的精神，滋养和培育着无数人大经院人。因此，我感觉非常荣幸能够在中国人民大学经济学院求学并且度过这一段难忘的学习、研究生涯。感谢中国人民大学经济学院诸位孜孜以求、诲人不倦的老师们，是他们以自己的辛劳和汗水照亮了我在专业学习和研究上前进的道路、并尽己所能给予我各种人生的启迪，教授们严谨的治学风格、勤勉的工作状态和乐观的人生态度，无不对我的坚定专业兴趣和扎实专业基础起了巨大作用。尤其要感谢在本书的开题、写作、预答辩和答辩等阶段给我提出过宝贵意见的诸位老师，包括萧冬连老师、章元老师、范世涛老师、陈享光老师、邱海平老师、刘明远老师、范志勇老师、刘瑞明老师、章永辉老师、范欣老师、李直老师……如果没有诸位老师们的指导、提点和帮助，我不可能如此顺利地完成这篇博士学位论文。当然，还有诸位教导和帮助过我的于春海老师、谢富胜老师、周业安老师、李佩洁老师、陆美贺老师、王誉潼老师、程万昕老师、张晓芬老师、孙颖老师……同时，我还想起了求学路上遇到的多位良师，他们在我成长的每一个阶段都用自己的心血提携、帮助和影响过我，包括引领我深化领悟学术研究和学术道路的硕士生导师张旭老师，本科阶段引领我初涉学术殿堂的蒋和胜老师、姚树荣老师、贺立龙老师，以及时常提点、鼓励和引导我成长的文家成老师，受教良多，难以一一具名，心存感念，永志不忘。

在老一辈治学精神的激励、刘守英教授的引领以及诸位老师的指导下，我逐渐坚定了自己的学术路径：在夯实理论根基的同时，通过广泛的调查研究了解中国实际、发现中国问题和研究中国问题。在导师的带领下，我开始尝试着进入真实世界、学习调查研究，结合所学知识对调查研究中发现的问题进行分析、归纳、提炼和研究，进而形成学术逻辑。因此，攻读博士学位期间我几乎在进行调查研究，调查研究虽然辛苦，但是真实世界让人着迷，发现有趣问题、思考有所收获时的喜悦更是令人难以停歇。在此基础上，我逐渐完成了一些学术论文和政策报告的写作，尝到了学术研究的趣味，更加坚定了"立学为民、治学报国"的学术信念。从中，我深刻认识到经济学研究必须兼顾理论和实践，脱离开实践就不能体察到中国实际的特殊性，也就不能回答好"中国之问""时代之问"和"人民之问"。丢失掉理论就不能提炼出中国实际的一般性，也就不能回答好"世界怎么了""人类向何处去"等时代之题。因此，只有统筹兼顾理论与实践、一般性与特殊性，才能全面推动中国哲学社会科学创新发展，才能更好地传播中国声音、中国理论、中国思想，从而使中国特色哲学社会科学真正屹立于世界学术之林。

求学的道路是艰辛的，幸赖志同道合的同学和同门与我同行。因此，我还要感谢2018级经济学博士班的所有同学以及带领我们的班主任——陆方文老师，陆老师带领班级同学创造的和谐温馨、积极向上的班级氛围令我终生难忘。感谢同在刘老师指导下求学的诸位同门——龙婷玉、王宝锦、陈航、颜嘉楠、张悦洲、李昊泽、李妍……在老师的带领下，大家在学习研究之余一起郊游、一起运动、一起娱乐，一起快乐成长和全面发展，实实在在让我感受到了难以忘怀的同门之谊。

学业与科研固然重要，但我感到无比幸运的是在最美好的青春中找寻到了一生所爱的人。因此，我想特别感谢程果同学，感谢她在我的生命中出现，感谢她一直以来的相伴相守，感谢她的包容、理解和帮助。同时，感谢我挚爱的家人们，感谢二十余年来的陪伴、教育和支持!

  感恩既往,感谢走过的每一段路、读过的每一本书、遇过的每一个人。

  展望未来,唯愿将来依旧静好!

熊雪锋
2022 年 5 月,于中国人民大学品园